Die Deliktsfähigkeit
juristischer Personen

Saarbrücker Studien
zum Privat- und Wirtschaftsrecht

Herausgegeben von Johann Paul Bauer,
Michael Martinek (geschäftsführender Herausgeber)
und Helmut Rüßmann

Band 21

PETER LANG
Frankfurt am Main · Berlin · Bern · Bruxelles · New York · Oxford · Wien

Susanne Schäfer

Die Deliktsfähigkeit juristischer Personen

Eine rechtsvergleichende Untersuchung zur Übertragbarkeit des englischen Modells

PETER LANG
Europäischer Verlag der Wissenschaften

Die Deutsche Bibliothek - CIP-Einheitsaufnahme

Schäfer, Susanne:

Die Deliktsfähigkeit juristischer Personen : eine rechtsvergleichende Untersuchung zur Übertragbarkeit des englischen Modells / Susanne Schäfer. - Frankfurt am Main ; Berlin ; Bern ; Bruxelles ; New York ; Oxford ; Wien : Lang, 2001
(Saarbrücker Studien zum Privat- und Wirtschaftsrecht ; Bd. 21)
Zugl.: Saarbrücken, Univ., Diss., 2000
ISBN 3-631-37588-3

D 291
ISSN 1433-8866
ISBN 3-631-37588-3

Saarbrücker Studien zum Privat- und Wirtschaftsrecht

herausgegeben von
Prof. Dr. Johann Paul Bauer
Prof. Dr. Dr. Michael Martinek
Prof. Dr. Helmut Rüßmann

Die Schriftenreihe "Saarbrücker Studien zum Privat- und Wirtschaftsrecht" bildet in erster Linie ein Forum für rechtswissenschaftliche Doktorarbeiten der Universität des Saarlandes auf zwei juristischen Schwerpunktgebieten. Zum einen sollen Dissertationen im klassischen Privatrecht, vor allem im bürgerlichen Vermögensrecht der ersten drei Bücher des BGB und ihrer Nebengesetze vorgestellt werden. Zum anderen findet das Wirtschaftsrecht im Sinne des Wirtschaftsprivatrechts besondere Berücksichtigung, womit namentlich die Gebiete des Handelsrechts einschließlich des Bilanzrechts, des Personen- und Kapitalgesellschaftsrechts einschließlich des Konzernrechts, des Gewerblichen Rechtsschutzes sowie des Wettbewerbs- und Kartellrechts bezeichnet sind. Es versteht sich, daß nicht nur rechtsdogmatische Studien, sondern auch rechtstatsächlich, rechtspolitisch oder interdisziplinär angelegte Arbeiten in die Schriftenreihe Aufnahme finden. Denn die Rechts- und Wirtschaftswissenschaftliche Fakultät der Universität des Saarlandes vereinigt unter *einem* Dach die Fachbereiche Rechtswissenschaft und Wirtschaftswissenschaft und regt damit Studenten und Hochschullehrer in besonderer Weise zu fachübergreifender Lehre und Forschung an. Die Schriftenreihe steht aber nicht nur sehr guten und ausgezeichneten Dissertationen, sondern auch anderen "Studien" zu privat- und wirtschaftsrechtlichen Themen offen, bis hin zu Materialien und Skripten des akademischen Unterrichts. Die drei Herausgeber, die zugleich stellvertretend für ihre anderen Saarbrücker Fakultätskollegen des Privat- und Wirtschaftsrechts handeln, verbinden mit den "Saarbrücker Studien zum Privat- und Wirtschaftsrecht" den Wunsch, daß die hier veröffentlichten Arbeiten die verdiente Resonanz in der breiteren juristischen Fachöffentlichkeit finden.

Inhaltsverzeichnis

Abkürzungsverzeichnis **11**

A. Einleitung **13**

I. Problemstellung 13

II. Erforderlichkeit eines Vergleichs mit England? 15

III. Ziel und Gang der Arbeit 17

B. Gegenüberstellung des englischen und deutschen Rechts **19**

I. Das englische Recht 19

1. Die juristische Person 19

2. Gehilfenhaftung 20

a. Historische Entwicklung 20

aa. Vertretung im Delikt 20

bb. Wandel zur Deliktsfähigkeit 23

b. Voraussetzungen der Haftung 25

c. Rechtsfolgen 28

d. Vorteile 29

e. Probleme 30

3. Gefährdungshaftung 31

a. Historische Entwicklung 31

b. Voraussetzungen der Haftung 33

c. Rechtsfolgen 34

d. Vorteile 34

4. Organhaftung 35

a. Historische Entwicklung 35

b. Voraussetzungen der Haftung 39

c. Rechtsfolgen 40

d. Vorteile 40

e. Weiterführende Ansätze 42
aa. Entstehungsgrund 42
bb. Reaktives Fehlverhalten 44
cc. Aggregation 44
5. Anwendungsbereich 45
a. Organhaftung und Gehilfenhaftung 45
b. Vertragliche und außervertragliche Beziehungen . . . 48
c. Rechtsfähige und andere Personenzusammenschlüsse 50
d. Der Einzelkaufmann 52
e. Recht der Ordnungswidrigkeiten 53
6. Der sozio-ökonomische Kontext 54
a. Seine Bedeutung 54
b. Qui facit per alium facit per se - die Folge gesellschaftlicher Gegebenheiten 55
c. Das Nutzen-Lasten Prinzip und die effiziente Verlustverteilung 57
d. Die rechtliche Gleichstellung juristischer und natürlicher Personen 58
e. Die Gefährdungshaftung 59
7. Zusammenfassung 61
II. Das deutsche Recht 62
1. Die juristische Person 62
2. Gehilfenhaftung 62
a. Regelung des § 831 BGB 62
b. Der Entlastungsbeweis 63
c. Vergleich zur englischen Gehilfenhaftung 64
3. Gefährdungshaftung 66
a. Übersicht 66
b. Vergleich zur englischen Gefährdungshaftung 66
4. Organhaftung 67
a. Regelung des § 31 BGB 67
b. Organbegriff in § 31 BGB 68
c. Vergleich zur englischen Organhaftung 69
5. Lehre vom Organisationsmangel 70
6. Anwendungsbereich 71
a. Organhaftung und Gehilfenhaftung 71
b. Vertragliche und außervertragliche Beziehungen . . . 71
c. Rechtsfähige und andere Personenzusammenschlüsse 72

d. Der Einzelkaufmann . . . 73
e. Recht der Ordnungswidrigkeiten . . . 73
7. Nachteile . . . 74
a. Fiktions- und Organtheorie . . . 75
b. Umgehung des § 831 BGB . . . 77
c. Terminologie . . . 79
d. Fehlende Rechtsgrundlagen . . . 80
e. Systemwidrigkeiten . . . 81
f. Kritik aus Sicht der Wirtschaft . . . 83
8. Zusammenfassung . . . 84

C. Die Übertragbarkeit ins deutsche Recht 87
I. Vergleichbarkeit der Motivation . . . 87
1. Fragestellung . . . 87
2. Der sozio-ökonomische Kontext . . . 88
2. Rolle der ökonomischen Analyse . . . 90
a. Vergleich Englands mit Deutschland . . . 90
b. Bewertung . . . 92
3. Die historische Entwicklung . . . 94
4. Ergebnis . . . 98
II. Gesellschaftsrechtliche Einwände . . . 99
1. Vertretertheorie gegen Organtheorie . . . 99
2. Organe und ihre Aufgaben . . . 103
3. Der Pflichtenadressat . . . 110
a. Begriffsbestimmung . . . 110
b. Umsetzung . . . 111
4. Haftung der Individuen . . . 115
a. Rückgriff im Innenverhältnis . . . 115
b. Eigenhaftung der Organe . . . 117
5. Wissen und Wollen . . . 121
a. Gehilfe und Organ . . . 121
b. Aggregation . . . 124
6. Juristische Personen des öffentlichen Rechts . . . 128
7. Andere Organisationsformen . . . 131
a. Verbände im weiteren Sinne . . . 131
b. Einzelkaufleute . . . 137
III. Deliktsrechtliche Einwände . . . 141
1. Verschulden . . . 141

a. Der Unterschied zwischen England und Deutschland 141
b. Verschulden in Deliktstatbeständen 142
c. Dogmatische Einordnung der Repräsentantenhaftung 147
2. Entlastungsmöglichkeit 149
3. Verrichtungs- und Erfüllungsgehilfe 151
4. Deliktstatbestände 153
a. Anspruchsgrundlagen 153
b. Fälle der Organhaftung 157
IV. Ergebnis 160

D. Deliktsfähigkeit juristischer Personen im deutschen Recht 161
I. Einleitung 161
II. Anforderungen an das Konzept 161
III. Existierende Reformvorschläge 162
1. Referentenentwurf 1967 162
2. Abstellen auf Erwerbsgeschäfte 168
3. Analogie zu § 31 BGB 169
4. Verschuldensunabhängige Haftung 170
5. Ergänzung des § 831 BGB 172
6. Unbeschränkte Arbeitnehmeraußenhaftung 173
7. Deliktsfähigkeit im Bereich Verkehrspflichten 178
8. Ergebnis 181
IV. Umsetzungsmöglichkeiten 182
1. De lege lata oder de lege ferenda 182
2. Vorschlag einer reformierten Auslegung 182
a. Pflichtenadressat - § 31 BGB 182
b. Aufgabe der Entlastungsmöglichkeit - § 831 BGB . . 185
c. Objektive Fahrlässigkeit - §§ 823 ff., 831 Abs. 1 BGB 188
3. Vorteile 190
4. Gegenargumente 193
a. § 31 BGB und die Organtheorie 193
b. Gebot der Rechtswahrheit 193
c. Voreingenommenheit 195
d. Objektivierung der Fahrlässigkeit 196
e. Haftungskonzentration auf Unternehmen 197
f. Unterschiede zur Methode Kleindieks 198
5. Ergebnis 199
V. Standortbestimmung 200

VI. Gegenprobe 203
1. „Das Baustoffurteil“ 203
2. „Die Wachmannentscheidung“ 205
3. „Der Verlagsfall“ 206
4. „Die Baumsturzentscheidung“ 207

E. Ergebnis **211**

Literaturverzeichnis **215**
Entscheidungsregister 224

Abkürzungsverzeichnis[1]

A.C.	Law Reports Appeal Cases, 1891-
All E.R.	All England Law Reports
A.L.R.	Australian Law Reports
Am.J.Comp.L.	American Journal of Comparative Law
App.Cas.	Law Reports Appeal Cases, House of Lords, 1875-90
B.C.C.	British Company Law Cases, 1983-
B.C.L.C.	Butterworths Company Law Cases, 1983-
Ch.	Law Reports, Chancery, 1891-
C.F.I.L.R.	The Company Financial and Insolvency Law Review
C.L.J.	Cambridge Law Journal
Col.L.R.	Columbia Law Review
Cro. Jac.	Croke's King's Bench Reports tempore James I., 1603-25
East.	East's Term Reports, King's Bench Reports, 1801-12
Edw. VII.	King Edward VII.
Eliz. II.	Queen Elizabeth II.
Env.L.R.	Environmental Law Review
Ex.	English Exchequer Reports, 1848-56
Exch.	Court of Exchequer
F2nd	Federal Reporter, Second Series (USA), 1924-
Geo.	King George
Geo.L.Rev.	Georgia Law Review
H. & C.	Hurlstone & Coltman, English Exchequer Reports, 1862-6

[1] Für sonstige Abkürzungen sei verwiesen auf das Verzeichnis von Kirchner, Hildebert, Abkürzungsverzeichnis der Rechtssprache, 4. Auflage, 1993

J.L. & Econ.	Journal of Law & Economics
K.B.	English Law Reports, King's Bench, 1901-52
Ld. Raym.	Lord Raymond's King's Bench Reports, 1694-1732
L.M.C.L.Q.	Lloyd's Maritime and Commercial Law Quarterly
L.Q.R.	Law Quarterly Review
L.R.H.L.	Law Reports, English & Irish Appeals & Peerage Claims
L.S.	Legal Studies
Med.L.R.	Medical Law Reports
M.L.R.	The Modern Law Review
OxJLegSt.	Oxford Journal of Legal Studies
Q.B.	English Law Reports, Queen's Bench 1891-1901, 1952-
Q.B.D.	English Law Reports, Queen's Bench Division
Salk.	Salkeld's King's Bench Reports, 1689-1712
S.I.	Statutory Instruments
S.L.R.	The Sydney Law Review
Texas L.Rev.	Texas Law Review
U.S.	United States Supreme Court Reports, 1790-
Vict.	Queen Victoria
W.L.R.	Weekly Law Reports 1953-

A. Einleitung

I. Problemstellung

> „Die Frage, ob die juristische Person deliktsfähig sei, und wie sich dementsprechend ihre Haftung aus unerlaubten Handlungen gestalte, hat von jeher den Gegenstand heftigen Streites in der Juristenwelt gebildet[2]."

An dieser Feststellung aus dem Jahre 1901 hat sich auch zu Beginn des einundzwanzigsten Jahrhunderts nichts geändert. Die Frage nach der Deliktsfähigkeit juristischer Personen bleibt unvermindert aktuell. Ihre Problematik läßt sich mit folgendem Beispiel illustrieren, dem eine Entscheidung des englischen *High Court of Justice* zugrundeliegt[3]:

Herr Foss, ein Angestellter der beklagten *private limited company* hatte die Aufgabe, die Frachtbriefe der Beklagten auszufüllen beziehungsweise ihre Ausfüllung zu veranlassen. Beim Ausfüllen eines solchen Frachtbriefs machte er falsche Angaben zu Menge, Art und Wert der Waren. Seine Absicht war es, daß nur ein geringerer Preis für die Ware berechnet werden sollte. Die dem Gericht vorgelegte Frage war, ob sein Arbeitgeber, die *private limited company*, wegen Betrugs zu Schadensersatz verurteilt werden kann. Der englische *High Court of Justice* entschied, daß die Gesellschaft wegen Betrugs zu Schadensersatz zu verurteilen sei. Träger der gesetzlichen Pflicht, keine falschen Angaben zur Menge eingelagerter Waren zu machen, war nach englischem Recht die *private limited company*.

[2] Krüger, Die Haftung der juristischen Personen aus unerlaubten Handlungen nach gemeinem Recht und dem bürgerlichen Gesetzbuche, S. 7

[3] *Moussell Bros. v. London and North Western Railway Co.* (1917) 2 K.B. 836

Das Handeln und das Wissen ihres Angestellten waren ihr nach Ansicht der englischen Richter als eigenes Handeln und Wissen zuzurechnen[4].

Nach deutschem Recht ist die Lösung dieses Falles deutlich schwieriger. Ein Betrug kann im deutschen Recht nur von einer natürlichen Person begangen werden. Eine Schadensersatzpflicht der Gesellschaft kann sich hier nur aus §§ 31, 823 Abs. 2 BGB in Verbindung mit § 263 StGB ergeben. Hierzu wäre allerdings erforderlich, daß Herr Foss ein Organ oder sonst verfassungsmäßig bestellter Vertreter war. Es ergeben sich die ersten Probleme. Die Definition des Organbegriffs ist unklar. Geht man davon aus, daß Herr Foss kein Organ war, so tritt als nächstes die Frage in den Vordergrund, ob Herr Foss durch eine Analogie zu § 31 BGB oder aber durch eine erweiternde Auslegung doch als ein Organ gesehen werden kann. Ist dies nicht möglich, so kommt eine Haftung seines Arbeitgebers nach deutschem Recht nur über § 831 Abs. 1 BGB in Betracht. Auch hier müßte jedoch ein Verschulden des Geschäftsherrn in der Person eines Organs nach § 31 BGB festgestellt werden können. Der Schwerpunkt der Vorwerfbarkeit verschiebt sich vom Betrug zur mangelnden Beaufsichtigung und Überwachung des Herrn Foss. Die Lösung des Falls verkompliziert sich weiter. Es kommt die Lehre vom Organisationsmangel ins Spiel, die richterrechtlich entwickelt wurde. Der Vorwurf gegen die *private limited company* liegt damit möglicherweise darauf, daß sie Herrn Foss nicht zum Organ bestellte; der Betrug tritt völlig in den Hintergrund. Eine weitere Unsicherheit liegt in § 831 Abs. 1 BGB. Dem Arbeitgeber steht nach dem Wortlaut die Exkulpationsmöglichkeit offen. Ihr Anwendungsbereich ist aber erheblich geschmolzen, was zu Problemen hinsichtlich des Verschuldenserfordernisses führt, das dem deutschen Deliktsrecht zugrundeliegt. Die Probleme und offenen Fragen sind so vielfältig, daß mit der bestehenden Regelung keine Möglichkeit mehr besteht, auf effiziente Weise zu sachgerechten Ergebnissen zu gelangen.

Das deutsche Recht tut sich offenbar sehr schwer mit der Haftbarmachung juristischer Personen, während die englische Lösung mühelos erscheint. Das Problem liegt in der mangelnden Anerkennung der Deliktsfähigkeit juristischer Personen im deutschen Recht. Diese nehmen über ihre Stellvertreter wie natürliche Personen am Rechtsverkehr teil. Kommt es jedoch zu einer unerlaubten Handlung durch einen Angestellten, so findet sich keine vergleich-

[4] *Moussell Bros. v. London and North Western Railway Co.* (1917) 2 K.B., 836, 841 ff.

bare Grundlage, wie bei einer natürlichen Person zur Haftung der juristischen Person auf Schadensersatz zu kommen. Das Sachproblem der Deliktshaftung juristischer Personen steckt in einer Strukturkrise, die aus der Verkrustung der nationalen Denkgewohnheiten resultiert. Belebend für eine Diskussion, die im Streit um dogmatische Feinheiten gefangen ist, ist stets eine Erweiterung des Horizonts durch eine rechtsvergleichende Betrachtung. Mit einem Blick über den Ärmelkanal tut sich die Möglichkeit auf, eine Lösung für dieses Problem zu finden. Ein Handlungsbedarf für eine Angleichung der deliktischen Geschäftsherrenhaftung an das System des *common law* ist in anderen, der deutschen nahestehenden Rechtsordnungen bereits anerkannt worden[5].

II. Erforderlichkeit eines Vergleichs mit England?

Eine Betrachtung des englischen Rechts liegt aus verschiedenen Gründen nahe. Zum einen ist im modernen englischen Recht die Deliktsfähigkeit der juristischen Person vollkommen selbstverständlich. So schreibt *Rogersen*:

> „Die Gesellschaft mag nicht im physischen Sinne existieren, aber das Recht behandelt sie dennoch als eine Einheit, die in der Lage ist, Verträge zu schließen, unerlaubte und strafbare Handlungen zu begehen und für ihre Handlungen selbst verantwortlich zu sein[6].“

Das englische Recht beschränkt sich demnach nicht auf unerlaubte Handlungen im Sinne des Zivilrechts, sondern geht sogar so weit, strafbare Handlungen miteinzubeziehen. Zum anderen gründet sich das heutige englische Verständnis auf eine Entwicklung, deren Anfänge aus Deutschland übernommen wurden[7]. Die in Deutschland entwickelten Theorien zum Wesen der juristischen Person prägten Teile der Deliktshaftung juristischer Personen,

[5] Dies betrifft insbesondere den in Deutschland stark kritisierten Entlastungsbeweis der Geschäftsherrenhaftung, der in Schweden und Finnland abgeschafft wurde; siehe hierzu Zweigert/Kötz, Einführung in die Rechtsvergleichung, S. 374.

[6] Rogersen in Butterworths Company Law Guide, S. 1

[7] Siehe hierzu unten, unter B.I.4.a.

wie sie heute in England verstanden wird. Hier wurde zu einem früheren Zeitpunkt in der Geschichte ein Blick nach Deutschland geworfen, um aus dem deutschen Recht Impulse für eine Lösung der eigenen Probleme zu erhalten. Dies fordert zu einer Umkehrung des damaligen Prozesses heraus, der zu so viel weitergehenden Entwicklungen geführt hat[8].

Die Deliktshaftung juristischer Personen im englischen und deutschen Recht zu vergleichen erscheint auch aufgrund der Gemeinsamkeiten angebracht[9]. Rechtsvergleichende Arbeit ist sinnvoll, wenn die verglichenen Rechtsordnungen und -institute vergleichbar sind[10]. England ist wie Deutschland eine hochentwickelte Industrienation und Mitglied der Europäischen Union. In Deutschland wie in England dient die Deliktshaftung juristischer Personen der Gleichstellung juristischer mit natürlichen Personen und ist als logische Folge ihrer Teilnahme am Rechtsverkehr anerkannt[11]. In beiden Ländern stellt sich vor dem Hintergrund der Erwartungen an die soziale Sicherheit die Frage nach dem Verhältnis von Deliktsrecht und Versicherungen[12]. Die Vergleichbarkeit der hierzu verwandten Konstruktionen steht vor ihrem historischen und ökonomischen Hintergrund außer Frage.

Die in England und Deutschland für das vorgestellte Problem gefundenen Lösungen zu vergleichen, ist zudem im Sinne der Bemühungen, das europäische Zivilrecht zu harmonisieren[13]. Der Vergleich zweier Rechtsordnungen ist die Grundlage für solche Bemühungen. Ob sich daneben Gemeinsamkeiten mit anderen europäischen Rechtsordnungen finden lassen, muß angesichts der Komplexität der Fragen, die beim Vergleich zweier Länder aufgeworfen werden, weiteren rechtsvergleichenden Betrachtungen vorbehalten bleiben.

---

[8] Siehe hierzu unten, unter B.I.7.

[9] Zum gemeinsamen Hintergrund und der vergleichbaren Motivation für die Regelungen des Deliktsrechts juristischer Personen siehe unten, unter C.I.

[10] Zweigert/Kötz, Einführung in die Rechtsvergleichung, S. 11, 33.

[11] Siehe hierzu im einzelnen B.I.6. und B.II.1.

[12] Für Deutschland: Deutsch, Allgemeines Haftungsrecht, S. 472 ff.; für England: Fleming, The Law of Torts, S. 172 ff.

[13] Ein Beispiel dieser Bemühungen findet sich in den „Bemühungen um eine Angleichung des Privatrechts der Mitgliedstaaten vom 26.05.1989“, ABl. EG 1989 C 158/400, RabelsZ [1992] 320.

In der vorliegenden Arbeit soll zunächst die Frage geklärt werden, ob eine Anlehnung an die englischen Lösung im deutschen Recht möglich und sinnvoll ist und wie diese zu gestalten wäre, um möglicherweise schon vor dem Ende der langwierigen Harmonisierungsbemühungen eine Lösung für das deutsche Recht zu finden.

III. Ziel und Gang der Arbeit

Die Aufgabe dieser rechtsvergleichenden Betrachtung an der Schnittstelle von Gesellschafts- und Haftungsrecht ist es, die Gemeinsamkeiten und Unterschiede der Deliktshaftung juristischer Personen im englischen und deutschen Recht herauszustreichen. Ziel ist es, die Vorteile einer Neustrukturierung des deutschen Rechts anhand einer Orientierung am englischen Modell und die Möglichkeiten einer solchen Neuorientierung zu erarbeiten. Dabei müßte für das englische Modell eine Form gefunden werden, die der deutschen Dogmatik gerecht wird.

Es ist daher notwendig, zunächst das englische Recht zur Deliktsfähigkeit juristischer Personen mit seinen historischen Wurzeln und den Motiven für seine heutige Fassung zu untersuchen. Dabei werden die verschiedenen Möglichkeiten erläutert, die für eine Haftbarmachung juristischer Personen aus unerlaubter Handlung bestehen. Der Anwendungsbereich dieser Haftungsgrundlagen und die Schilderung des sozialen und ökonomischen Hintergrunds machen den Zusammenhang deutlich, in dem die Deliktshaftung von Gesellschaften in England steht. Danach soll eine zusammenfassende Darstellung der Rechtslage in Deutschland die Basis für die Erforschung der Übertragbarkeit bilden. Auch hier wird auf die verschiedenen Möglichkeiten zur Haftbarmachung juristischer Personen eingegangen. Im Anschluß daran stehen die Nachteile dieser Regelungen und ihrer Auslegung nach geltendem Recht im Vordergrund.

Da eine aus ihrem gesellschaftlichen und wirtschaftlichen Zusammenhang herausgerissene Erscheinung ebenso Schaden wie Nutzen stiften kann[14], muß im dritten Teil zunächst die Vergleichbarkeit des sozio-ökonomischen Umfelds und der Motivation des Gesetzgebers genauer betrachtet werden. Diese

[14]Siegert, NJW 1953, S. 527 (528).

Untersuchung wird durch eine Analyse der historischen Entwicklung ergänzt, bevor auf die Probleme einer Neuordnung des deutschen Rechts im Einzelnen eingegangen wird. Hier wird zwischen Einwänden gegen eine Orientierung am englischen Konzept unterschieden, die eher im Zusammenhang mit dem Gesellschaftsrecht stehen und solchen, die dem Bereich des Deliktsrechts zuzuordnen sind. Im Anschluß daran wird auf die Möglichkeiten zur Reform im Einzelnen eingegangen. An dieser Stelle werden auch die Reformvorschläge vorgestellt, die bereits zur Lösung des Problems gemacht wurden. Die vorgeschlagenen Neuerungen werden anschließend in Zusammenhang zu benachbarten Rechtsgebieten gebracht. Zum Abschluß der Arbeit soll die gefundene Lösung an problematischen Fällen aus der deutschen Rechtsprechung erprobt werden.

B. Gegenüberstellung des englischen und deutschen Rechts

I. Das englische Recht

1. Die juristische Person

Eine juristische Person ist nach englischem Recht jeder Personenzusammenschluß in der Form der Gesellschaft. Jede Gesellschaft muß nach dem Gesellschaftsgesetz[15] in England registriert sein. Als Formen stehen die *private limited company*, die *public limited company* und die *unlimited company* zur Verfügung. Mit der Registrierung entsteht automatisch eine juristische Person, die sich durch einen eigenen Namen von ihren Gesellschaftern unterscheidet, unter dem sie im Rechtsverkehr handlungs- und rechtsfähig auftritt, klagen und verklagt werden kann und ein eigenes, von dem ihrer Gesellschafter verschiedenes Vermögen haben kann. Mindestkapital und eine vorgeschriebene Anzahl an Gesellschaftern sind lediglich für die *public limited company* vorgesehen, deren Gesellschaftsanteile frei und öffentlich handelbar sind. Das entscheidende Charakteristikum der juristischen Person nach englischem Verständnis ist die kraft Registrierung erworbene Fähigkeit, eigenes Vermögen zu bilden.

[15] Companies Act 1985, Public General Acts and Measures 1985, I, Eliz. II c. 6.

Unlimited companies werden zur reinen Vermögensverwaltung ohne Anstrebung wirtschaftlicher Tätigkeit genutzt. Die häufigste Form ist die *private limited company*[16].

2. Gehilfenhaftung

a. Historische Entwicklung

aa. Vertretung im Delikt Die Wurzel der Deliktsfähigkeit juristischer Personen im englischen Recht liegt in der Figur der Stellvertretung im Delikt. Diese Besonderheit des englischen Vertretungsrechts wurde in Anlehnung an den nach der Eroberung durch die Normannen verwandten Grundsatz *qui facit per alium facit per se* gebraucht[17]. Es ist die konsequente Durchführung des Gedankens, daß Handlungen des Stellvertreters notwendig Handlungen des Vertretenen sind[18]. Der Grund hierfür war ursprünglich die Annahme, daß der Vertretene den Stellvertreter mit der Vornahme der schädigenden Handlung betraut habe[19]. Diese Stellvertreterhaftung trat ein, sobald der Stellvertreter eine unerlaubte Handlung im Rahmen der Stellvertretung beging, auch ohne daß dem Vertretenen in irgendeiner Weise ein Vorwurf gemacht werden konnte[20]. Stellvertreter wird dabei definiert als eine zu einem bestimmten Zweck beschäftigte, für die Erfüllung dieses Zwecks mit rechtsgeschäftlicher Vertretungsmacht ausgestattete natürliche Person im Gegensatz zu einem Gehilfen, der generell zur Erfüllung einer Verbindlichkeit oder Verrichtung einer Tätigkeit beschäftigt ist und dessen Tätigkeit nur solange sie im Rahmen der Beschäftigung bleibt dem Besteller zugerechnet werden kann[21].

Das Recht der unerlaubten Handlungen, daß dieses Konzept mit sich brachte, trat an die Stelle der Blutgeldes, das bis zur Eroberung durch die Normannen die, wenn auch nicht notwendigerweise finanzielle, Ausgleichsfunktion in der von Großfamilien geprägten angelsächsischen Gesellschaft erfüllt hatte. So

[16]Eine Darstellung der verschiedenen Gesellschaftsformen im englischen Recht und ihrer Verbreitung findet sich bei Davies, Gower's Principles of Modern Company Law, S. 1 ff.

[17]*Middleton v. Fowler* (1698) 1 Salk. 282.

[18]Siehe hierzu Fridman, Torts, S. 45.

[19]*Southern v. How* (1618) Cro. Jac. 408.

[20]Vergleiche Howarth, Textbook on Torts, S. 632.

[21]Für Beispiele zur Abgrenzung siehe Fridman, Torts, S. 47.

stammt auch das englische Wort für Delikt (*tort*) aus dem normannischen Französisch, das nach der Eroberung zur Gerichtssprache wurde[22].

Gleichzeitig berief man sich auf den Grundsatz *respondeat superior*, nach dem die übergeordnete Partei (der Arbeitgeber) den Untergebenen (Arbeitnehmer) erst in die Position gebracht hat, aus der heraus er den Schaden durch unerlaubte Handlung verursachen konnte[23]. Aus diesem Gedanken sah man es als eine Forderung von Gerechtigkeit und Vernunft an, den Arbeitgeber für das Verhalten seines Arbeitnehmers haften zu lassen. Eine strikte Trennung beider Grundsätze wurde von Anfang an nicht durchgeführt. Beide wurden durchgehend zur Haftbarmachung natürlicher Personen in der Rolle des Vertretenen beziehungsweise des Arbeitgebers angewandt, lange bevor es zur Anwendung auf juristische Personen kommen sollte[24]. Da sich das englische gemeine Recht unbeeinflußt von der römischrechtlichen Pandektenlehre des Kontinents entwickelte[25], ist das heute geltende Recht das Produkt der stringenten Weiterentwicklung und Anpassung dieser, im gemeinen Recht des Mittelalters gebrauchten, Rechtssätze.

Die Notwendigkeit, beide Grundsätze auch auf juristische Personen anzuwenden, wurde bereits im Jahre 1812 erkannt[26]. Die körperschaftliche Struktur sollte aus Gerechtigkeitsgesichtspunkten nicht zur Folge haben, daß der Besteller beziehungsweise Arbeitgeber sich seiner Haftung entziehen kann[27]. Der Heranziehung der natürlichen Personen hinter der Gesellschaft, ihrer Geschäftsführer oder Geldgeber, stand jedoch der Trennungsgrundsatz entgegen[28]. Die Entwicklung ist aus der Rechtsprechung ersichtlich, die in England mangels Kodifikationsgedankens den Auftrag der Rechtsetzung hat. Die rechtsetzende Gewalt der Richter in Zusammenhang mit der bindenden Wirkung Entscheidungen höherer Gerichte führt daher dazu, daß Urteile geltendes Recht sind, so daß ihnen im folgenden Teil der Arbeit besondere Bedeutung zukommt.

---

[22] Potter, An Historical Introduction to English Law and Its Institutions, S. 306 ff.
[23] *Boulton v. Arlesden* (1697) 3 Salk. 289.
[24] Z.B. in *Tuberville v. Stamp* (1697) 1 Ld. Raym. 264.
[25] Siehe auch Zweigert/Kötz, Einführung in die Rechtsvergleichung, S. 178 (192).
[26] *Yarborough v. Bank of England* (1812)16 East 6.
[27] *Citizens' Life Assurance Co. v. Brown* (1904) A.C. 423, 426.
[28] *Salomon v. Salomon & Co. Ltd.* [1895] 2 Ch. 323, [1897] A.C. 22.

Ein typisches Beispiel für Fälle in der damaligen Zeit ist die Entscheidung *Eastern Counties Railway Co. v. Broom* aus dem Jahre 1851[29]. Sie beruhte auf folgendem Sachverhalt: Der Kläger war Passagier einer Eisenbahnlinie. Bei seiner Ankunft am Bahnhof wurde er von einem Angestellten der Bahngesellschaft nach seinem Fahrschein gefragt. Der Angestellte war authorisiert, die Fahrscheine der Passagiere einzusammeln. Die allgemeinen Geschäftsbedingungen der Bahngesellschaft sahen vor, daß jeder Passagier bei Buchung der Reise einen Fahrschein bekäme, den er dem diensthabenden Schaffner zu zeigen verpflichtet sei und den er auf Aufforderung dem Personal am Zielbahnhof auszuhändigen habe. Weiterhin war vorgesehen, daß jeder Passagier, der seinen Fahrschein nicht aushändige, die Fahrtkosten vom Startbahnhof des Zuges an nachzahlen müsse. Der Kläger konnte am Ende der Reise keinen Fahrschein vorzeigen, woraufhin ihn der Angestellte zur Nachzahlung der Fahrtkosten aufforderte. Der Kläger weigerte sich und verließ das Zugabteil auf Aufforderung des Schaffners nicht. Daraufhin zwang ihn der Schaffner, auszusteigen. Der Zwischenfall endete mit einer Schlägerei und der Abführung des Klägers durch die Polizei. Das Gericht entschied, der Schaffner hätte von seinem Arbeitgeber instruiert werden können, so zu handeln. Als Begründung wurde der Nutzen, den die Bahngesellschaft aus einem so strikten Durchgreifen ihres Personals ziehe, angeführt. Die Bahngesellschaft wurde deshalb zur Zahlung von Schadensersatz wegen unerlaubter Handlung verurteilt.

Im Gegensatz zu solchen älteren Entscheidungen wird heute nicht mehr auf den Nutzen für die Gesellschaft abgestellt. Heute geltendes Recht ist in der Entscheidung *Director General of Fair Trading v. Pioneer Concrete (UK) Ltd.*, auch unter dem Namen *Re Supply Ready Mixed Concrete (Nr. 2)* bekannt, niedergelegt[30]. In dieser Entscheidung aus dem Jahre 1995 wurde die Haftung juristischer Personen auch für unerlaubte Handlungen, die entgegen expliziter Anweisungen von Arbeitnehmern begangen wurden, wie schon in früheren Entscheidungen dargelegt[31].

[29] *Eastern Counties Railway Co. v. Broom* 6 Exch. 314.

[30] *Director General of Fair Trading v. Pioneer Concrete (UK) Ltd., Re Supply of Ready Mixed Concrete (Nr. 2)* [1995] 1 All E.R. 135.

[31] Zum ersten Mal geschah dies bereits im Jahre 1862 in der Entscheidung *Limpus v. London General Omnibus Co.* (1862) 1 H & C 526.

Selbst die Intention des Arbeitnehmers, der Gesellschaft zu schaden, wird nicht mehr als Hindernis für eine Haftung der Gesellschaft angesehen[32].

bb. Wandel zur Deliktsfähigkeit Der Wandel von der Haftung für Vertretung im Delikt zur eigenen Deliktsfähigkeit juristischer Personen vollzog sich in einem kontinuierlichen Fortschreiten der Rechtsprechung. Ein Bedürfnis für die Deliktsfähigkeit der juristischen Person entwickelte sich aus Gesetzen, die Tatbestände unerlaubter Handlungen enthielten, deren Adressat bei sinnvoller Betrachtung ebensogut eine juristische Person sein konnte. Insbesondere ging es um Pflichten von Unternehmensbetreibern, die regelmäßig körperschaftlich organisiert sind. Zum ersten Mal standen die Richter in der Entscheidung *Pharmaceutical Society v. London and Provincial Supply Association* vor dem Problem, daß die unerlaubte Handlung von den Tatbestandsvoraussetzungen her eigentlich nur von der Gesellschaft selbst, nicht aber von einem Arbeitnehmer begangen werden konnte[33].

Der Sachverhalt war wie folgt: Das in Frage stehende Gesetz war erlassen worden, um die Öffentlichkeit vor dem Verkauf von giftigen Chemikalien durch unkundige Personen zu schützen[34]. So schrieb section 1 vor, daß es illegal sei, giftige Chemikalien auf Lager zu halten, zu verkaufen oder mit ihnen Handel zu betreiben, sofern die betreffende Person ein Pharmazeut im Sinne des Gesetzes sei, und eine Lizenz habe. Eine kleine Gruppe von Personen, von der nur eine Pharmazeut im Sinne des Gesetzes war, gründete eine Gesellschaft, die einen Handel mit Chemikalien betrieb. Dabei war der zum Pharmazeuten ausgebildete Gesellschafter mit dem Verkauf der giftigen Chemikalien betraut. Die Pharmazeutenvereinigungen sah hierin eine Verletzung des Gesetzes und klagte gegen die Gesellschaft. Die Richter mußten sich demzufolge mit der Frage befassen, ob eine Person im Sinne des Gesetzes auch eine Gesellschaft sein könne. *Justice Selbourne* entschied, daß das Wort „Person" in einem Gesetz grundsätzlich auch eine juristische Person meine, eine Auffassung, die er als natürlich und vernünftig ansah. Dennoch wurde eine Verurteilung der Beklagten abgewiesen, da die Zuständigkeit des Pharmazeuten für den Verkauf als zum Schutze der Öffentlichkeit ausreichend

[32] *Moore v. Bresler* [1944] 2 All E.R. 515.

[33] *Pharmaceutical Society v. London and Provincial Supply Association* (1880) 5 App. Cas. 857, 860-875.

[34] 31 & 32 Vict. c. 121

angesehen wurde. Die Frage, wer Adressat eines Gesetzes, also auch der Tatbestände unerlaubter Handlungen, sei, wurde aufgrund der mit der Zunahme moderner Maßnahmegesetze vermehrten Relevanz im *Interpretation Act* von 1889 abschliessend geklärt[35]. Der damalige Wortlaut wurde exakt in die heutige Fassung des Interpretationsgesetzes von 1978 übernommen[36]. So heißt es in section 5 in Verbindung mit Anhang 1:

> In jedem Gesetz, aus dem nicht das Gegenteil ersehen werden kann, müssen die in Anhang 1 aufgelisteten Wörter und Ausdrücke gemäß dieses Anhangs verstanden werden. ... Person beinhaltet auch eine juristische Person.

Damit ist klargestellt, daß Adressat der verletzten Pflicht die juristische Person selbst ist. Dies schließt sowohl die Möglichkeit einer Haftung neben der Haftung des Arbeitnehmers als auch solche Fälle ein, in denen die Pflicht so formuliert ist, daß ein Arbeitnehmer selbst nicht adressiert ist. Die Deliktshaftung der juristischen Person ist dadurch im englischen Recht von der Eigenhaftung der mit ihr verbundenen natürlichen Personen abgekoppelt. Die juristische Person ist selbst deliktsfähig.

Die prozessuale Durchsetzbarkeit solchermaßen begründeter Ansprüche war bereits durch den *Summary Jurisdiction Act* von 1879 sichergestellt, in dem die Vertretung juristischer Personen vor Gericht durch Rechtsanwälte zugelassen worden war[37]; ihm entspricht heute eine Regelung der *Rules of Supreme Court*[38]. Die Gehilfenhaftung in ihrer heutigen Form ist damit nicht mehr in der Figur der Stellvertretung im Delikt begründet, sondern dient vielmehr als ein Instrument zum Zweck der praktischen Umsetzung der Deliktsfähigkeit der juristischen Person.

Hiermit steht die Entscheidung *Lloyd v. Grace, Smith & Co.* im Einklang[39], in der der oberste Gerichtshof Englands die Abschaffung der Unterscheidung zwischen Stellvertreter und Gehilfen bekanntgab. Eine Unter-

[35]Interpretation Act 1889, 52 & 53 Vict. c. 63

[36]Interpretation Act 1978, Public General Acts and Measures 1978 Part I, Eliz. II. c. 30

[37]Summary Jurisdiction Act 1879, 42 & 43 Vict. c. 49; siehe auch Halsbury's, Vol. 9 (2), S. 672 f.

[38]Rules of Supreme Court Ord. 5 r. 6(2), Ord. 12 r. 1 (2).

[39]*Lloyd v. Grace, Smith & Co.* [1912] A.C. 716.

scheidung war überflüssig geworden, weil die Voraussetzungen Stellvertreter/Vertretungsmacht und Gehilfe/im Zuge seiner Verrichtung nach Lösung der Gehilfenhaftung von der Vertretung im Delikt korrespondierten.

b. Voraussetzungen der Haftung

Um die Deliktsfähigkeit juristischer Personen in eine deliktische Haftung auf Schadensersatz im Einzelfall umzusetzen, werden im englischen Recht verschiedene Instrumente genutzt. Die Gehilfenhaftung spielt hierbei die wichtigste Rolle[40]. Aufgrund der Tatsache, daß sie keine generelle Entlastungsmöglichkeit vorsieht, hat sie einen breiten Anwendungsbereich gefunden. Die Voraussetzungen für eine Haftbarmachung der juristischen Person sind prinzipiell der Nachweis einer die Gesellschaft und/oder den Gehilfen treffende Pflicht aus Gesetz oder Fallrecht, die durch eine objektive Sorgfaltslosigkeit vom Gehilfen im Rahmen seiner Tätigkeit für die Gesellschaft verletzt wurde, ohne daß es hierfür eine rechtlich anerkannte Rechtfertigung gab, so daß ein Schaden entstand[41]. Eine objektive Sorgfaltslosigkeit liegt vor, wenn das Risiko der Schadensverursachung durch das Verhalten die Kosten effektiver Vorsichtsmaßnahmen, die ein objektiver, durchschnittlich sorgfältiger Mensch bei *ex ante* Betrachtung hätte ergreifen können, übersteigt[42].

Die Pflichtverletzung kann von jedem Gehilfen, unabhängig von seiner Stellung in der Hierarchie des Unternehmens, begangen worden sein. Dabei ist gleichgültig, ob es sich um die Verletzung einer Pflicht des Individuums oder um die einer an den Unternehmensträger, das heißt die juristische Person, adressierten Pflicht handelt. Tatbestandliche Voraussetzung ist allein die Verletzung einer Pflicht durch eine dem Unternehmen angehörige Individualperson[43] bei Verrichtung ihrer unternehmensbezogenen Tätigkeit[44]. Die Grenze zur unerlaubten Handlung bei Gelegenheit der Tätigkeit wird von der Rechtsprechung sehr weit gezogen.

---

[40] Zu ihrer Bedeutung siehe Birds/Boyle, Company Law, S. 21.

[41] Fridman, Torts, S. 13, mit weiteren Einzelheiten.

[42] Siehe Fridman, Torts, S. 17.

[43] *Reedie v. London & North Western Railway* (1849) 4 Ex. 244.

[44] Auf die gesonderte Behandlung selbständiger Vertragspartner, die etwa im Rahmen eines Werkvertrags für die juristische Person tätig werden, soll wegen der unterschiedlichen Ausgangslage und der damit einhergehenden separaten Entwicklung erst unter B.I.5.a. eingegangen werden.

Eine Begriffsbestimmung aus neuerer Zeit ist in der Entscheidung *Racz v. Home Office* zu lesen[45].

> Der Besteller eines Gehilfen haftet sogar für Handlungen, die er nicht authorisiert hat, solange diese mit der von ihm authorisierten Tätigkeit so verbunden sind, daß sie richtigerweise als Art und Weise -wenn auch nicht als ordnungsgemäße Art und Weise- der Verrichtung dieser Tätigkeit angesehen werden können. In anderen Worten, ein Besteller ist verantwortlich nicht nur für die Tätigkeit, mit der er seinen Gehilfen beauftragt hat, sondern auch für die Art, wie letzterer diese ausführt.

Dabei kann der Gehilfe auch gegen ausdrückliche Order und ausschließlich zum eigenen Nutzen oder Nutzen Dritter gehandelt haben[46]

Probleme bereitete zeitweise die eng gefaßte *ultra vires* Doktrin des englischen Gesellschaftsrechts. Ihr liegt der Gedanke zugrunde, daß das Tun der Gesellschaft zwangsläufig nicht über den von ihren Schöpfern bestimmten Zweck hinausgehen kann und damit auch nicht das Verhalten der für die Gesellschaft tätigen Individuen. So wurde im Jahre 1867 im Fall *Poulton v. London & South Western Railway Co.* als Entscheidungsgrund angeführt, daß die Gesellschaft ihren Arbeitnehmer ohnehin nicht zu mehr authorisieren kann, als sie selbst aufgrund ihres Zwecks vom Gesetz vorzunehmen authorisiert ist[47]. Diese Logik wurde allerdings im Jahre 1911 als „absurd" verworfen[48]. Dieser Entscheidung lag folgender Sachverhalt zugrunde:

Die Klägerin hatte ihren Balkon an jemanden vermietet, der die Beerdigungsprozession des Königs sehen wollte. Die Beklagte, die Verwaltung des

---

[45] *Racz v. Home Office* [1994] 2 A.C. 45.

[46] In *Re Supply of Ready Mixed Concrete (Nr. 2)*, supra, Fn. 30, S. 151, lautet die Begründung hierzu:

> Der Grund liegt darin, daß die Haftung nur dort ganz ausgeschlossem ist, wo vollkommen effektive Maßnahmen ergriffen wurden.

Obwohl dies als eine Argumentation im Kreis anmutet, ist es doch auch ausschlaggebend für den generellen Verzicht auf einen Entlastungsbeweis.

[47] *Poulton v. London and South Western Railway Companies* (1867) LR 2 Q.B. 534, 541.

[48] *Campbell v. Paddington Corporation* (1911) 1 K.B. 869, 875.

Stadtbezirks Paddington, errichtete unerlaubterweise einen Stand vor dem Anwesen der Klägerin, der die Sicht versperrte, so daß sie ihren Vertrag mit dem Schaulustigen nicht einhalten konnte. Die Anwälte der Beklagten beriefen sich darauf, daß die Bezirksverwaltung selbst nicht zum Aufstellen des Standes befugt gewesen sei, so daß ihr auch das Aufstellen durch ihre Bediensteten nicht zurechenbar sei. *Justice Avory* erkannte jedoch zutreffend, daß dieses Argument stets zur Unzurechenbarkeit führen würde, wo eine Handlung der Bediensteten zuvor von den Geschäftsführern beschlossen worden sei. Die Beklagte wurde zur Zahlung von Schadensersatz verurteilt. Dies nahm die spätere Aufgabe der *ultra vires* Doktrin in anderen Bereichen des Gesellschaftsrechts, ausgelöst durch den Beitritt Englands zu den europäischen Gemeinschaften 1973 und die erste EG-Richtlinie zum Gesellschaftsrecht[49], vorweg[50].

Ein Entlastungsbeweis im Sinne des Nachweises ausreichender Sorgfalt bei Organisation, Einstellung und/oder Überwachung bleibt dabei nur vereinzelten Fällen vorbehalten, in denen eine Kostensprengung ohne eine solche Entlastungsmöglichkeit droht. Er ist nicht generell im Fall einer außervertraglichen unerlaubten Handlung möglich. Sofern zum Tatbestand der unerlaubten Handlung eine bestimmte Kenntnis gehört, so wird die objektive Kenntnis des Gehilfen der juristischen Person zugerechnet. Die Tatbestandserfüllung setzt sich also aus der an die Gesellschaft und/oder die Einzelperson gerichteten Pflicht, deren Verletzung durch das Verhalten eines für die Gesellschaft tätigen Individuums sowie dessen Kenntnis und der dennoch erfolgten Pflichtverletzung zusammen. Die Verursachung des Schadens durch den Fehler wird im Regelfall präsumiert.

Ein Verschuldenserfordernis besteht nicht. Da die Gehilfenhaftung keine Möglichkeit zur Erfüllung eines eventuellen Verschuldenserfordernis beim Adressaten der verletzten Pflicht gibt[51], macht erst der Verzicht auf ein subjektives Verschulden die Umsetzung der Deliktsfähigkeit von Körperschaften durch die Gehilfenhaftung in der Praxis möglich. Die Gründe für den Verzicht auf ein Verschulden sind vielfältig, beruhen aber alle im tieferen Verständnis

---

[49] Art. 9 der Publizitätsrichtlinie vom 09.03.1968, 68/151/EWG, umgesetzt durch § 9 I des Beitrittsgesetzes (European Communities Act 1972), Public General Acts and Measures 1972, III, Eliz. II. c. 68

[50] Zur Entwicklung der *ultra vires* Doktrin empfiehlt sich Davies, Gower's Principles of Company Law, S. 202 ff.

[51] Davies, Gower's Principles of Company Law, S. 229 m.w.N.

des Rechts der unerlaubten Handlung als reiner Ausgleichsmaßnahme, die eine gerechte Risikoverteilung bewirken soll[52]. Ein Grund für den Verzicht auf eine Funktionalisierung des Deliktsrechts zur „Bestrafung“ und Schadenswiedergutmachung ist die große Rolle freiwilliger wie Pflichtversicherungen. Wo häufig die Versicherungen die Kosten tragen, bleibt nach Auffassung der ganz herrschenden Meinung kein Raum für den Gedanken der Schadenswiedergutmachung[53].

Daneben spielt die fortgesetzte Ausdehnung der Gefährdungshaftung, die den Fehler wie die dadurch bedingte Verursachung des Schadens unter bestimmten Voraussetzungen präsumiert[54], eine Rolle. Sie liesse sich mit einem Verschuldenserfordernis nach Ansicht der englischen Literatur nicht vereinbaren[55]. Als weiterer Grund wird das Abstellen des geltenden Rechts auf den objektiven Sorgfaltsmaßstab eines idealen, durchschnittlichen Menschen in der Position des sich falsch Verhaltenden genannt, der keinen Raum für eine Rekurrierung auf besondere Schwächen des einzelnen, wie jugendliches Alter, geistige Schwäche oder mangelndes Urteilsvermögen, läßt[56], wobei in solchen Fällen häufig auf einen durchschnittlichen Menschen mit den besonderen Eigenschaften der konkret in Frage stehenden Person abgestellt wird[57]. Im Gegensatz zu der aus Zeitungsberichten über Zuspruch sagenhafter Summen Schadensersatz bekannten Zielsetzung des amerikanischen Deliktsrechts, potentielle Begeher unerlaubter Handlungen abzuschrecken und einen erzieherischen Effekt zu erreichen, wird der Gedanke der Abschreckung erst nachrangig und nicht zwangsläufig in Verbindung mit dem individuellen Verschulden verfolgt[58].

c. Rechtsfolgen

Sind alle der oben genannten Voraussetzungen erfüllt, so hat dies verschiedene Folgen. Richtet sich die verletzte Pflicht an die Einzelperson, die sie im

---

[52]Siehe Ford, Principles of Corporations Law, S. 673.

[53]Fridman, Torts, S. 17, der die hinter dem Deliktsrecht stehenden rechtspolitischen Erwägungen besonders ausführlich aufzeigt.

[54]Siehe hierzu unten, unter B.I.3.

[55]Fridman, Torts, S. 17

[56]*Glasgow Corporation v. Muir* [1943] A.C. 448.

[57]Vergleiche Howarth, Textbook on Torts, S. 39.

[58]Fridman, ebenda

Rahmen ihrer Tätigkeit verletzt, so ist dieses Individuum zur Zahlung von Schadensersatz aus unerlaubter Handlung verpflichtet. Gleichzeitig ist die den Gehilfen bestellende Gesellschaft zum Ausgleich des Schadens verpflichtet. Beide haften solidarisch[59]. Ansprüche gegen die Einzelperson spielen in der Praxis allerdings keine Rolle[60].

Grund hierfür ist die größere finanzielle Kredibilität und Belastbarkeit der meist unternehmerisch tätigen juristischen Person. Dieses sogenannte *deep pocket* Argument gilt auch als die moderne Basis der Gehilfenhaftung, da es ihr zu großer Bedeutung im Recht der unerlaubten Handlung verhilft[61]. Die daneben bestehende Haftung der Einzelperson hat also in der Praxis keine Relevanz, so daß eine sie entlastende Regelung nie getroffen wurde. Richtet sich die verletzte Pflicht hingegen ohnehin bei vernünftiger Betrachtung ausschließlich an die juristische Person, so haftet allein sie auf Schadensersatz. Ein Rückgriff der Gesellschaft auf den die fragliche Handlung vornehmenden Gehilfen ist nach gemeinem Recht möglich. Nach section 2 subsection 1 *Civil Liability (Contribution) Act 1978*[62] setzt heute das Gericht einen Betrag fest, bis zu dem ein Rückgriff auf den solidarisch Haftenden möglich ist. Dies hat die zum Teil erstaunlichen Ausmaße des Rückgriffs im Innenverhältnis deutlich abgemildert[63].

d. Vorteile

Ein großer Vorteil der englischen Gehilfenhaftung sind die klaren Tatbestandsvoraussetzungen. Mangels Verschuldenserfordernisses und Entlastungsmöglichkeit haftet die juristische Person ausnahmslos, wo aus ihrem durch Gehilfen wahrgenommenen Tätigkeitsbereich ein Schaden durch unerlaubte Handlung verursacht wurde. Da im Regelfall die juristische Person aufgrund ihrer größeren Finanzkraft in Anspruch genommen wird, werden Gehilfen, die zum Vorteil der Gesellschaft und sogar im Rahmen von deren Geschäftspolitik handelten, vor ihrer Haftbarmachung geschützt. Daneben

[59]Siehe Fridman, Torts, S. 70.

[60]Fleming, The Law of Torts, S. 13.

[61]Vergleiche Fridman, Torts, S. 45.

[62]*Civil Liability (Contribution) Act 1978*, Public General Acts and Measures 1978, II, Eliz. II. c. 47.

[63]Fleming, The Law of Torts, S. 13; Beispiel für die frühere unbegrenzte Haftung im Innnenverhältnis: *Lister v. Romford Ice and Cold Storage Co. Ltd.* [1957] A.C. 555.

bietet der weite Begriff des Gehilfen, der alle Arbeitnehmer der juristischen Person umfaßt, einen einheitlichen Ansatzpunkt.

e. Probleme

Das Problem der Gehilfenhaftung ist ihre beschränkte Anwendbarkeit zur Umsetzung der Deliktsfähigkeit juristischer Personen. Ihre Anwendung ist in all jenen Fällen ausgeschlossen, in denen die gesetzlichen Tatbestandsvoraussetzungen subjektive Kenntnisse und/oder Intentionen bei jedem Haftenden voraussetzen, also eine Zurechnung der Kenntnisse und Intention des Gehilfen ebensowenig wie eine solidarische Haftung möglich ist. Dieser Ausschluß kann explizit oder implizit im Gesetz enthalten sein. Das Problem wird vornehmlich bei der Frage der Strafbarkeit juristischer Personen erörtert[64]. Es ist jedoch auch im Zivilrecht von Relevanz. Beispiele hierfür sind section 35 *Restrictive Trade Practices Act 1976*[65], section 30 *Landlord and Tenant Act 1954*, section 2 *Rivers (Prevention of Pollution) Act 1951*[66], section 502 *Merchant Shipping Act 1894*[67], section 20 *Sale of Food and Drugs Act 1875*[68], section 6 *Frauds Amendment Act 1828*[69] und section 6 *Lord Tenderten's Act*[70]. Läßt sich aus dem jeweiligen Gesetz aber kein Ausschluß juristischer Personen aus der Interpretation des Wortes „Person" ableiten, so muß ein anderer Weg gefunden werden, um die Gesellschaft haftbar zu machen. Ähnlich verhält es sich in den wenigen Fällen unerlaubter Handlungen im gemeinen Recht, die traditionell eine arglistige Gesinnung als Tatbestandsmerkmal vorschreiben.

---

[64] Beispielsweise von Sullivan, 1996 C.L.J. 515, 524.

[65] Angewandt in *Director General of Fair Trading v. Pioneer Concrete (UK) Ltd.*, 1 All E.R. 135.

[66] Angewandt in *Alphacell v. Woodward* [1972] A.C. 824.

[67] 57 & 58 Vict. c. 60, angewandt in *Lennard's Carrying Co. Ltd. v. Asiatic Petroleum Co. Ltd.* [1915] A.C. 705 und *The Lady Gwendolen* [1965] 2 All E.R. 283.

[68] 62 & 63 Vict. c. 51, angewandt in *Chuter v. Freeth & Pocock Ltd.* [1911] 2 K.B. 832.

[69] 9 Geo. IV c. 14, angewandt in *W.B. Anderson & Sons Ltd. v. Rhodes (Liverpool) Ltd.* [1967] 2 All E.R. 850.

[70] 9 Geo. IV. c. 14, angewandt in *Hirst v. West Riding Union Banking Co.* [1901] 2 K.B. 560.

Hierbei handelt es sich allerdings um Delikte, die eine höchstpersönliche Begehung nahelegen und keine große Rolle im typischen Tätigkeitsbereich von Körperschaften spielen. Beispiele sind falsche Verdächtigung, Verschwörung, Verleumdung, Belästigung und arglistige Falschheit[71].

3. Gefährdungshaftung

a. Historische Entwicklung

Als eine Variante der Gehilfenhaftung wird in England die unbedingte Haftung für die Verletzung von Verkehrspflichten gesehen. Sie basiert auf der Vermutung der Schadensverursachung durch denjenigen, aus dessen Einflußbereich der Schaden herrührt. Auf das Erfordernis eines Pflichtverletzung wird gänzlich verzichtet, so daß im Regelfall auch kein Entlastungsbeweis möglich ist. Die Gefährdungshaftung bedeutet also eine ungleich größere Last als die Gehilfenhaftung in ihrer ursprünglichen Form. Ihren Ausgangspunkt nahm die Ausformung dieser Variante als Verkehrssicherungspflicht in der Entscheidung *Rylands v. Fletcher* aus dem Jahre 1868[72]. Hier legte *Lord Cranworth* dar:

> Verbringt oder sammelt eine Person auf ihrem Land irgendetwas -zum Beispiel Wasser, Schmutz oder schädliche Dämpfe- was, sollte es sich ausbreiten, dem Nachbarn einen Schaden verursachen kann, so tut er dies auf eigene Gefahr. Breitet es sich aus und verursacht Schaden, so ist er verantwortlich, wie sorgfältig er auch immer war, und welche Vorsichtsmaßnahmen auch immer er getroffen hat.

Im neunzehnten Jahrhundert schien die Gefährdungshaftung zum leitenden Prinzip im englischen Recht der unerlaubten Handlungen zu werden[73]. Diese Entwicklung wurde jedoch durch die Entscheidung für die Einführung des generellen Erfordernisses einer positiven Pflichtverletzung abgeschlossen[74]. Sie

[71] Weitere Beispiele bei Clerk, Torts, S. 28.

[72] *Rylands v. Fletcher* (1868) L.R. 3 H.L. 330.

[73] Siehe Stanton, The Modern Law of Torts, S. 40.

[74] Es handelt sich hierbei um das *Donoghue v. Stevenson* Prinzip. Siehe hierzu Fridman, Torts, S. 289; *Donoghue v. Stevenson* [1932] A.C. 562.

fand in den letzten vierzig Jahren allerdings einen erneuten Aufschwung und spielt in vielen modernen Gesetzen eine zentrale Rolle. Hierbei handelt es sich um Gesetze, die im Zusammenhang mit umweltgefährdenden und besonders gefährlichen Tätigkeiten stehen. Ein Beispiel ist der *Nuclear Installations Act* von 1965. Da im englischen Recht auch in verwaltungsrechtlichen Gesetzen verankerte Ordnungswidrigkeiten, mit denen die Zahlung einer Geldbuße einhergeht, zum Recht der unerlaubten Handlungen gezählt werden, wird das Prinzip der Gefährdungshaftung auch auf die Verletzung solcher Vorschriften angewandt[75]. Es spielt eine besonders große Rolle im Bereich des Umweltschutzes, wozu in der letzten Zeit viele Entscheidungen ergangen sind[76]. Bemerkenswert ist auch das Beispiel, daß der Referentenentwurf für eine Änderung des Körperschaftsstrafrechts enthält[77].

> Gefährdungshaftung: Die Haftung für die Eröffnung oder Unterhaltung einer Gefahrenquelle betrifft sowohl juristische wie natürliche Personen. Eine Gesellschaft kann beispielsweise Inhaberin eines Gebäudes sein, aus dessen Schornstein dunkler Rauch aufsteigt; oder ihre Tätigkeit mag Wasser verschmutzen, das später in ein Fließgewässer gelangt. In solchen Fällen kann sie für die Luft- oder Gewässerverschmutzung verantwortlich sein, wie jede andere Person, ohne irgendeine Pflichtverletzung begangen zu haben.

Da sich die Anwendung dieses Konzepts nicht mehr auf die Eröffnung oder Unterhaltung einer Gefahrenquelle beschränkt, kann nicht von Verkehrssicherungspflichten gesprochen werden, die meist als eine Untergruppe der Verkehrspflichten angesehen werden[78]. So gehen etwa die Bestimmungen des *Trade Description Act 1968*, insbesondere die in *Tesco Supermarkets Ltd. v. Nattrass* behandelte section 11 subsection 2 über den traditionel-

[75] Siehe hierzu unten, unter B.I.5.e.

[76] Siehe beispielsweise *National Rivers Authority v. Yorkshire Water Services Ltd.* [1994] 4 All E.R. 274, *Cambridge Water Co. Ltd. v. Eastern Counties Leather plc.* (1994) 1 All E.R. 53, *Taylor Woodrow Property Management Ltd. v. The National Rivers Authority* [1994] Env. L.R. D20-21 und *National Rivers Authority v. Wright Enigineering Co. Ltd.* [1994] 4 All E.R. 281.

[77] Draft Criminal Code, Law Commission Report Nr. 177.

[78] Zur deutschen Terminologie siehe Chr. von Bar, Verkehrspflichten, JuS 1988, S. 269.

len Bereich der Verkehrssicherungspflichten hinaus[79]. Grund für diese Erweiterung ist das Bestreben der Gesetzgebung, die Anwendung bestimmter Gesetzesbestimmungen auf die primär adressierten Körperschaften als Unternehmensträger zu erleichtern. Es handelt sich stets um Gesetze, auf die ohne Aufstellen einer Gefährdungshaftung das Konzept der Gehilfenhaftung nicht anwendbar wäre.

Um eine ausreichende Effizienz zu gewährleisten, wird in solchen Fällen in den letzten Jahren zunehmend auf das Modell der Gefährdungshaftung zurückgegriffen[80].

b. Voraussetzungen der Haftung

Voraussetzung für eine Gefährdungshaftung ist allein die nach dem Sachverhalt zu vermutende Verursachung eines nachgewiesenen Schadens, der entweder unter eine entsprechende gesetzliche Bestimmung oder das in *Rylands v. Fletcher* niedergelegte Prinzip fällt. Eine Kausalitätsvermutung ergibt sich aus dem Sachverhalt, wenn der Zwischenfall im Zusammenhang mit den Standorten des potentiellen Verursachers oder mit einem Ort, an dem Angestellte desselben tätig waren, steht. Diese Vermutung kann unter Umständen durch Beweis des Gegenteils widerlegt werden. Wo die Einflußsphäre des potentiellen Schadensverursachers mit anderen Gefahrfaktoren zusammenkommt, hilft eine Entlastungsmöglichkeit durch Sorgfaltsnachweis vor ungerechten Entscheidungen. Besonders hervorzuheben ist im Zusammenhang zur Deliktsfähigkeit juristischer Personen, daß die Verkehrspflicht ebenso eine juristische wie eine natürliche Person trifft. Durch die Verursachungsvermutung ist es daher möglich, und wird auch häufig so gehandhabt, die Gesellschaft zur Zahlung von Schadensersatz oder Geldbuße zu verurteilen, ohne daß eine natürliche Person innerhalb des Unternehmens identifiziert worden wäre, die zur Schadensverursachung zumindest beigetragen hätte.

---

[79] *Tesco Supermarkets Ltd. v. Nattrass* [1972] A.C. 153.
[80] Vergleiche Stanton, The Modern Law of Torts, S. 41.

c. Rechtsfolgen

Folge der Gefährdungshaftung ist je nach Tatbestand die Zahlung von Schadensersatz oder einer Geldbuße. In der Praxis sind es zumeist juristische Personen als Unternehmensträger, die verurteilt werden. Zu einer Identifikation der für die Schadensverursachung verantwortlichen Individuen kommt es dabei äußerst selten [81].

d. Vorteile

Die Gefährdungshaftung wird wegen ihres Verzichts auf den Nachweis einer Pflichtverletzung kritisiert. So hält *Stanton* die Haftung unter solch geringen Anforderungen für einen Verstoß gegen das Prinzip, daß nur Fehlverhalten zur Zahlung von Schadensersatz verpflichten kann[82]. Vertreter dieser Auffassung stützen sich ganz auf das oben genannte *Donoghue v. Stevenson* Prinzip. Die ganz herrschende Meinung befürwortet jedoch die Haftung aus Verkehrspflichtverletzungen. Sie gilt als die einzig vertretbare Antwort auf die Frage, wie dem Betrieb extrem gefährlicher, aber auch der Gesellschaft an sich nützlicher Einrichtungen, rechtlich zu begegnen ist. Die Gesellschaft, durch die Stimme des Gesetzgebers, mag einer Person erlauben, solch gefährlichen Aktivitäten nachzugehen, aber nur unter der Voraussetzung, daß Kompensation automatisch jedem zur Verfügung steht, der durch diese Aktivität in seinen Rechten verletzt wurde, ohne daß die auf den Betrieb verwandte Sorgfalt eine Rolle spielt[83]. Nur eine strikte Haftung erscheint geeignet, die Vermeidung von Schaden schon im Vorfeld durchzusetzen, während der dem *Donoghue v. Stevenson* Prinzip zugrundeliegende Gedanke eines Fehlers eher die nachträgliche Pflicht zum Schadensausgleich propagiert[84].

[81]Siehe Fleming, The Law of Torts, S. 9.
[82]Stanton, The Modern Law of Torts, S. 38.
[83]So etwa Fleming, The Law of Torts, S. 368.
[84]Brown 1993, L.M.C.L.Q. 158 (161).

4. Organhaftung

a. Historische Entwicklung

Die Organhaftung entstand 1915 aus dem Bedürfnis, die bereits genannten Grenzen der Gehilfenhaftung zu überwinden[85]. Es war schon lange vor diesem Zeitpunkt bezweifelt worden, ob eine Gesellschaft tatsächlich einer Haftung für Fehlverhalten entkommen könne, wo die hinter der juristischen Person stehenden natürlichen Personen[86] ohne die Inkorporation zur Verantwortung gezogen werden könnten[87]. Speziell der Vergleich zu einer Partnerschaft zeigte eine krasse Ungleichbehandlung. Da eine Partnerschaft keine juristische Person ist, ist bei Begehung einer unerlaubten Handlung, deren Tatbestand ein subjektives Fehlverhalten erfordert, der Partner allein und gemeinschaftlich mit seinen Partnern verantwortlich[88]. Die treibende Kraft hinter der Schaffung eines neuen Konzepts, daß allein auf juristische Personen zugeschnitten ist, war *Lord Justice Haldane*, der mit dem deutschen Recht, insbesondere auch der Genossenschaftstheorie *Otto von Gierkes*, durch sein Studium in Deutschland vertraut war[89]. Da die Deliktsfähigkeit der juristischen Person im englischen Recht fest verwurzelt war, lag es für ihn nahe, die dort unter dem Stichwort Organtheorie vorgefundenen Gedanken als Antwort auf die offene Frage der Annahme eines subjektiv vorwerfbaren Fehlverhaltens zu übertragen. Die Gelegeheit hierzu bot sich im Fall *Lennard's Carrying Co. Ltd. v. Asiatic Petroleum Co. Ltd.*[90]. Die Entscheidung betraf eine Klage wegen Verlusts von Fracht, gegen die sich die Gesellschaft *Lennard's Carrying Co. Ltd.* zu verteidigen suchte, indem sie sich auf section 502 *Merchant Shipping Act 1894*[91] berief.

---

[85] Siehe oben, unter B.I.2.e.

[86] Das englische Recht versteht den Trennungsgrundsatz als eine strikte Trennung der Person „Gesellschaft" von den Gesellschaftern, Geschäftsführern und Gläubigern, so daß konstruktiv keine Haftung dieser drei Personengruppen möglich ist; siehe *Salomon v. Salomon & Co. Ltd.* [1895] 2 Ch. 323, [1897] A.C. 465.

[87] *Edwards v. Midland Railway* (1880) 6 Q.B.D. 287, 288.

[88] Rogers, Winfield and Jolowicz on Tort, S. 677 m.w.N.

[89] Davies, Gower's Principles of Modern Company Law, S. 230, Fn. 44.

[90] *Lennard's Carrying Co. Ltd. v. Asiatic Petroleum Co. Ltd.* [1915] A.C. 705, 713.

[91] 57 & 58 Vict. c. 60

Dieser sieht eine Entlastung des Schiffseigentümers vor, wo der Verlust ohne eigenes, subjektiv vorwerfbares Fehlverhalten des Eigentümers geschah. *Lord Justice Haldane* wies dies mit den folgenden Worten zurück:

> Eine Gesellschaft ist eine Abstraktion. Sie kat keinen eigenen Geist, so wie sie keinen eigenen Körper hat; ihr aktiver und bestimmender Wille muß deshalb in einer natürlichen Person gesucht werden, die für bestimmte Zwecke Vertreter genannt werden kann, die aber *in realiter* der bestimmende Geist und Wille der Gesellschaft ist, das wahre Ich und Zentrum der Persönlichkeit der Gesellschaft. Dieser Mensch mag in Gesellschafterversammlungen unter der Kontrolle der Gesellschafter stehen; dieser Mensch mag selbst Geschäftsführer sein, oder, wie es in manchen Gesellschaften der Fall ist, ein in der Satzung festgelegtes Sonderorgan sein, daß von der Gesellschafterversammlung bestellt und nur von ihr abberufen werden kann.

Dieses Bild fand Zustimmung unter den Richtern[92].

Spätere Urteile zur Organhaftung vernachlässigen teilweise die von *Lord Justice Haldane* vorangestellte Beobachtung, daß eine Gesellschaft keinen eigenen Willen oder Körper hat, der nicht auch in einem mit ihr verbundenen Individuum zum Ausdruck kommt. So lautet die berühmte Formulierung *Lord Dennings* in der Entscheidung *H.L. Bolton (Engineering) Co. Ltd. v. T. Graham & Sons Ltd.*[93]:

> Eine Gesellschaft kann in vielem wie ein menschlicher Körper angesehen werden. Sie hat ein Gehirn und ein Nervenzentrum, die die Kontrolle über ihr Tun haben. Sie hat auch Hände, die die Werkzeuge halten und in Übereinstimmung mit den Vorgaben der Zentrale handeln. Manche Menschen in einer Gesellschaft sind bloße Gehilfen und Stellvertreter, die nicht mehr als die die

[92] So schlossen sich weitere Richter im Urteil *Lennard's Carrying* der vorgetragenen Urteilsbegründung explizit an, so auch *Lord Dunedin*, a.a.O., S. 715.

[93] *H.L. Bolton (Engineering) Co. Ltd. v. T. Graham & Sons Ltd.* (1957) 1 Q.B. 159, 172

> Arbeit verrichtenden Hände sind und von denen nicht gesagt werden kann, daß sie den Geist oder Willen repräsentieren. Andere sind Direktoren und Abteilungsleiter, die den bestimmenden Geist und Willen der Gesellschaft darstellen und ihr Verhalten kontrollieren. Die Psyche dieser leitenden Angestellten ist die Psyche der Gesellschaft und wird vom Gesetz als solche behandelt. Daher entscheidet man in Fällen, in denen das Gesetz ein subjektiv vorwerfbares Fehlverhalten als Tatbestandselement einer unerlaubten Handlung fordert, daß das subjektiv vorwerfbare Fehlverhalten des leitenden Angestellten das subjektiv vorwerfbare Fehlverhalten der Gesellschaft ist.

Allerdings bot das englische Gesellschaftsrecht keine Möglichkeit, das neu geschaffene Instrument der Organhaftung explizit auf gesetzlich vorgeschriebene Organe einer Gesellschaft zu beschränken. Die Gestaltung von Organen war bis 1985 nicht gesetzlich vorgeschrieben; Geschäftsführern fällt nicht notwendigerweise Geschäftsführungsbefugnis oder ein anderweitig gesetzlich klar definierter Einflußbereich zu[94]. Vor diesem Hintergrund müssen die Ausführungen *Lord Justice Haldanes* zur Frage, wer denn nun als Organ das *alter ego* der Gesellschaft ist, verstanden werden[95].

Diese Besonderheit des englischen Rechts fand denn auch in den Jahren nach dem Urteil im Fall *Lennard's* ihren Niederschlag in zahlreichen unterschiedlichen Ansätzen, die versuchten, die Frage nach dem *alter ego* der jeweiligen Gesellschaft zu bestimmen. Aufgrund der von *Lord Justice Haldane* vorgetragenen Bestimmung beschränkte man sich dabei zunächst auf den Gesichtspunkt der Satzung, von deren Bestimmungen ausgehend man das Problem zu lösen versuchte[96].

---

[94] Siehe hierzu Davies, Gower's Principles of Modern Company Law, S. 14 f.

[95] Dieser Divergenz zum deutschen Recht war man sich bei der Übernahme des Gedankens einer Organhaftung durchaus bewußt. So schreibt *Lord Hoffmann* in der Entscheidung *El Ajou v. Dollar Land Holdings plc.* ([1994] 1 B.C.L.C. 464, 483):

> Im Gegensatz zum deutschen Geschäftsführer kann der englische Geschäftsführer als Individuum keinerlei Befugnisse irgendeiner Art haben. Aber englisches Recht teilt mit deutschem Recht die Ansicht, daß die Frage, welche Person ein Organ ist, vom Ausmaß seiner Befugnisse abhängt, die er von Rechts wegen befugt ist, im Namen der Gesellschaft auszuüben.

[96] So zum Beispiel in *Tesco Supermarkets Ltd. v. Nattrass* [1972] A.C. 153, *R v. HM*

Von diesem Ausgangspunkt löste man sich endgültig im Jahre 1965. Anlaß war der Fall *The Lady Gwendolen*, dem folgender Sachverhalt zugrunde lag[97]. Ein Motorschiff war mit einem anderen Motorschiff kollidiert und hatte damit dessen Untergang verursacht. Grund war die „vollkommen unentschuldbare Sorgfaltslosigkeit" des Kapitäns der *Lady Gwendolen*. Er war mit voller Geschwindigkeit in dichtem Nebel gefahren, ohne von der Radarinstallation auf dem Schiff Gebrauch zu machen. Die Gesellschaft, die Eigentümerin der *Lady Gwendolen* war, gab ihre Haftung zu, reichte allerdings eine Klage zur Haftungsbegrenzung nach section 503 subsection 1 *Merchant Shipping Act 1894* ein, wozu sie für den Fall berechtigt war, daß die Schädigung ohne einen ihr subjektiv vorwerfbaren Fehler begangen wurde. Obwohl in der Urteilsbegründung explizit ausgeführt wurde, daß die Führung eines Schiffes zur See so sehr in den Händen des Kapitäns liegt, daß das Versagen der Haftungsbegrenzung extrem außergewöhnlich ist, wurde der Gesellschaft die Haftungsbegrenzung dennoch verweigert.

Diese Entscheidung bewirkte, daß der Kreis der Organe im Sinne der Organhaftung auf all jene erweitert wurde, deren Funktion, unabhängig von der Organbestellung in der Satzung, als in der Hierarchie der Gesellschaft hochrangig genug empfunden werden kann, um sie als Repräsentanten der Psyche der repräsentierten Gesellschaft anzusehen. Im Fall *Lady Gwendolen* war es der Assistent der Geschäftsführung, der Vorgesetzter des Kapitäns der *Lady Gwendolen* gewesen war und der trotz Kenntnis von dessen Sorgfaltslosigkeit keine das Unheil verhindernden Schritte unternommen hatte. Genaue Abgrenzungskriterien wurden jedoch auch in dieser Entscheidung nicht festgelegt.

Die Bestimmung der Faktoren, die generell geeignet sind, um die Identifikation einer bestimmten natürlichen Person als das *alter ego* der sie beschäftigenden Gesellschaft vorzunehmen, erfolgte endgültig erst im Jahre 1995. *Lord Hoffmann* stellte in der Entscheidung *Meridian Global Funds Management Asia Ltd. v. Securities Commission* auf eine teleologische Auslegung des jeweiligen Tatbestandes der unerlaubten Handlung ab, nachdem er zuvor vor einer übertriebenen Anthropomorphisierung in der Begrifflichkeit gewarnt hatte[98]. Im Gegensatz zu anderen Rechtsordnungen ist diese Auslegungsme-

---

Coroner for East Kent, ex p. Spooner (1987) 3 B.C.C. 636 und *El Ajou v. Dollar Land Holdings plc.* [1994] 1 B.C.L.C. 464.

[97] *The Lady Gwendolen* [1965] 2 All E.R. 283

[98] *Meridian Global Funds Management Asia Ltd. v. Securities Commission* [1995] 2

thode in England sehr ungewöhnlich[99]. Wo das Parlament rechtsetzend tätig wurde, ist die Macht der Richter zurückgedrängt. Vor diesem Hintergund werden Gesetze im Normalfall buchstabengetreu ausgeführt. Das Rekurrieren auf die Methode der teleologischen Auslegung in Fällen, in denen der Gesetzgeber eben keine bewußte Regelung für die Anwendung der Norm auf juristische Personen getroffen hatte, ergab einen beständigen, dennoch flexiblen Ausgangspunkt[100]. Die entscheidende Passage im Urteil *Meridian Global Funds* lautet:

> Das Gericht muß eine spezielle Regelung für die Anwendung der fraglichen substantiellen Gesetzesvorschrift treffen. Dies ist immer eine Frage der Interpretation: wo die Anwendung auf juristische Personen außer Frage steht, wie sollte diese Anwendung aussehen? Wessen Handlung (oder Wissen, oder Psyche) sollte *für diesen Zweck* als Handlung etc. der Gesellschaft zählen? Man findet die Antwort auf diese Frage, indem man die üblichen Auslegungsmethoden heranzieht, indem man die Fassung der jeweiligen Regelung zuzieht und seinen Inhalt und Sinn.

Allerdings wurde ausdrücklich die Anwendbarkeit der Organhaftung und damit der teleologischen Anwendung auf die Fälle beschränkt, in denen die primär anzuwendende Gehilfenhaftung nicht ausreicht[101].

b. Voraussetzungen der Haftung

Die Organhaftung ist neben der Gehilfenhaftung das einzige Instrument, das eine Haftung der deliktsfähigen juristischen Person aus unerlaubter Handlung im englischen Recht ermöglicht. Erste Voraussetzung für ihre Anwendung ist das Vorliegen eines Tatbestandes der unerlaubten Handlung, der ein Element subjektiver Vorwerfbarkeit enthält. Zu den Voraussetzungen

A.C. 500.

[99]Erster Fall, in dem die Methode der teleologischen Auslegung angewendet wurde, war *Pepper v. Hart* [1993] 1 All E.R. 42.

[100]Diese Entwicklung wurde in der Literatur insbesondere von Sealy begrüßt (Sealy, 1995, C.L.J. 507); eine Kritik findet sich dagegen bei Yeung (Yeung, 1997, C.F.I.L.R. 67).

[101]*Meridian Global Funds Management Asia Ltd. v. Securities Commission*, a.a.O., S. 507.

der Gehilfenhaftung tritt dann die Voraussetzung hinzu, daß es sich bei der die eigene oder aber eine die Gesellschaft treffende Pflicht verletzenden Person um ein Organ der Gesellschaft im Sinne der Organhaftung handelt. Als Prüfungsreihenfolge hat sich, mit der Entwicklung einer Festlegung des Organbegriffs, durchgesetzt, zunächst das schadensursächliche Fehlverhalten einer natürlichen Person zuzuordnen, bevor in einem zweiten Schritt geklärt wird, ob dieses Individuum als Organ der Gesellschaft im Sinne der Organhaftung angesehen werden kann. Der Organeigenschaft steht dabei nicht im Wege, daß diese Person nur im Hinblick auf eine spezifische Geschäftstätigkeit oder eine Vertragsbeziehung besonderen Einfluß ausüben konnte[102]. Es handelt sich also um eine Variante der Gehilfenhaftung, die tatbestandlich ein Mehr gegenüber der Gehilfenhaftung erfordert[103].

c. Rechtsfolgen

Sind alle genannten Voraussetzungen erfüllt, wird nicht nur das objektive Fehlverhalten der bestellenden Gesellschaft, sondern auch das subjektiv Vorwerfbare im Verhalten des Organs der Gesellschaft insgesamt zugerechnet. Richtet sich die verletzte Pflicht ausschließlich an die Gesellschaft, so haftet nur sie allein. Ist Adressat sowohl die Gesellschaft als auch ihr Organ, so haften beide unabhängig voneinander auf Schadensersatz. Unter diesen Umständen kommt es wieder zu dem oben beschriebenen Effekt, daß regelmäßig ausschließlich die Gesellschaft aufgrund des „*deep pocket* Arguments“ zur Zahlung von Schadensersatz herangezogen wird[104].

d. Vorteile

Die Organhaftung hat die ihr zugedachte Funktion voll erfüllt, die Gehilfenhaftung, wo notwendig, zu ergänzen. Erst durch ihre Entwicklung hat die Deliktsfähigkeit juristischer Personen im englischen Recht eine vollständige Gleichstellung zu der natürlicher Personen erfahren. Dank des flexiblen Ansatzes, der sich im Laufe der letzten Jahrzehnte entwickelt hat, ist sie in der praktischen Rechtsanwendung durch den Richter zu einem effektiven In-

---

[102] *El Ajou v. Dollar Land Holdings plc.* [1994] 1 B.C.L.C. 473, 477.

[103] Vergleiche Sullivan, 1996 C.L.J. 515 (518).

[104] Siehe oben, unter B.I.2.

strument der Erfüllung des Gesetzeszwecks geworden. Ihr Erfolg liegt darin, daß sie sich nicht in einem Grundsatzstreit zwischen Fiktions- und Genossenschaftstheorie verfangen hat. So wie zur Zeit ihrer Entwicklung schon die Deliktsfähigkeit der juristischen Person als von einer eventuellen Eigenhaftung ihrer Gehilfen unabhängig ausgebildet war, so bestand auch kein Zweifel an der Tatsache, daß nur dank Zurechnung des Tuns oder Unterlassens eines Gehilfen die Handlungs- und die damit einhergehende Deliktsfähigkeit praktische Relevanz haben kann. Mit der Sicherheit, geltendes Recht darzustellen, stellte *Lord Justice Haldane* seinen Ausführungen in der Entscheidung *Lennard's Carrying* die einleitende Bemerkung voran, daß eine Gesellschaft als vom Gesetz geschaffene Person nur durch die für sie tätigen natürlichen Personen am Rechtsleben teilhaben kann[105].

Dem Einfluß der im deutschen Recht diskutierten Organtheorie ist es zu verdanken, daß das Bild der „Arme" und „Hände" der Gesellschaft entstand, daß in konsequenter Weiterführung zur symbolischen Kennzeichnung der leitenden Angestellten als „Gehirn" und „Nervenzentrum" der Gesellschaft führte[106]. Dabei war die Rechtsentwicklung in England zu keiner Zeit völlig auf eigene Gedanken angewiesen. Die Rechtsvergleichung ist nicht erst ein Kind unserer Zeit. So haben mit der Zeit die gleichen Denkprozesse in den verschiedenen europäischen Rechtssystemen stattgefunden, auch wenn dabei nicht immer die Quelle oder der Anstoß des Gedankens genannt wurde[107]. *Von Savigny* wäre durchaus mit der Haltung der englischen Richterschaft, die Gesellschaft lediglich als ein vom Gesetz geschaffenes, künstliches, ja fiktives Gebilde zu verstehen, vollkommen einverstanden gewesen[108].

Doch *von Gierke* hätte seine Freude an der Erkenntnis gehabt, daß die Hand-

---

[105]*Lennard's Carrying Co. Ltd. v. Asiativ Petroleum Co. Ltd.* [1915] A.C. 705.

[106]Rajak, Sourcebook of Company Law, S. 289 m.w.N.

[107]Siehe zu dieser Entwicklung auch Farrar, Company Law, S. 25.

[108]*Meridian Global Funds Management Asia Ltd. v. Securities Commission* [1995] 2 A.C. 500, 506 f., *Lord Hoffmann* (Hervorhebung im Original durch Benutzung eben dieser deutschen Worte unterstützt):

> Es gibt nichts im wirklichen Leben, was Gesellschaft genannt wird, von dem sinnvollerweise gesagt werden kann, daß es etwas tun oder unterlassen kann. Tatsächlich gibt es keine solche Sache wie eine Gesellschaft, **kein Ding an sich**, nur die anwendbaren Regeln.

Dies entspricht der Sicht *von Savignys*, vergleiche Kleindiek, Deliktshaftung und juristische Person, S. 151 ff.

lungsfähigkeit der einmal geschaffenen juristischen Person notwendig auch deren Deliktsfähigkeit mit sich bringen muß, ebenso wie an der konsequenten Durchführung seiner Vorstellung der Organe im Gebilde Gesellschaft, deren Handeln und deren Denken nach ganz herrschender Meinung *das der juristischen Person ist*[109]. Beide Theorien fielen insofern in England auf fruchtbaren Boden, der von der schon durch die Stellvertretung im Delikt und den frühen Aufstieg Englands zur Industrienation bereitet worden war. Inkonsequenz kann dennoch kein Vorwurf sein. Beide Ansätze ergeben im Zusammenspiel, wie oben erläutert, ein durchaus stimmiges Bild. Die Besonderheit, daß das englische Recht keine Organe mit gesetzlich vorgeschriebenem Wirkungsbereich kennt, stört dabei keineswegs, sondern ermöglicht gerade erst den flexiblen Lösungsansatz, der auf das *Telos* des Tatbestandes der unerlaubten Handlung abstellen kann[110].

e. Weiterführende Ansätze

aa. Entstehungsgrund In den letzten Jahren sind durch das weltweite Fusionsfieber multinationale Konzerne entstanden. Vor dem Hintergrund der fortschreitenden Fusionen wird am geltenden Recht im anglo-amerikanischen Raum Kritik geübt. Das Erfordernis eine objektiven, in Fällen der Organhaftung auch subjektiven Ferhlverhaltens eines Individuums steht im Mittelpunkt dieser Kritik. So wird dem geltenden Recht vorgeworfen, daß eine Pflichtverletzung, die begriffsnotwendig nur durch ein Handeln eines Individuums zustande kommen kann, dieses Individuum innerhalb der Gesellschaft zum Sündenbock abstempelt. Dies sei angesichts des Drucks, der typischerweise in einem Großunternehmen auf dem oft eigenverantwortlich

---

[109]Siehe das Zitat aus *Bolton Engineering* oben, unter B.I.2.a. und *Group Josi Re v. Walbrook Insurance* [1996] 1 W.L.R. 1152, 1167, *Justice Saville*:

> Sieht das Recht die Kenntnisse einer natürlichen Person als die der Gesellschaft an, dann hat die Gesellschaft rechtlich diese Kenntnis und nicht nur eine fiktive oder konstruierte Kenntnis.

Diese Äußerung könnte ebenso von *von Gierke* stammen, vergleiche Kleindiek, Deliktshaftung und juristische Person, S. 156 ff.

[110]So sah sich *Justice Carnwath* in der Lage, in *British Racing Drivers' Club Ltd. v. Hextall, Eskine & Co.*, [1996] 3 All E.R. 667, einen der Geschäftsführer nicht als Organ der Gesellschaft anzusehen.

Handelnden laste, nicht gerecht[111]. Daneben wird kritisiert, daß das geltende Recht nicht in Betracht zöge, daß eine große Gruppe von Menschen eine von der Summe ihrer Gedanken verschiedene, eigene Dynamik entfalten könne, eine Art kollektive Psyche, die sich unter Umständen auch in einer unerlaubte Handlungen förderndenden Geschäftspolitik niederschlagen könne[112]. Außerdem wird der Organhaftung vorgeworfen, daß sie die Haftung einer Gesellschaft wegen Verletzung einer an sie gerichteten Sorgfaltspflicht noch unwahrscheinlicher mache als die Gehilfenhaftung, indem sie noch schwerer zu erfüllende Voraussetzungen schaffe[113].

Diese Kritikpunkte wurden hauptsächlich im Bereich der Strafbarkeit juristischer Personen vorgebracht. Vor dem Hintergrund der zivilrechtlichen Haftung aus unerlaubter Handlung verlieren sie durchweg ihre Schärfe. So ist im Zivilrecht nicht zu befürchten, daß der Einzelne zum Sündenbock abgestempelt wird. Denn im Gegensatz zum Strafrecht verzichtet das zivile Deliktsrecht auf ein Verschulden und hat keinerlei moralischen Impetus. Seine Aufgabe ist es primär, dem Schadensausgleich zu dienen. Daß ein unerlaubten Handlungen förderliches Umfeld geschaffen wird, müßte sich zunächst in empirischen Studien der Soziologie und Psychologie bewahrheiten[114]. Wäre dies der Fall, so könnte der Gesetzgeber dem entgegenwirken, indem er entsprechende Tatbestände der Gefährdungshaftung schafft.

Die Kritik sieht auch nicht, daß der Gesetzgeber in Fällen der Organhaftung für natürliche Personen ein höheres Erfordernis, das subjektiv vorwerfbare Fehlverhalten, bewußt geschaffen hat. Dieses muß sich bei der Anwendung der gleichen tatbestandlichen Voraussetzungen auch in einem vergleichbaren, über die von der Gehilfenhaftung bekannten Haftungsvoraussetzungen herausgehenden Element widerspiegeln. Obwohl also die in den letzten Jahren geäußerten Kritikpunkte nicht überzeugen, so soll doch den von diesen kritischen Stimmen ausgelösten neuen Ansätzen nachgegangen werden. Sie wurden durchgehend im Strafrecht entwickelt, werden jedoch ebenso im Bereich der unerlaubten Handlungen diskutiert[115].

---

[111] Clarkson, 1996 M.L.R. 557, 562.

[112] Gobert, 1994 L.S. 393, 396.

[113] Mayson, Company Law, S. 617 f.

[114] Die entgegengesetze Auffassung wird von der Schule des Methodologischen Individualismus vertreten; vergleiche Sir Karl Popper, The Poverty of Historicism.

[115] Zur öffentlichen Diskussion vergleiche Slapper, Allocation of Responsibility, The Times 22.07.1999 und Alec Marsh, New Negligence Claim over Fatal Train Crash, Metro,

bb. Reaktives Fehlverhalten Die Theorie des reaktiven Fehlverhaltens wurde als neue Form des Verschuldens im Sinne des Strafrechts von den Professoren *Fisse* und *Braithwaite* entwickelt[116]. Ihr Ziel war es, eine ausschließlich die Gesellschaft treffende Form von Verschulden zu schaffen. Sie sehen reaktives Fehlverhalten als einen nicht aus Vernunftsgründen bedingten Mangel, zufriedenstellende präventive und korrigierende Maßnahmen in Bezug auf objektives Fehlverhalten zu schaffen und zu unterhalten[117]. Dies bedeutet, daß körperschaftliches Verschulden seinen Ausdruck in Handlungen und Unterlassungen findet, die vor oder nach Begehung einer objektiv pflichtverletzenden Handlung stattfinden. Obwohl der Gedanke eines rein körperschaftlichen Verschuldens fasziniert und die Unabhängigkeit der Gesellschaft von den in ihr vereinten Individuen betont, so entfernt sich die gegebene Definition doch so weit von dem typischerweise mit dem Verschuldenserfordernis einhergehenden Simultaneitätsgrundsatz und der subjektiven Seite des Fehlverhaltens, daß der Name „Verschulden" für ihr Konzept nicht recht passend erscheint. Aus diesen Gründen wurde es scharf kritisiert[118] und wurde nicht in die Praxis umgesetzt.

cc. Aggregation Die Idee der Aggregation wurde in den Vereinigten Staaten von Richtern entwickelt[119] und wird dort sowohl im Strafrecht als auch im Recht der unerlaubten Handlungen erfolgreich angewandt. Es erlaubt das Bejahen des Schulderfordernisses in Bezug auf eine Gesellschaft auch in Fällen, in denen keinem für sie tätigen Individuum selbst subjektives Fehlverhalten vorgeworfen werden kann. Dies wird durch die Zusammenrechnung der Fehler zweier oder mehrer natürlicher Personen ermöglicht, deren summierte Fehler als Fehlverhalten *en bloc* auf die Gesellschaft übertragen werden. Obwohl die Idee der Aggregation in den Vereinigten Staaten und in Australien im geltenden Recht verankert ist[120], hat sie in England keinen Anklang ge-

---

20.09.1999, S. 12.

[116]Fisse/Braithwaite, 1988 11 S.L.R. 468.

[117]Siehe Fisse, Corporate Society, S. 48.

[118]So von Sullivan, 1996 C.L.J. 515 (524).

[119]Ein illustratives Beispiel findet sich in *United States v. Bank of New England* 821 F2nd 844, 484 U.S. 943 (1987).

[120]In Australien ist sie als ein Weg zur Feststellung subjektiven Fehlverhaltens einer juristischen Person voll anerkannt (Ford, Principles of Corporations Law, S. 678, 694); siehe zum Beispiel *Entwells Pty Ltd. v. National and General Insurance Co. Ltd.* (1995) 130 A.L.R. 1, 16.

funden. Im Bereich des Strafrecht wurde sie ausdrücklich verworfen[121]. Im Bereich der unerlaubten Handlungen gibt es noch keine Entscheidung eines höheren Gerichts, die sich auf das Konzept der Aggregation stützt.

Das Konzept der Aggregation hat zwei Vorteile[122]. Zum einen geht es über die Grenzen der Gehilfenhaftung hinaus, indem es die subjektiven Elemente wie Kenntnisse und Intentionen verschiedener natürlicher Personen aufaddiert. Zum anderen ist es ein Versuch, wahrhaft körperschaftliches Verschulden auszudrücken, das der Komplexität moderner Körperschaften gerecht werden soll[123]. Leider wird dieses Ziel auch hier über den Umweg des Individuums beziehungsweise der Individuen gewählt. Aggregation entgeht damit nicht den oben genannten Kritikpunkten. In der Literatur wurden zudem Bedenken geäußert, daß die Suche der Staatsanwaltschaft beziehungsweise des Klägers nach einer ausreichenden Summe kleiner Fehler eher Verschulden fabriziert als tatsächliches Verschulden zu Tage fördert[124].

Beide der hier vorgestellten Theorien sind kein geltendes Recht in England. Sie wurden jedoch vor dem Hintergrund englischen Rechts entwickelt beziehungsweise sind geltendes Recht in einem dem englischen Recht verwandten Rechtssystem. Es bleibt abzuwarten, ob sich die kritischen Stimmen mehren werden und welche Folgen dies für die Deliktsfähigkeit der juristischen Person haben wird. Ähnlich weitgehende Änderungen im geltenden Recht sind jedoch, wie die ablehnende Haltung englischer Richter der Aggregation gegenüber zeigt, in naher Zukunft mangels eines entsprechenden Bedürfnisses nicht zu erwarten.

5. Anwendungsbereich

a. Organhaftung und Gehilfenhaftung

Um Begriffsverwirrung zu vermeiden und den Rahmen, den die Deliktsfähigkeit juristischer Personen im englischen Recht gefunden hat, herauszuarbeiten, soll in den folgenden Abschnitten ihr Verhältnis zu verwandten

[121]Siehe *Wilsher v. Essex Area Health Authority* [1987] Q.B. 730 und *Bull v. Devon Area Health Authority* [1993] 4 Med. L.R. 116.
[122]Zum Konzept der Aggregation siehe noch unten, unter C.II.5.
[123]So Gobert, 1994 L.S. 393.
[124]Sehr überzeugend Sullivan, 1996 C.L.J. 515 (529).

Problemstellungen ebenso wie ihre Grenzen aufgezeigt werden. Zunächst ist es wichtig, Klarheit über das Verhältnis der Gehilfen- zur Organhaftung zu bekommen. Bei dieser Einteilung ist zu beachten, daß sie in keinem Fall eine starre Trennlinie vorgibt. Vielmehr soll sie nur den Versuch einer Systematisierung darstellen, der letztlich den Überblick erleichtern soll. Beide Theorien gemeinsam ermöglichen die praktische Umsetzung der vorgegebenen Deliktsfähigkeit juristischer Personen. Die Organhaftung ist angesichts der erweiterten Voraussetzungen auf der Tatbestandsseite eine speziell auf Körperschaften zugeschnittene Variante der Gehilfenhaftung, die selbst keinen Unterschied gegenüber ihrer Anwendung auf Einzelpersonen aufweist[125]. Aufgrund dieses erhöhten Erfordernisses wird stets auf die Gehilfenhaftung abgestellt, soweit der Tatbestand kein subjektives Fehlverhalten voraussetzt, sondern ganz objektiv auf die Kenntnis und Sorgfalt eines idealen, durchschnittlich sorgfältigen Menschen in der Position des Gehilfen abstellt[126]. Da subjektives Fehlverhalten allerdings nur in einer begrenzten Anzahl von Tatbeständen unerlaubter Handlungen überhaupt vorgesehen ist, ist die Gehilfenhaftung das verbreiteste Instrument zur Haftbarmachung einer juristischen Person[127].

Aufgrund der vom subjektiven Fehlverhalten abgesehen gleichen Tatbestandsvoraussetzungen überschneiden sich die Begriffe teilweise. Ein Organ einer Gesellschaft im Sinne der Organhaftung ist immer gleichzeitig auch ein Gehilfe, der nach den Grundsätzen der Gehilfenhaftung eine Haftung der Gesellschaft herbeiführen kann, soweit die Begehung der unerlaubten Handlung keine subjektive Vorwerfbarkeit erfordert. Umgekehrt gilt eben aber nicht, daß jeder Gehilfe auch ein Organ sei. Gehilfe ist jeder Mensch, der in die Organisation der juristischen Person eingebunden ist und einen ihm von der Gesellschaft zugewiesenen Tätigkeitsbereich ausfüllt. Als Abgrenzungskriterien werden dazu herangezogen: die regelmäßige Verrichtung der Tätigkeit gegen ebenso regelmäßige Bezahlung durch den Besteller, sowie ein Vorbehalt des Bestellers gegen die Tätigkeit seines Gehilfen für einen anderen; das Vorliegen eines Vertragsverhältnisses ist allerdings nicht notwendige Voraussetzung[128].

[125]Siehe auch Sullivan, 1996 C.L.J. 515 (518).

[126]In der Entscheidung *Meridian Global Funds Management Asia Ltd. v. Securities Commission* ([1995] 2 A.C. 500) explizit im Sinne einer Prüfungsreihenfolge niedergelegt, stand das primäre Abstellen auf die Figur der Gehilfenhaftung aus den genannten Gründen nie im Zweifel.

[127]Birds/Boyle, Company Law, S. 21.

[128]Siehe hierzu Fridman, Torts, S. 46, 48 m.w.N.

Es handelt sich also ausschließlich um Arbeitnehmer der Gesellschaft[129]. Hintergrund dieser Definition ist der Gesichtspunkt der Kontrollmöglichkeit, insbesondere aber das Bestehen eines Abhängigkeitsverhältnisses, das zur Entlassung oder zumindest genaueren Kontrolle des Arbeitnehmers führen kann. Die Tätigkeit selbständiger Unternehmer, die lediglich zur Verrichtung einer bestimmten Tätigkeit herangezogen wurden ohne irgendeine Position in der Hierarchie selbst zu besitzen, gilt nicht als die eines Gehilfen; für unerlaubte Handlungen in ihrem Tätigkeitsbereich gelten eigene Grundsätze[130].

Das Organ besitzt dem Gehilfen gegenüber ein Mehr an Identifikation mit der Gesellschaft, das zur Erfüllung des Mehr an Tatbestandsvoraussetzung, dem subjektiven Fehlverhalten der Gesellschaft, führen kann, aber nicht muß. Es handelt sich um einen Gehilfen, der eine leitende Stellung innehat, das heißt eine ausreichende Authorität im Sinne eines Einflußbereichs hat, so daß er als die Gesellschaft angesehen werden kann[131]. Hervorzuheben ist, daß, unabhängig davon, welche der beiden Formen zur Anwendung kommt, die verletzte Pflicht eine Pflicht der Gesellschaft ist. Die Zurechnung geht soweit, daß das Handeln des Gehilfen oder Organs als das Handeln der Gesellschaft erscheint. Damit wird auch das subjektive Fehlverhalten des Organs als das subjektive Fehlverhalten der Gesellschaft gesehen. Eine Eigenhaftung des Gehilfen oder Organs ist daneben nicht notwendig, weil die Gesellschaft Adressatin der verletzten Pflicht war. Die juristische Person ist eben deliktsfähig.

Die Definition des Gehilfen als Arbeitnehmer im damit verbundenen Abhängigkeitsverhältnis führt zur Frage, welche Grundsätze denn für selbständige, oft, aber nicht notwendig, aufgrund eines Vertrages mit der Gesellschaft für diese tätig werdende, natürliche Personen gilt. Hier ist eine Haftung des Auftraggebers im Regelfall ausgeschlossen[132]. Grund hierfür ist die eigene Verantwortlichkeit des Unternehmers, die dieser nach allgemeinem Verständnis bei seiner Beauftragung übernimmt, weil er besser in der Lage ist, Schäden zu vermeiden, was sich im verlangten Preis widerspiegelt[133]. Allerdings werden in engen Grenzen die Grundsätze der Gehilfenhaftung in Einzelfällen heran-

---

[129] *Hall (Inspector of Taxes) v. Hitchen* [1973] 1 All E.R. 368.

[130] Siehe zur Haftung für selbständige Unternehmer unten, unter B.I.5.

[131] Siehe hierzu Sullivan, 1996 C.L.J. 515 (518).

[132] Siehe Bartlett, 1998, L.Q.R. 460 (466).

[133] So etwa Fleming, The Law of Torts, S. 13.

gezogen, um als ungerecht empfundene Ergebnisse zu korrigieren[134]. Voraussetzung ist die Betrauung des sogenannten unabhängigen Unternehmers[135] mit einer Tätigkeit, die nichtdelegierbare Pflichten des Beauftragenden mit sich bringt. Da der Auftraggeber also wohl die Tätigkeit einem anderen überlassen kann, nicht aber die mit ihr verbundenen Pflichten, bleibt er bei der Verletzung einer solchen Pflicht durch den Beauftragten haftbar. Hierbei handelt es sich typischerweise um eine persönlich gegenüber dem Betroffenen geschuldete Pflicht, also um die Erfüllung eines Vertrages[136] beziehungsweise um Fälle der Gefährdungshaftung[137]. Grund für eine Ausdehnung der Gefährdungshaftung auch bei Einschaltung selbständiger Unternehmer ist die gesteigerte Gefährlichkeit der delegierten Tätigkeit. Der strengen Haftung für Schäden, die aus dieser gesteigerte Gefährlichtkeit resultieren, soll nicht durch Delegation entgangen werden können[138]. Die mit der Beauftragung von Subunternehmern einhergehende Anwendung der Gehilfenhaftung auch auf unabhängige Unternehmer wird in der Literatur stark kritisiert[139].

b. Vertragliche und außervertragliche Beziehungen

Ist nun Gehilfe im Sinne der Gehilfenhaftung nur der Verrichtungsgehilfe des außervertraglichen Bereichs oder gleichzeitig der Erfüllungsgehilfe in einer Vertragsbeziehung? Eine Klage auf Schadensersatz wegen einer unerlaubten Handlung, die gleichzeitig eine Verletzung der vertraglichen Pflichten darstellt, kann bei Vorliegen einer Vertragbeziehung sowohl auf Vertrag als auch auf Delikt gegründet werden. Die Voraussetzungen in Fällen der Begehung einer unerlaubten Handlung im Rahmen eines Vertragsverhältnisses stimmen mit denen im außervertraglichen Bereich überein[140]. Es mag auf den ersten

---

[134]Obwohl von Gehilfenhaftung gesprochen wird, handelt es sich nach herrschender Meinung um eine hiervon konstruktiv verschiedene persönliche Haftung; siehe Fridman, Torts, S. 69 m.w.N.

[135]Die Bezeichnung wird auch in England eher kritisch gesehen, siehe z.B. Howarth, Torts, S. 649, hat sich aber eingebürgert.

[136]Vergleiche Chapman, 1934, 50 L.Q.R. 71 (76).

[137]*Cassidy v. Ministry of Health* [1951] 2 K.B. 343.

[138]Statt vieler: Howarth, Torts, S. 650.

[139]Zum Beispiel von McKendrick, 1990, 53 M.L.R. 770.

[140]Beispiele für die Behandlung rein außervertraglich gelagerter Fälle: *Limpus v. London General Omnibus Co.* (1862) 1 H. & C. 526, und *H.L. Bolton (Engineering) Co. Ltd. v. T.J. Graham & Sons Ltd.* [1957] 1 Q.B. 159, 160.

Blick seltsam erscheinen, daß, sofern ein Geschäftsführer für die Gesellschaft einen Vertrag schließt, ihre Haftung von seiner Bevollmächtigung abhängt. Hingegen kennt die Haftung für sein deliktisches Verhalten keine solche Voraussetzung; sein deliktisches Verhalten ist ihr deliktisches Verhalten. Da andernfalls aber die Gesellschaft durch ihre Satzung bestimmen könnte, daß sie für niemanden deliktisch haftet, wird diese Diskrepanz akzeptiert[141].

Unterschiede in der Haftung für das Verhalten eines Gehilfen oder Organs ergeben sich dabei nur in seltenen Fällen. In diesen weist die die Haftung aus Vertragsverletzung begründende Norm explizit andere Voraussetzungen auf als der Deliktstatbestand. Ebenso wie im außervertraglichen Bereich gibt es auch im vertraglichen Bereich keine generelle Entlastungsmöglichkeit, etwa für Vorsatz des Gehilfen. Sieht das Gesetz, das die Vertragsbeziehungen regelt, eine solche Entlastungsmöglichkeit vor, wie dies beispielsweise im *Merchant Shipping Act* der Fall ist, so hängt die Entlastung von der Stellung der fraglichen natürlichen Person, Gehilfe oder Organ, ab[142], die entsprechend der gesetzlichen Vorgabe auch den Anspruch aus unerlaubter Handlung betrifft. Ein vertraglicher Haftungsausschluß beziehungsweise eine vertragliche Haftungsbeschränkung dagegen kann schon konstruktiv nicht auf die auf unerlaubte Handlung gestützten Schadensersatzansprüche durchgreifen[143]. Dies hat zur Folge, daß häufig Schadensersatzklagen nicht auf Vertragsverletzungen, sondern vielmehr auf Delikt gestützt werden. Nachteilig kann dies gegenüber einer Klage auf Schadensersatz aus Vertragsverletzung sein, weil Schadensersatz für Vertragsverletzungen auf das Erfüllungsinteresse gerichtet ist, während der deliktische Schadensersatzanspruch lediglich das negative Interesse abdeckt[144]. Der Begriff des Gehilfen selbst aber ist unabhängig von seiner Tätigkeit zur Erfüllung einer vertraglichen Pflicht oder zur Verrichtung einer Tätigkeit seines Bestellers. Er umfaßt in diesem Sinne die Bedeutung Verrichtungs- und Erfüllungsgehilfe gleichermaßen.

[141]Davies, Principles of Modern Company Law, S. 232 f.

[142]Siehe *Lennard's Carrying Co. Ltd. v. Asiatic Petroleum Co. Ltd.* [1915] A.C. 705.

[143]*Midland Bank v. Hett, Stubbs & Kemp* [1979] Ch. 384.

[144]Fridman, Torts, S. 6 m.w.N.

c. Rechtsfähige und andere Personenzusammenschlüsse

Auch dem Begriff der juristischen Person in Abgrenzung zu anderen Personenzusammenschlüssen soll an dieser Stelle nachgegangen werden. Die juristische Person wird im englischen Recht definiert als ein Zusammenschluß von Personen oder eine Einzelperson, die vom Gesetz als eine eigene Person anerkannt wird. Sie muß verschieden von den in ihr zusammengeschlossenen Einzelpersonen sein und unabhängig vom Fortbestehen ihrer einzelnen Mitglieder selbst fortbestehen[145]. Weitere Merkmale sind der eigene Name, unter dem sie klagen und verklagt werden kann, und die Fähigkeit, eine Vermögensmasse zu erwerben und zu verwalten[146]. Die körperschaftliche Struktur ist hingegen kein notwendiges Kriterium. Die Bestellung von Organen ist erst seit 1985 zwingend vorgesehen[147].

Inwieweit werden nun die zur Deliktsfähigkeit der juristischen Person aufgestellten Grundsätze auch auf andere Personenzusammenschlüsse übertragen? Tatsächlich erkennt das englische Recht auch die Deliktsfähigkeit anderer Personenzusammenschlüsse an, soweit diese eine ausreichende Ähnlichkeit zur juristischen Person vorweisen. Diese Quasikörperschaften müssen zumindest einen Namen aufweisen, unter dem sie rechtmäßig klagen und verklagt werden können, und die vom Recht verliehene Fähigkeit, eine eigene Vermögensmasse zu bilden. Wichtigstes Beispiel sind die Gewerkschaften, denen die beschriebenen Attribute durch Gesetz verliehen wurden[148]. Nicht die erforderlichen Merkmale weisen dagegen Partnerschaften auf, die als weit verbreitete Organisationsform, insbesondere von Rechtsanwälten, somit nicht deliktsfähig sind[149].

Allerdings ist der Kreis der Quasikörperschaften ausgesprochen klein. Neben den Gewerkschaften wird hierzu nur eine seit 1993 nicht mehr mögliche Form der Gesellschaftsbildung, eine im Jahre 1985 zwangsaufgelöste Form der Treuhandschaft, die früheren Freiwilligenkorps und die Kommission zur Beseitigung von Kriegsschäden gezählt. Der Grund hierfür liegt in der mangelnden Verbreitung von Personenhandelsgesellschaften, bei denen es nicht

---

[145] Rogers, Winfield and Jolowicz on Torts, S. 673.

[146] Halsbury's, Vol. 9 (2), S. 570.

[147] Siehe hierzu Davies, Gower's Principles of Modern Company Law, S. 14 f.

[148] Part I in seiner geltenden Fassung von 1992 (*Trade Union and Labour Relations (Consolidation) Act 1992*, Public General Acts and Measures 1992, IV, Eliz. II. c. 52

[149] Halsbury's, Vol. 9 (2) S. 570.

zur Eintragung nach dem Gesellschaftsgesetz kommt. Diese Besonderheit des englischen Rechts ist eine Folge der Gesetzgebung des neunzehnten Jahrhunderts. War im achtzehnten Jahrhundert noch die Partnerschaft, in etwa den deutschen Personenhandelsgesellschaften entsprechend, die gängige Form für wirtschaftliche Tätigkeit, so änderte sich dies entscheidend durch den *The limited Liability Act 1855*[150]. Obwohl dieses Gesetz vorsah, daß zur Gründung einer solchen Gesellschaft mit begrenzter Haftung und eigener Rechtspersönlichkeit mindestends sieben Gründungsmitglieder erforderlich sind, verkam dieses Mindesterfordernis schnell zu einer Farce durch die Hinzuziehung von Strohmännern als Gründungsmitglieder. Diese gängige Praxis wurde im Jahre 1896 ausdrücklich durch die Gerichte anerkannt[151].

Die zuvor weniger angesehene beschränkt haftende Gesellschaft hatte sich nicht zuletzt durch einen großen Imagegewinn durchgesetzt, der die Folge des spektakulären Zusammenbruchs der als Personengesellschaft mit unbeschränkter Haftung betriebenen City of Glasgow Bank im Jahr 1878 war[152]. Bis 1856 war die Kapitalbeschaffung die treibende Kraft, die zur Gründung einer *public limited company*, der deutschen Aktiengesellschaft ähnlich, geführt hatte. Ab 1856 wandelte sich dieses Bild. Einzelkaufleute und Personenhandelsgesellschaften machten sich die durch das neue Gesetz geschaffene Möglichkeit zu nutze, ohne irgendwelche finanziellen Anstrengungen[153] die Vorteile einer Haftungsbegrenzung zu genießen[154]. Die sieben Gesellschafter waren oft der Einzelkaufmann, seine Frau und die fünf Kinder[155] . Die *private limited company* wurde zur üblichen Form für alle Arten wirtschaftlichen Engagements, obwohl sie erst durch den *Companies Act 1907* gesetzliche Anerkennnung und Regelung fand[156]. Die geringen Voraussetzungen für die

[150] *The Limited Liability Act 1855*, 18 & 19 Vict. c. 133, entfaltete im Zusammenspiel mit drei weiteren Gesetzen diese Wirkung. Es handelte sich hierbei um *The Joint Stock Companies Act 1844*, 7 & 8 Vict. c. 110, *The Joint Stock Companies Act 1856*, 19 & 20 c. 47, und *The Companies Act 1862*, 25 & 26 Vict. c. 89.

[151] *Salomon v. Salomon & Co. Ltd.* [1895] 2 Ch. 323, [1897] A.C. 22.

[152] Siehe hierzu Ireland, The Triumph of the Company Legal Form, S. 48.

[153] Es gibt kein gesetzlich vorgeschriebenes Mindestkapital für *private limited companies*, sections 11, 118 *Companies Act 1985*, Public General Acts and Measures 1985, I, Eliz. II c. 6.

[154] Ireland, a.a.O., S. 42 f.

[155] Die geschichtliche Entwicklung der registrierten Gesellschaften, insbesondere der *private and public limited companies*, ist ausführlich dargestellt von Ireland in Essays for Clive Schmitthoff, S. 29 ff.

[156] Companies Act 1907, 7 Edw. VII. c. 50.

Gründung einer Gesellschaft, und damit der Begrenzung der eigenen Haftung, haben dazu geführt, daß alle Organisationen, die über Finanzmittel verfügen, oder zumindest verfügen wollen, registriert und damit deliktsfähig sind. Die Ausdehnung der Deliktsfähigkeit auf Quasikörperschaften spielt deshalb praktisch ebenso wie in der Literatur keine Rolle.

d. Der Einzelkaufmann

Die Gehilfenhaftung des englischen Rechts wurde schon vor ihrer Anwendung auf juristische Personen auf Einzelkaufleute nach eben denselben Kriterien angewandt. Sie ist keine spezifisch für die Haftung juristischer Personen entwickelte Theorie, sondern hat erst in ihrer Variante der Organhaftung einen solchen Verlauf genommen. Da aber ganz überwiegend die Gehilfenhaftung die Grundlage für Schadensersatzbegehren gegenüber juristischen Personen bildet, besteht insofern eine absolute Gleichbehandlung natürlicher und juristischer Personen. Ein Unterschied ist nur dort denkbar, wo der Einzelkaufmann ein so bedeutendes Unternehmen betreibt, daß neben ihm leitende Angestellte ähnlich wie bei einer juristischen Person einen Aufgabenbereich eigenverantwortlich ausfüllen. Hier könnte die Frage eine Rolle spielen, ob die Entwicklung der Organhaftung als eine Haftung der juristischen Person für ihre leitenden Angestellten nicht etwa zu einer Gleichstellung mit der natürlichen Person, sondern vielmehr zu einer Schlechterstellung ihr gegenüber geführt hat. Allerdings spielte diese Überlegung in der Praxis noch nie eine Rolle.

Auch das einzelkaufmännische Unternehmen ist im englischen Recht eher unbedeutend. Wirtschaftliche Tätigkeit und die mit ihr verbundenen finanziellen Risiken führten seit Mitte des neunzehnten Jahrhunderts verstärkt zur Gründung von Gesellschaften mit Strohmännern als Mitgesellschaftern. Durch die von Gesetz zu Gesetz sinkende Anzahl an Gründungsmitgliedern bis zu einem seit der Gesetzesänderung von 1992[157] führt selbst der Betrieb von Kleingewerbe regelmäßig zur Gründung einer *private limited company.* Entscheidungen, in denen es um die unerlaubte Handlung eines Einzelkauf-

[157]Die Gesetzesänderung wurde ausgelöst durch die 12. Richtlinie der EG (Einpersonengesellschaftsrichtlinie) vom 21.12.1989, 89/667/EWG, ABl. der EG vom 30.12.1989 Nr. L 395, S. 40, die durch die *Companies (Single Member Private Limited Companies) Regulations 1992, S.I. 1992 Nr. 1699* umgesetzt wurde.

manns für seine leitenden Angestellten ging, liegen deshalb nicht vor. Von einer Gleichstellung der juristischen Person mit natürlichen Personen, die zur einer Verschlechterung wegen der Unterschiede im Bereich der Haftung für das Fehlverhalten leitender Angestellter geführt hätte, kann demzufolge nicht gesprochen werden.

e. Recht der Ordnungswidrigkeiten

Das englische Recht kennt keine Trennung zwischen öffentlichem Recht und Zivilrecht. Demzufolge wird auch die Trennung zwischen gesetzlich festgelegten Pflichten gegenüber Dritten und solchen gegenüber dem Staat nicht streng unterschieden[158]. Eine Abgrenzung erfolgt lediglich gegenüber dem Strafrecht, wobei auch hier die Konturen verschwimmen[159]. Die Verletzung nach deutschem Verständnis verwaltungsrechtlicher Vorschriften, die zur Zahlung einer Geldbuße an die öffentliche Hand verpflichten, wird häufig ebenso als eine unerlaubte Handlung angesehen wie die Verletzung von Pflichten gegenüber Dritten und der diesen hieraus erwachsende Schadensersatzanspruch[160]. Der Schadensersatzanspruch erwächst in diesen Fällen dem Staat beziehungsweise einer seiner Organisationen in der gesetzlich bestimmten Höhe.

Diese Betrachtung stimmt mit der Sicht des Haftenden überein, der an einer Unterscheidung zwischen zivilrechtlichen und öffentlich-rechtlichen Anspruchsgrundlagen nicht interessiert ist[161]. An der Grenze zwischen Deliktsfähigkeit und Straffähigkeit juristischer Personen ergibt sich erst dort eine von der oben dargestellten abweichende Rechtslage, wo das strafrechtliche Erfordernis einer höchstpersönlichen Schuld zur Tatbestandsseite zählt[162]. Hier spielt die Gehilfenhaftung nur eine untergeordnete Rolle, während die

[158] *Sherras v. De Rutzen* [1895] 1 Q.B. 918, 922.

[159] Ford, Principles of Corporations Law, S. 673; So wird beispielsweise im Strafverfahren gleichzeitig über den zivilrechtlichen Schadensersatzanspruch des Opfers entschieden; siehe Fridman, Torts, S. 4.

[160] Von den bereits zitierten Entscheidungen mögen als Beispiel *Meridian Global Funds Management Asia Ltd. v. Securities Commission* [1995] 2 A.C. 500, und *National Rivers Authority v. Yorkshire Water Services* [1994] 4 All E.R. 274, dienen.

[161] Diese Betrachtungsweise ist auch wirtschaftswissenschaftlichen Erörterungen der Haftungsfrage in Deutschland nicht fremd; vergleiche Hucke/Schröder, DB 1998, S. 2205.

[162] Feldman/Meisel, Corporate and Commercial Law, S. 349.

Organhaftung in gleichem Maße an Bedeutung gewinnt. Auf eine Darstellung der Strafbarkeit juristischer Personen nach englischem Recht an dieser Stelle muß jedoch verzichtet werden, da sie die Grenzen dieser Arbeit sprengen würde.

Bemerkenswerte Folge der fehlenden Trennung zwischen Zivilrecht und öffentlichem Recht ist auch die Einheitlichkeit der Organisationsform juristischer Personen. So gibt es keine Unterscheidung in juristische Personen des Privatrechts und des öffentlichen Rechts. Die Krone als Souverän englischer Staatsgewalt wird als Einmanngesellschaft aufgefaßt, deren derzeitige Alleingesellschafterin *Königin Elisabeth II.* ist, während die Regierung unter Vorsitz des Premierministers ebenfalls als Gesellschaft nach den Vorgaben des Privatrechts angesehen wird[163]. Dies hat zur Folge, daß etwa das Ministerium des Inneren als deliktsfähig angesehen wird und auf Schadensersatz wegen unerlaubter Handlung unter Anwendung der Gehilfen- und Organhaftung verklagt werden kann. Prozessuale Schwierigkeiten ergeben sich dabei mangels Aufspaltung der Gerichtsbarkeit in ordentliche und Verwaltungsgerichtsbarkeit nicht[164].

Alles in allem hat die Deliktsfähigkeit der juristischen Person daher sehr weitgehende Bedeutung. Die fehlenden Grenzen im Hinblick auf anders strukturierte Personenvereinigungen im Wirtschaftsleben, einzelkaufmännisch organisierte Betriebe, gesetzliche Haftungsbeschränkungen im vertraglichen Bereich und die Besonderheiten des öffentlichen Rechts ergeben ein praktisch unbeschränktes Bild von der Deliktsfähigkeit und der damit einhergehenden Haftung juristischer Personen in England.

6. Der sozio-ökonomische Kontext

a. Seine Bedeutung

Das englische Recht versteht sich als wirtschaftsfreundlich und bedeutenden Standortfaktor. Der Analyse der sozio-ökonomischen Gesichtspunkte kommt bei der Rechtsetzung entscheidende Bedeutung zu. Da die Aufgabe der Rechtsetzung vorwiegend die Richterschaft trifft, kommt es selten zu einem

[163]Halsbury's Laws of England, Vol. 9 (2), S. 574 f.

[164]Ein Beispiel ist die oben zitierte Entscheidung *Racz v. Home Office* [1994] 2 A.C. 45.

Diskurs verschiedender dogmatischer Ansichten, wie es in den Ausschüssen im parlamentarischen Gesetzgebungsverfahren üblich ist. So hat das Gericht grundsätzlich die Möglichkeit, eine Abwägung der involvierten Interessen vorzunehmen und dabei einzelne Argumente in der Rechtswissenschaft entwickelter Theorien aufzugreifen, ohne gezwungen zu sein, sich insgesamt für die Richtigkeit einer solchen Theorie entscheiden zu müssen. Eine klare Trennung zwischen einzelnen Gesichtspunkten wird denn auch im englischen Recht nicht vorgenommen. Es ist das Zusammenspiel der verschiedenen Argumente als Teilaspekte eines Gesamtgebildes, die zur Deliktsfähigkeit der juristischen Person, wie sie oben geschildert wurde, geführt hat. Im Folgenden sollen deshalb die soziologischen und ökonomischen Gegebenheiten und Erwägungen näher untersucht werden, die zur Deliktsfähigkeit juristischer Personen in ihrer heutigen Form in England geführt haben.

b. Qui facit per alium facit per se - die Folge gesellschaftlicher Gegebenheiten

Die Entwicklung der englischen Gehilfenhaftung aus der Figur der Vertretung im Delikt gründet auf dem Rechtssatz *qui facit per alium facit per se.* Wer seinen Machtbereich durch die Einschaltung von Vertretern zu seinen Gunsten vergrößert, muß sich das Verhalten dieser Vertreter im Rechtsverkehr in aller Konsequenz zurechnen lassen. Der Gedanke der Vertreterhaftung wurde von Anfang an mit der Idee des Einstehenmüssens des in der gesellschaftlichen Hierarchie Höherstehenden verbunden - *respondeat superior.* Es war die Tatsache, daß gerade der Dienstherr seinen Bediensteten in die Lage versetzte, die unerlaubte Handlung zu begehen, die er als unabhängiges Individuum nicht hätte begehen können. Wer andere für sich tätig werden ließ, mußte in der Lage sein, sie so auszuwählen und zu kontrollieren, daß sie keine unerlaubten Handlungen begingen. Die Deliktsbegehung durch einen Bediensteten war der Beweis für eine unzureichende Kontrolle, allerdings nicht im Sinne einer etwa notwendigen eigenen Sorgfaltspflichtverletzung des Geschäftsherrn, sondern vielmehr im Sinne seines generellen Einstehenmüssens.

Die frühe Industrialisierung Englands spielte bei der Übertragung dieser Prinzipien auf Körperschaften eine wichtige Rolle. Die Gesellschaft als die gängige Organisationsform des Wirtschaftslebens hatte sich schon seit Beginn des fünfzehnten Jahrhunderts im Zusammenhang mit den Kolonialgesellschaften, insbesondere der *East India Company*, entwickelt[165]. Die Vorreiterrolle Englands im Zuge der Industrialisierung führte dazu, daß bereits im neunzehnten Jahrhundert der von einer Gesellschaft betriebene, industrielle Großbetrieb die bestimmmende Rolle in der Gesellschaft und damit auch in der Rechtswirklichkeit übernahm[166]. So, wie die ersten Fälle der Gehilfenhaftung juristischer Personen die Eisenbahngesellschaften betrafen, so nahm die Rolle der Haftung juristischer Personen für unerlaubte Handlungen der von ihr Beschäftigten im Zuge der fortschreitenden Industrialisierung enorm zu[167].

Im Gegensatz zu Kontinentaleuropa hatte man also bereits zu diesem Zeitpunkt weniger das bürgerliche, gut überschaubare Kleinunternehmen als vielmehr das arbeitsteilig organisierte Großunternehmen mit eigenständiger Vermögensmasse und einer grossen Anzahl eigenverantwortlich handelnder Angestellter im Sinn. Die Wirkung des Handelnden war entscheidend von den ihm eingeräumten Mitteln des Arbeitgebers bestimmt; der Gedanke des *respondeat superior* gewann damit an Bedeutung. Gleichzeitig gewann das *deep pocket* Argument an Überzeugungskraft: dem unter solchen Umständen Geschädigten müssen doch billigerweise die finanziellen Ressourcen des Arbeitgebers zur Schadensbegleichung zur Verfügung stehen[168]. Gerade weil die finanziellen Mittel des Arbeitnehmers selbst in den seltensten Fällen zur Deckung der Schäden ausreicht, hat das *deep pocket* Argument zur vornehmlichen, meist ausschließlichen Inanspruchnahme des Arbeitgebers bewirkt.

Diese gesellschaftlichen und wirtschaftlichen Gegebenheiten galten gleichermaßen für alle Unternehmen, unabhängig von ihrem Träger. Erst aus der weiten Verbreitung der Organisationsform der beschränkt haftenden Gesellschaft[169] erklärt sich das Bedürfnis, diese Haftung durch das Instrument der

[165]Siehe zur geschichtlichen Entwicklung Farrar, Company Law, S. 17.

[166]Farrar, Company Law, S. 21.

[167]Auffällig ist insofern die enorme Anzahl der im Zusammenhang mit Eisenbahngesellschaften veröffentlichten Schadensersatzentscheidungen.

[168]Die Bedeutung, die dem *deep pocket* Argument in der Rechtsprechung zukommt, zeigt sich in der Entscheidung *Cassidy v. Ministry of Health* [1951] 2 K.B. 343; *Lord Denning* erklärt dort, daß die frühere Rechtsprechung von einer Haftbarmachung der von Wohltätigkeitsorganisationen betriebenen Krankenhäuser für die Fehler ihrer Ärzte absah, um ihre aus Spenden finanzierte Tätigkeit nicht zu gefährden. Nachdem die Finanzierung umgestellt worden sei, sei diese Schonung nun nicht länger angebracht. Der Krankenhausträger wurde zur Zahlung von Schadensersatz verurteilt.

[169]Siehe zur schnell wachsenden Verbreitung der *limited company* Ireland, The Triumph

Organhaftung gerade bei juristischen Personen auf die subjektive Sorgfaltspflichtverletzung ihrer leitenden Angestellten ausdehnen zu müssen, wie es in der Entscheidung *Lennard's* ihren Ausdruck findet[170].

c. Das Nutzen-Lasten Prinzip und die effiziente Verlustverteilung

Verwandt mit den Ursprüngen *qui facit per alium facit per se* und *respondeat superior* ist das Prinzip, mit dem die Haftung juristischer Personen in England aktuell begründet wird. Es handelt sich hierbei um das Nutzen-Lasten Prinzip[171]. Wer aus dem Betrieb eines Großunternehmens und dessen arbeitsteiliger Organisation den finanziellen Nutzen und Vorteil zieht, muß für alle von seinen Arbeitnehmern unter Verletzung einer normativen Pflicht verursachten Schäden einstehen. Handelt es sich beim Arbeitgeber um eine vom Gesetz verselbständigte Vermögensmasse, so müssen die entwickelten Instrumente genutzt werden, um dieses Vermögen korrespondierend zu den durch den Einsatz von Arbeitnehmern gewonnenen wirtschaftlichen Vorteilen auch für die finanziellen Nachteile einstehen zu lassen. Regelmäßig richtet sich die gesetzliche Pflicht an den Unternehmensträger. Ausschließlich ihm werden denn auch die Haftungsfolgen aufgebürdet. Nur der Unternehmensträger zieht einen Vorteil aus der Beschäftigung seiner Arbeitnehmer, nur ihm kann der entsprechende Nachteil zugemutet werden. Eine Eigenhaftung der Arbeitnehmer selbst, handele es sich um den Akkordarbeiter am unteren Ende der Unternehmenshierarchie oder den Vorstandsvorsitzenden selbst, ist demzufolge ausgeschlossen[172].

Eine Eigenhaftung der Organe würde sich mit dem Nutzen-Lasten Prinzip nicht vereinbaren lassen[173]. Ein weiterer Gesichtspunkt, aus dem die Eigenhaftung leitender Angestellte selbst im Fall einer Einmanngesellschaft ausgeschlossen ist, in der der Geschäftsführer auch alleiniger Gesellschafter ist, ist die erwartete Verringerung von Risikobereitschaft und unternehmerischer Selbständigkeit durch eine solche Haftung[174]. Die Anwendung des Nutzen-Lasten Prinzips ist konstruktiv nicht auf juristische Personen als Unterneh-

---

of the Company Legal Form, S. 43.

[170] *Lennard's Carrying Co. Ltd. v. Asiatic Petroleum Co. Ltd.* [1915] A.C. 705.

[171] So z.B. Howarth, Torts, S. 632.

[172] *Rainham Chemical Works v. Belvedere Guano Co.* [1921] 2 A.C. 465.

[173] Vergleiche Grantham, Corporate Knowledge, S. 68 f.

[174] *C. Evans & Sons Ltd. v. Spritebrand* [1985] 2 All E.R. 415, 424.

mensträger beschränkt, wie sich an der Ausweitung der Deliktsfähigkeit auf Quasikörperschaften zeigt[175].

Das Nutzen-Lasten Prinzip wird ergänzt durch das Prinzip der Marktabschreckung, daß in der Diskussion um die Wirtschaftlichkeitsgesichtspunkte des Haftungsrechts vorherrscht. Es handelt sich hierbei um den Gedanken, daß durch die volle Schadenstragungspflicht unfallträchtige oder schädigende Aktivitäten verteuert werden, und Unternehmer demzufolge auf sicherere Methoden oder auch sichereres Personal ausweichen. Dieser Gesichtspunkt hat sich vor allem im Bereich der Produkt- und Umwelthaftung zum tragenden Faktor entwickelt, wo dem Verbraucher und schützenswerten Konsumenten keinerlei Risiken zugemutet werde sollen[176]. Allerdings wird auch gesehen, daß dies die Gefahr eines bewußten Einsatzes gefährlicher, aber billiger Methoden und Arbeitskräfte birgt, wo die Ausgleichung möglicher Schäden billiger kommt[177]. Generell ist es die Aufgabe des Deliktsrechts, eine effiziente Verlustverteilung zu erreichen. Der vom Deliktsrecht ausgehende Anreiz, Risiken auszuschalten und Schäden zu vermeiden ist der Grund, aus dem ein genereller Verzicht auf die Haftung für Sorgfaltspflichten für unabdingbar gehalten wird.

d. Die rechtliche Gleichstellung juristischer und natürlicher Personen

Die Deliktsfähigkeit der juristischen Person ist die eigentliche Basis, die konstruktiv die Haftung der Gesellschaft ohne eine notwendige Eigenhaftung ihrer Repräsentanten erst ermöglicht. Sie ist dem Gleichstellungsgedanken entsprungen. Wie bereits oben[178] erwähnt, setzte sich in der zweiten Hälfte des neunzehnten Jahrhunderts die Erkenntnis durch, daß die Schaffung einer juristischen Person per Gesetz und die ihr verliehene Handlungsfähigkeit dieser ebenso wie natürlichen Personen per Geburt die Möglichkeit zur Begehung unerlaubter Handlungen eröffnet. Aufgrund des englischen Verständnisses des Trennungsgrundsatzes war er nicht möglich, die gesetzliche Pflicht als an die mit der Leitung der juristischen Person betrauten Individuen gerich-

[175] Siehe hierzu oben unter B.I.5.
[176] Vergleiche Shavell, Economic Analysis of Accident Law, S. 50.
[177] Fridman, Torts, S. 10, der die ökonomischen Gesichtspunkte besonders deutlich betont.
[178] Siehe oben, unter B.I.1.

tet zu sehen. Denn bei unverfangener Betrachtung handelt es sich um eine Adressierung des Unternehmensträgers und deshalb eben *nicht* um die der Individuen. Wo der Unternehmensträger eine juristische Person ist, ist eine normative Pflicht logischerweise an die juristische Person selbst adressiert und lastet ihr, bei Erfüllung der Tatbestandsvoraussetzungen, die Haftung für den durch die Pflichtverletzung entstandenen Schaden auf[179]. Die Deliktsfähigkeit wurde als notwendiges Korrelat zu der ihr bereits verliehenen Handlungsfähigkeit anerkannt, weil nur so die rechtliche Gleichstellung zwischen natürlichen und juristischen Personen zu erreichen war. Dies spiegelt sich in der Formulierung des Interpretationsgesetzes deutlich wider[180].

e. Die Gefährdungshaftung

Die bereits erläuterte Gefährdungshaftung[181] führt häufig zur Schadensersatzhaftung juristischer Personen ohne eine Identifikation der etwa an der Schadensverursachung beteiligten Individuen. Sie beruht auf dem Gedanken, daß das Betreiben und Unterhalten einer abstrakten Gefahr nur im Interesse der Gesellschaft tolerabel ist, wo jedes einzelne Mitglied dieser Gesellschaft für eine eventuelle Schädigung im Zusammenhang mit dieser Gefahrenquelle unmittelbar Schadensersatz erlangen kann. Die Vielzahl der Tatbestände in den unterschiedlichsten Gesetzen nimmt durch ein ausgewogenes Stufenverhältnis möglicher Haftungsausschlüsse oder -begrenzungen der Gefährdungshaftung die Undifferenziertheit und Schärfe, so etwa durch Beweis der Wahrung der für ausreichend erachteten Sorgfalt. Obwohl der Gedanke der Gefährdungshaftung in neuerer Zeit auch auf weniger offensichtliche Gefahrenquellen übertragen wurde, um die als zu weitreichend angesehenen Voraussetzungen einer Haftung wegen Sorgfaltspflichtverletzung beiseitezuschieben, wurde eine generelle Übertragung auf Betreiber von Großunternehmen, oder zumindest auf juristische Personen, nicht in Erwägung gezogen.

Einem solchen Vorschlag nahe kommt allerdings eine vollständige Umstellung des Rechts der unerlaubten Handlungen auf ein nationales Schadens-

[179] *Pharmaceutical Society v. London and Provincial Supply Association* (1880) 5 App. Cas. 857.

[180] Siehe hierzu oben, unter B.I.1.

[181] Siehe oben, unter B.I.3.

ausgleichssystem, wie es etwa in Neuseeland praktiziert wird. Eine solche Umstellung der Grundkonzeption, die mit der Abschaffung der unerlaubten Handlungen an sich einhergeht, wurde in England diskutiert, konnte sich jedoch nicht durchsetzen. Die Diskussion um eine Umstellung des Deliktsrechts auf einen nationalen Kompensationsplan war in England, Australien und Neuseeland durch die entsprechende Gesetzgebung in Skandinavien ausgelöst worden. Sie führte allerdings nur in Neuseeland zu einer Reform, wo seit 1974 ein Kompensationsplan (*Accident Compensation Act*) zur Abdeckung der durch Unfälle verursachten Kosten dient. Entstandene Schäden werden unabhängig von der Frage der Verursachung aus dem Fond einer neu eingeführten Pflichtversicherung beglichen[182].

Die Pearson Kommission übernahm in England die Aufgabe, die Einführung eines ähnlichen Kompensationsschemas zu untersuchen, durch das der Anreiz zu Schadensersatzklagen reduziert und gleichzeitig die Attraktivität der Kompensation durch Sozialleistungen erhöht werden sollte, was auch zu einer Aufgabe der englischen Gehilfenhaftung hätte führen können. Die Pearson Kommission empfahl 1978 trotz des Erfolgs in Neuseeland[183], deliktsrechtliche Ansprüche ebenso wie Sozialleistungen beizubehalten, eine Gefährdungshaftung für Verkehrsunfälle und Arbeitsunfälle und zusätzliche Sozialleistungen für schwerbehinderte Kinder einzuführen[184]. Grund für diese Entscheidung war die nachlassende Popularität ansteigender Sozialkosten, der fehlende Anreiz zur Schadensvermeidung in einem reinen Versicherungssystem, sowie die Bedenken, Sozialleistungen könnten allein auf Dauer nicht zur Begleichung aller Schäden führen, die durch deliktsrechtliche Ansprüche abgedeckt werden[185].

---

[182] Eine Einführung in das neuseeländische System findet sich bei Harris, 1974, 37 M.L.R. 361.

[183] Zum Erfolg der Reformen in Neuseeland siehe Palmer, 1977, 21 Am.J.Comp.L. 1.

[184] Die Ergebnisse der Kommission sind kommentiert bei Marsh, 1979, 95 L.Q.R. 513 (518).

[185] So auch Fleming, 1979, 42 M.L.R. 249 (253).

7. Zusammenfassung

In diesem Kapitel wurde die Deliktsfähigkeit juristischer Personen im englischen Recht vor dem Hintergrund der Besonderheiten des englischen Gesellschafts- und Deliktsrechts dargestellt. Die wichtigsten Erkenntnisse seien im Folgenden zusammengefaßt.

Das englische Recht folgert aus der Handlungs- und Rechtsfähigkeit der juristischen Person deren Deliktsfähigkeit. Diese gestaltet sich als eine unbedingte Haftung für alle Repräsentanten[186] im vertraglichen wie außervertraglichen Bereich, unabhängig von deren Eigenhaftung. Da im Recht der unerlaubten Handlungen generell lediglich auf eine objektive Sorgfaltspflichtverletzung abgestellt wird, ist die Gehilfenhaftung ohne Entlastungsmöglichkeit für alle Arbeitnehmer die wichtigste Form der Haftbarmachung des Arbeitgebers juristische Person. Für all jene Fälle, in denen ihre Anwendbarkeit durch das Erfordernis einer subjektiven Sorgfaltspflichtverletzung eingeschränkt ist, steht die Organhaftung als eine Variante der Gehilfenhaftung zur Verfügung, wobei Organ in diesem Sinne jeder leitende Angestellte ist. Daneben ermöglicht die Gefährdungshaftung die Haftbarmachung der juristischen Person, ohne auch nur die Identifikation des innerhalb der Gesellschaft verantwortlichen Personenkreises zu erfordern. Eine differenzierte Inanspruchnahme der Gesellschaft je nach den Bedürfnissen des jeweiligen Kontexts wird durch die Vielzahl einzelner Haftungstatbestände und ihrer unterschiedlichen Ausgestaltung ermöglicht.

Die Deliktshaftung juristischer Personen des öffentlichen wie des Privatrechts stellt ein einheitliches Konzept für alle am Wirtschaftsleben beteiligten Gesellschaften dar, die zur Gleichbehandlung mit natürlichen Personen ebenso wie zur Befriedigung der Bedürfnisse ihres sozio-ökonomischen Umfelds dient. Die Deliktsfähigkeit wird als notwendige Folge der von Gesellschaftern, Geschäftsführern und Geldgebern verschiedenen eigenständigen Persönlichkeit anerkannt, ohne daß die Herkunft der juristischen Person als vom Gesetz durch den Akt der Registrierung geschaffen geleugnet wird.

[186] Zum Begriff der Repräsentation siehe umfassend Martinek, Repräsentantenhaftung, S. 203 ff.

II. Das deutsche Recht

1. Die juristische Person

Juristische Personen sind Personenvereinigungen oder Vermögensmassen, die von der deutschen Rechtsordnung kraft Eintragung in ein amtliches Register, das Handelsregister, oder durch staatliche Verleihung als rechtsfähig angesehen werden[187]. Die Rechtsfähigkeit der hier im Vordergrund stehenden juristischen Personen des Zivilrechts wird erst bei Erfüllung bestimmter gesetzlicher Voraussetzungen, deren Vorliegen bei Eintragung ins Handelsregister überprüft wird, anerkannt. Die deliktische Haftung der juristischen Person des öffentlichen Rechts bestimmt sich danach, ob es sich um die Pflichtwidrigkeit eines hoheitlich tätigen Beamten oder um die einer im Privatrechtsverkehr tätigen natürlichen Person handelt. Die Haftung im hoheitlichen Bereich bestimmt sich einheitlich nach Art. 34 GG/§ 839 BGB, die zu einer befreienden Schuldübernahme durch die juristische Person des öffentlichen Rechts im Außenverhältnis führen. Im privatrechtlichen Verkehr gibt es weder eine einheitliche Lösung, noch eine automatisch eintretende befreiende Schuldübernahme zu Lasten der juristischen Person[188]. Die Haftung juristischer Personen des öffentlichen Rechts im Privatrechtsverkehr sowie juristischer Personen des Zivilrechts nach geltendem Recht soll im Folgenden zusammengefaßt werden. Um die dem englischen Recht entsprechenden Regelungen miteinzubeziehen, soll auch die deutsche Gehilfen- und Gefährdungshaftung erläutert werden.

2. Gehilfenhaftung

a. Regelung des § 831 BGB

§ 831 BGB regelt allgemein die Haftung für einen Verrichtungsgehilfen. Anspruchsvoraussetzung ist die widerrechtliche Schädigung eines Dritten durch einen Verrichtungsgehilfen, die in Ausführung der Verrichtung zu einem Schaden geführt hat. Verrichtungsgehilfe ist jeder, dem vom Geschäftsherrn eine

[187] Soergel-Hadding Vor § 21, Rn. 4 m.w.N.

[188] Kritisch: Chr. von Bar, FS für Z. Kitagawa, S. 281.

nach dessen Weisungen auszuführende Tätigkeit aufgetragen worden ist[189]. Voraussetzung der Haftung ist die Schädigung in Ausführung der Verrichtung; hierzu genügt ein innerer Zusammenhang zwischen dem schädigenden Verhalten und dem Aufgabenbereich des Verrichtungsgehilfen, das heißt, die schädigende Handlung muß noch in den Kreis der Tätigkeiten fallen, welche die Verrichtung mit sich bringt[190]. Der Verrichtungsgehilfe muß einen Schaden dadurch herbeigeführt haben, daß er den objektiven Tatbestand einer unerlaubten Handlung rechtswidrig verwirklicht hat[191]. Bei positivem Tun wird die Rechtswidrigkeit indiziert, während bei einer mittelbaren Herbeiführung der Schädigung die Rechtswidrigkeit gesondert geprüft werden muß[192]. Da sich der Tatbestand einer unerlaubten Handlung generell aus objektivem Tatbestand, Rechtwidrigkeit und Schuld zusammensetzt, kombiniert § 831 BGB die rechtswidrige Erfüllung des objektiven Tatbestandes durch den Verrichtungsgehilfen mit dem vermuteten Auswahl- oder Überwachungsverschulden des Geschäftsherrn.

Rechtsfolge ist die Schadensersatzpflicht des Geschäftsherrn, die neben die Schadensersatzpflicht des Verrichtungsgehilfen tritt, wo dieser die unerlaubte Handlung schuldhaft begangen hat. Ist der Geschäftsherr eine juristische Person, so haftet diese in Verbindung mit § 31 BGB, wo ein Organ das nach § 831 Abs. 1 BGB erforderliche Verschulden trifft.

b. Der Entlastungsbeweis

§ 831 BGB beschränkt in Absatz 1 Satz 2 die Schadensersatzpflicht des Geschäftsherrn auf Fälle des Auswahl- und Überwachungsverschuldens. Der Geschäftsherr kann sich exkulpieren, indem er nachweist, sorgfältig bei der Auswahl, Ausrüstung, Leitung und Überwachung des Verrichtungsgehilfen gewesen zu sein[193]. Die Gestaltung des § 831 BGB weicht insofern von den üblichen Voraussetzungen eines deliktischen Schadensersatzanspruchs ab, als aufgrund der Verschuldens- und Kausalitätsvermutung an die Stelle

[189] Erstmals in RGZ 51, 199, 201.

[190] BGH VersR 1955, 214; 1966, 1074.

[191] Ausführlich hierzu: Staudinger-Belling/Eberl-Borges § 831, Rn. 67 ff.

[192] Vermittelnde Ansicht zwischen Lehre vom Erfolgsunrecht und Lehre vom Verhaltensunrecht, siehe hierzu Chr. von Bar, JuS 1988, 169 (170).

[193] Für die einzelnen Merkmale der Exkulpationsmöglichkeiten siehe Soergel-Zeuner § 831, Rn. 35 ff.

des Verschuldensnachweises durch den Geschädigten der Entlastungsbeweis des Geschäftsherrn tritt. Dies soll der Tatsache Rechnung tragen, daß im allgemeinen der Geschädigte nicht in der Lage sein wird, die Vorgänge im Betrieb des Geschäftsherrn aufzuklären, während vom Geschäftsherrn billigerweise erwartet werden kann, über diese Vorgänge Rechenschaft abzulegen[194]. In gleicher Weise wie der Geschäftsherr haften nach § 831 Absatz 2 BGB zudem diejenigen, die durch einen Vertrag die den Geschäftsherrn treffenden Pflichten zur Auswahl und Überwachung übernommen haben, also mit Leitungsfunktion betraute Mitarbeiter des Geschäftsherrn.

Die Entlastungsmöglichkeit des § 831 Abs. 1 S. 2 BGB führt dazu, daß die Haftung des Geschäftsherrn für unerlaubte Handlungen seiner Verrichtungsgehilfen selten zur Anwendung kommt. Insbesondere in Großbetrieben, meist von juristischen Personen betrieben, gelingt regelmäßig der Entlastungsbeweis, was von Rechtsprechung und Lehre als unbefriedigend empfunden wird[195]. Um die durch den Entlastungsbeweis praktisch entstehende Lücke auszufüllen, wurden verschiedene Mittel entwickelt. Zum einen wurde die unbedingte Haftung für Erfüllungsgehilfen nach § 278 BGB durch die Rechtsfiguren der *culpa in contrahendo*, der positiven Forderungsverletzung und des Vertrags mit Schutzwirkung zugunsten Dritter erweitert[196]. Daneben wurde die Organhaftung nach § 31 BGB durch eine Analogie auf einen weiteren Personenkreis ausgedehnt[197]. Bei juristischen Personen wurde gleichzeitig die Bedeutung der in § 831 Abs. 1 BGB vorgesehenen Entlastungsmöglichkeit durch die Lehre vom Organisationsmangel zurückgedrängt, die sich je nach Zielrichtung auf § 31, § 823 und § 831 stützt[198].

c. Vergleich zur englischen Gehilfenhaftung

Der wesentliche Unterschied zur englischen Gehilfenhaftung ist der Pflichtenadressat der Gehilfenhaftung. Aus dem Interpretationsgesetz ergibt sich, daß Pflichtenadressat im englischen Recht die juristische Person selbst ist. Im deutschen Recht kann eine Gehilfenhaftung juristischer Personen hingegen nur über den Umweg des § 31 BGB, also über die Organe als Adressaten

[194]So u.a. BGHZ 24, 21, 30.
[195]Zusammenfassung der Kritik bei Soergel-Zeuner § 831, Rn. 2 ff.
[196]Siehe hierzu unten, unter B.II.6.
[197]Siehe hierzu unten, unter B.II.4.
[198]Siehe hierzu unten, unter B.II.5.

der Geschäftsherrnhaftung aus § 831 Abs. 1 BGB, ergeben. Dieser Unterschied steht im Zusammenhang mit dem Verschuldenserfordernis: die deutsche Gehilfenhaftung setzt ein, wenn auch in § 831 Abs. 1 BGB vermutetes, Verschulden des Geschäftsherrn selbst voraus, während die Gehilfenhaftung des englischen Rechts eine Garantiehaftung für seine Leute darstellt. Die unterschiedliche Ausgestaltung zeigt deutlich die jeweilige Bedeutung der Gehilfenhaftung für die Deliktshaftung juristischer Personen auf. Während die englische Gehilfenhaftung gleichermaßen auf natürliche und juristische Personen angewandt wird, und damit dank der Anerkennung der Deliktsfähigkeit juristischer Personen das Hauptinstrument zur Haftbarmachung juristischer Personen darstellt, ist die deutsche Gehilfenhaftung mangels Anerkennung der juristischen Person als Pflichtenadressat nur auf natürliche Personen unmittelbar anwendbar, während der konzeptionell grundverschiedene § 31 BGB das einzige Mittel zur Haftbarmachung juristischer Personen im deutschen Recht bietet.

Im rechtspolitischen Hintergrund unterscheiden sich die deutsche und die englische Gehilfenhaftung nur wenig. Die englische Gehilfenhaftung beruht im wesentlichen auf dem Grundsatz der Haftung für das eigene Risiko, das durch das Einschalten von Gehilfen und damit der Erweiterung der eigenen Teilnahme am Rechtsverkehr entsteht. Daneben spielen das Nutzen-Lasten-Prinzip und in bezug auf juristische Personen deren Gleichstellung mit natürlichen Personen eine große Rolle[199]. Die Gehilfenhaftung nach deutschem Verständnis ist hingegen kein Einstehenmüssen für fremdes Unrecht, sondern für das eigene, schuldhafte Fehlverhalten bei Auswahl, Überwachung und Beaufsichtigung der Gehilfen[200]. Das Haftungskonzept, das § 831 BGB zugrunde liegt, unterscheidet sich dadurch von seinem englischen Gegenüber, aber auch von den im deutschen Recht vorhandenen Bestimmungen zur Haftung für schädigendes Verhalten Dritter, wie §§ 31, 89 BGB, § 3 HaftpflichtG[201], § 3 BinnenSchG[202] , §§ 485, 510 HGB.

[199]Siehe hierzu oben, unter B.I.6.

[200]Vergleiche Staudinger-Belling/Eberl-Borges § 831, Rn. 5 ff. m.w.N.

[201]Haftpflichtgesetz in der Fassung vom 04.01.1978, BGBl. I S. 145.

[202]Binnenschiffahrtsgesetz von 1895, zuletzt geändert durch Gesetz vom 02.03.1974, BGBl. I 465.

3. Gefährdungshaftung

a. Übersicht

Im allgemeinen setzt eine unerlaubte Handlung voraus, daß der Geschädigte die Erfüllung der haftungsbegründenden, sowie der haftungsausfüllenden Tatbestandsvoraussetzungen der jeweiligen Anspruchsgrundlage durch den Schädiger nachweist. Abweichend hiervon gibt es eine Reihe von Tatbeständen, die eine Haftung ohne Verschulden, eine Gefährdungshaftung, vorsehen. Trotz der Zunahme solcher Tatbestände und ihrer Bedeutung wird die Gefährdungshaftung als Ausnahme vom Verschuldensprinzip angesehen[203]. Dabei verzichten manche Tatbestände sogar auf den Nachweis eines adäquaten Kausalzusammenhangs und der Rechtswidrigkeit, so zum Beispiel § 7 Abs. 1 StVG. Noch weitergehend ist die Verbindung von Gefährdungshaftung und Schadensvermutung, die zum Schutz gegen besonders gefahrbringende Anlagen und Tätigkeiten geschaffen wurden. Beispiele hierfür sind § 32 Abs. 1 GenTG und § 1 UmweltHG. Summenmäßige Haftungsbeschränkungen erleichtern es, das Haftungsrisiko zu kalkulieren und ermöglichen den Abschluß entsprechender Versicherungen[204]. Die Gefährdungshaftung ist ebenso wie die Gehilfenhaftung nicht speziell auf juristische Personen zugeschnitten. Wo juristische Personen jedoch im wirtschaftlichen Sinne Adressaten des jeweiligen Tatbestandes sind, führt sie in Verbindung mit § 31 BGB zur Schadensersatzpflicht der juristischen Person, sofern der Tatbestand der Gefährdungshaftung durch ein „Handeln" erfüllt wurde[205]. Bei einer Tatbestandserfüllung durch Unterlassen trifft sie dagegen die Schadensersatzpflicht unmittelbar.

b. Vergleich zur englischen Gefährdungshaftung

Ähnlich wie bei der Gehilfenhaftung schlägt sich auch im Vergleich der deutschen und englischen Gefährdungshaftung der unterschiedliche Pflichtenadressat nieder. Auch die Gefährdungshaftung kann im deutschen Recht nicht an die juristische Person selbst adressiert sein, sondern richten sich an ihre Organe. Deshalb ist bei einer Schädigung durch Tun eine Tatbestandserfüllung

---

[203] Kritisch hierzu Deutsch, Allgemeines Haftungsrecht, S. 411 ff.

[204] Deutsch, Allgemeines Haftungsrecht, S. 408.

[205] Z.B. in BGHZ 88, 70, 72 ff.

durch ein Organ erforderlich, während bei der Schädigung durch Unterlassen relevant ohnehin nur ein Unterlassen durch Organe sein kann. Im Gegensatz hierzu werden die Anspruchsgrundlagen der Gefährdungshaftung im englischen Recht einheitlich auf natürliche und juristische Personen angewandt. In Frage steht dort nur eine Abgrenzung der Verantwortlichkeitsbereiche nach Einflußsphären.

Rechtspolitisch liegen der Gefährdungshaftung allerdings in beiden Rechtsordnungen die gleichen Erwägungen zugrunde. Die Gefährdungshaftung soll den gerechten Ausgleich dafür bieten, daß eine gefährliche Tätigkeit überhaupt geduldet wird[206]. In beiden Ländern hat die Erkenntnis, daß neue Anlagen und Techniken unbekannte, nicht kalkulierbare Gefahren bergen können, verstärkt zur Schaffung von Gefährdungstatbeständen in den letzten zwanzig Jahren geführt. Einigkeit besteht insofern auch hinsichtlich der schadenspräventiven Stoßrichtung der Gefährdungshaftung, die über die betriebswirtschaftlichen Kosten zu Vorsorgemaßnahmen führen soll[207].

4. Organhaftung

a. Regelung des § 31 BGB

§ 31 BGB ist eine für die deliktische Haftung von Vereinen geschaffene Norm. Gemäß § 89 Abs. 1 BGB ist sie auf die juristischen Personen des öffentlichen Rechts entsprechend anwendbar. Da ihre entsprechende Anwendung auch für die Stiftung, neben dem Verein als einzige juristische Person des Privatrechts im Bürgerlichen Gesetzbuch geregelt, in § 86 BGB vorgesehen ist, wird sie auf alle juristischen Personen des Privatrechts angewandt[208]. Als Haftungsausdehnungsnorm setzt sie eine zum Schadensersatz verpflichtende Handlung eines verfassungsmäßig berufenen Vertreters voraus[209]. § 31 BGB rechnet diese Handlung im Gegensatz zu § 278 BGB der juristischen Person als eigene zu und sieht anders als § 831 BGB keine Exkulpationsmöglichkeit vor. Voraussetzung ist, daß die Handlung in Ausführung der dem Vertreter

[206] Siehe hierzu oben, unter B.I.3.; auch Fuchs, Deliktsrecht, S. 192.

[207] Siehe hierzu oben, unter B.I.3., 6.; Fuchs, Deliktsrecht, S. 194.

[208] BGH NJW 73, 456; für AG: RGZ 78, 347; für GmbH: RGZ 57, 93, 94 ff.; für Genossenschaft: RGZ 110, 145, 147.

[209] BGHZ 99, 298, 302 u.a.

zustehenden Verrichtung vorgenommen wurde. Dabei reicht ein enger, objektiver Zusammenhang zwischen Handlung und Verrichtung, der auch bei Auftragsüberschreitung oder vorsätzlicher unerlaubter Handlung nicht ausgeschlossen ist, sofern diese objektiv noch im Geschäftskreis der juristischen Person bleibt[210].

Verfassungsmäßig berufener Vertreter ist gleichbedeutend mit dem besonderen Vertreter im Sinne des § 30 BGB[211]. Die Haftungstatbestände sind die allgemeinen[212]. Ist Arglist Tatbestandsvoraussetzung, kann das Wissen verschiedener Vorstandsmitglieder zusammengerechnet werden[213]. Eine Namhaftmachung des Handelnden ist nicht erforderlich, sofern die Organqualität und die Verschuldensvoraussetzungen feststehen, pflichtwidriges Unterlassen gerügt wird und der Haftungstatbestand lediglich Fahrlässigkeit voraussetzt[214]. Die Haftung des Handelnden bleibt unberührt[215]. Es kommt zu einer gesamtschuldnerischen Haftung von Organ und juristischer Person[216]. Schuldhaftes Handeln des Organs verpflichtet grundsätzlich im Innenverhältnis das Organ zum Ersatz beziehungsweise zur Schuldbefreiung[217]. Da sich der Innenausgleich in der Regel nach den Grundsätzen des Auftragsrechts, § 627 Abs. 3 BGB, richtet, trifft die Haftung im Innenverhältnis zumeist allein die juristische Person[218].

b. Organbegriff in § 31 BGB

Die Rechtsprechung wendet § 31 BGB auch auf nicht in der Satzung genannte besondere Vertreter im Sinne aller leitenden Angestellten an. Es wurde als verfehlt angesehen, der juristischen Person selbst zu überlassen, für wen sie nach der strengen Vorschrift des § 31 BGB haften wolle[219]. Die Rechtsprechung stellt deshalb für die Anwendbarkeit der Organhaftung darauf ab,

---

[210]RGZ 104, 288; BGH BB 59, 57; BGH NJW-RR 90, 484 f.
[211]So erstmals in RGZ 57, 289.
[212]Erman-Westermann § 31, Rn. 5 m.w.N.; dies deckt sich mit dem englischen Recht.
[213]Z.B. in BGHZ 109, 331.
[214]RGZ 123, 2828; 163, 21, 28.
[215]BGH NJW 96, 1536.
[216]Vergleiche etwa RGZ 91, 72.
[217]Erman-Westermann § 31, Rn. 9 m.w.N.
[218]So MünchKomm-Reuter § 31, Rn. 27.
[219]Herrschende Meinung; siehe z.B. MünchKomm-Reuter § 31, Rn. 3 m.w.N.

ob „dem Vertreter durch die allgemeine Betriebsregelung und Handhabung bedeutsame, wesensmäßige Funktionen der juristischen Person zur eigenverantwortlichen Erfüllung zugewiesen sind, daß er also die juristische Person auf diese Weise repräsentiert[220]."

c. Vergleich zur englischen Organhaftung

Die deutsche Organhaftung ist das einzige gesetzlich vorgegebene Instrument zur Haftbarmachung juristischer Personen für unerlaubte Handlungen. Im Gegensatz hierzu ist der Hauptanknüpfungspunkt im englischen Recht die Gehilfenhaftung, die sich als eine umfassende, garantieähnliche Repräsentantenhaftung darstellt. Mangels Anerkennung einer eigenen Deliktsfähigkeit juristischer Personen im deutschen Recht knüpft § 31 BGB an die unerlaubte Handlung eines Organs an und setzt als Haftungsausdehnungsnorm die eigene Verantwortlichkeit des handelnden Organs voraus. Dies trifft auf die englische Organhaftung nicht zu. Pflichtenadressat ist dort die juristische Person selbst. Die Tatbestandserfüllung durch ein Organ ist lediglich der Zurechnungsmechanismus, mittels dessen die juristische Person unabhängig von der Eigenverantwortung ihres Organs haftbar gemacht wird. Die englische Organhaftung ist lediglich eine Erweiterung der Gehilfenhaftung, die zugleich verengend, hinsichtlich der Voraussetzungen ihrer Anwendbarkeit, und erweiternd, hinsichtlich der Haftungsfolgen, wirkt. Die deutsche Organhaftung hat demgegenüber mit der Gehilfenhaftung nichts gemein, sondern beruht auf einer anderen Konstruktion, die jedoch aufgrund der analogen Anwendung des § 31 BGB auf alle leitenden Angestellten einer Repräsentantenhaftung zunehmend angenähert wird[221].

Gemeinsam ist beiden Rechtsordnungen das untechnische Verständnis des Organbegriffs im deliktsrechtlichen Zusammenhang. Übereinstimmung besteht in der Überzeugung, daß es der juristischen Person nicht selbst überlassen bleiben kann, für wen sie in welcher Form deliktsrechtlich zur Verantwortung gezogen werden kann[222]. Dies hat in beiden Ländern zur Ausdehnung des Organbegriffs auf alle leitenden Angestellten geführt, wobei die Motivation im englischen Recht war, die Haftbarmachung juristischer Per-

[220] Zitat aus BGHZ 49, 19, 21.
[221] Soergel-Zeuner § 831, Rn. 6; MünchKomm-Reuter § 31, Rn. 3.
[222] Siehe hierzu oben, unter B.I.4.; auch MünchKomm-Reuter § 31, Rn. 3.

sonen aus Tatbeständen, die ein Unrechtsbewußtsein in irgendeiner Form erfordern, zu erleichtern, während im deutschen Recht die Umgehung der Exkulpationsmöglichkeit des § 831 Abs. 1 BGB im Vordergrund stand.

5. Lehre vom Organisationsmangel

Die Lehre vom Organsiationsmangel wurde von der Rechtsprechung parallel zur Ausdehnung der Anwendung des § 31 BGB auf alle leitenden Angestellten entwickelt. Ebenso wie diese dient sie der Ausweitung der Haftbarmachung juristischer Personen für die Delikte ihrer Leute. Dabei kann zwischen vier verschiedenen Ausgangspunkten der Rechtsprechung unterschieden werden[223]. Unabhängig von der Organisationsform des Geschäftsherrn ist der Mangel in der besonderen Überwachungsorganisation im Rahmen des § 831 Abs. 1 BGB, bei dem die Verletzung der Organisationspflicht des Geschäftsherrn haftungsbegründend wirkt. Es handelt sich folglich um einen Unterfall der Verletzung der Überwachungspflicht[224]. Daneben wird der Mangel in der allgemeinen Betriebsorganisation bei Verkehrssicherungspflichten im Rahmen des § 823 Abs. 1, 2 BGB angenommen, wo eine Verkehrssicherungspflicht delegiert wurde, ohne daß der Geschäftsherr selbst die Oberaufsicht führte[225].

Besonders auf juristische Personen zugeschnitten sind zwei weitere Arten von Organisationsmängeln. Zum einen ist dies der Mangel in der Organisation als Unterfall der Verletzung der allgemeinen betrieblichen Organisationspflicht. Dies führt bei juristischen Personen dazu, daß Schaden verursachende Handlungen von Gehilfen als Verletzung der Sorgfaltspflicht des überwachenden Angestellten wie die mangelhafte Überwachung durch einen verfassungsmäßig berufenen Vertreter nach § 31 BGB behandelt und so die Exkulpationsmöglichkeit des § 831 Abs. 1 BGB umgangen wird[226]. Daneben hat der Mangel in der Organisation unabhängig vom Bestehen einer Verkehrssicherungspflicht eigene Bedeutung, wo ein leitender Angestellter einen wichtigen und verantwortungsvollen Aufgabenkreis wahrnimmt, ohne zum Sonderorgan gemäß § 30 BGB bestellt worden zu sein. Verursacht er hierbei

[223]Ausführlich hierzu Martinek, Repräsentantenhaftung, S. 174 ff.
[224]RGZ 78, 107; 79, 101, 105; BGHZ 8, 239, 243.
[225]RGZ 53, 53, 57; BGHZ 4, 1, 2; 19, 151, 153 ff.
[226]RGZ 89, 136; BGH NJW 82, 1145.

selbst durch unerlaubte Handlung einen Schaden, so wird der juristischen Person die fehlende Bestellung des Angestellten zum Sonderorgan vorgeworfen[227].

6. Anwendungsbereich

a. Organhaftung und Gehilfenhaftung

Organhaftung und Gehilfenhaftung schließen einander aus. Ein durch die Satzung zum Organ der juristischen Person bestellter Mensch kann nicht gleichzeitig bloßer Verrichtungsgehilfe im Sinne des § 831 Abs. 1 BGB sein, da eine Organperson nicht durchgängig weisungsgebunden ist[228]. Allerdings kann der juristischen Person ein Sorgfaltsverschulden nach § 831 BGB nur vorgeworfen werden, wo ein Organ dieser Vorwurf trifft. Praktisch spielt die Gehilfenhaftung aufgrund der Anwendung des § 31 BGB auf leitende Angestellte und die Lehre vom Organisationsmangel keine Rolle. Der Exkulpationsbeweis ist insbesondere Großbetrieben durch diese Rechtsprechung regelmäßig verwehrt. Die Haftung für selbständige Unternehmer gestaltet sich ähnlich wie im englischen Recht. Aufgrund der Definition der Begriffe Gehilfe und Organ greift die Haftung nach § 831 beziehungsweise § 31 BGB nicht ein, soweit es sich bei der Beauftragung eines unabhängigen Unternehmers um eine zulässige Substitution handelt. Unzulässig ist eine Substitution, wenn es sich um eine höchstpersönliche Verpflichtung handelt, die auf einen anderen nicht übertragen werden kann. Bei einer solchen unzulässigen Substitution wird für Delikte des Substituten gehaftet wie für die eines untauglichen Gehilfen beziehungsweise als eine eigene Verletzung der übertragenen Verkehrspflicht[229].

b. Vertragliche und außervertragliche Beziehungen

Während §§ 31, 831 BGB die Haftung juristischer Personen im außervertraglichen Bereich regeln, wird ihre Haftung im vertraglichen Bereich von § 26, §§ 164 ff. und § 278 BGB bestimmt. So haftet die juristische Person nach

[227] RGZ 157, 228, 235; BGH NJW 80, 2811.

[228] Statt vieler: Staudinger-Belling/Eberl-Borges § 831, Rn. 42.

[229] Deutsch, Allgemeines Haftungsrecht, S. 348; Brüggemeier, Deliktsrecht, S. 98 und 105.

dem allgemeinen Vertretungsrecht des Bürgerlichen Gesetzbuchs nur dort, wo der Vertragsschließende durch Gesetz oder Bestellung zum Abschluß des Rechtsgeschäfts bevollmächtigt war. Ergänzt wird dies durch § 278 BGB, der die Zurechnung des Fehlverhaltens von Erfüllungsgehilfen regelt. Hierzu gehören alle nicht mit Geschäftsführungsbefugnis ausgestatteten Betriebsangehörigen, die zur Erfüllung einer vertraglichen Leistung der juristischen Person zusammenwirken. Da § 278 BGB im Gegensatz zu § 831 BGB keine Exkulpationsmöglichkeit vorsieht, wurde sein Anwendungsbereich durch die Lehre vom Verschulden bei Vertragsschluß, von der positiven Vertragsverletzung und vom Vertrag mit Schutzwirkung zugunsten Dritter allgemein ausgeweitet.

Hierdurch hat sich das vom Gesetzgeber vorgesehene Gleichgewicht zwischen § 278 BGB und §§ 31, 831 BGB deutlich zugunsten einer schärferen Haftung verschoben[230]. Hat der Vertreter bei Abschluß der Rechtsgeschäfts zugleich eine unerlaubte Handlung begangen, so besteht Anspruchskonkurrenz zwischen vertraglichen und deliktischen Ansprüchen gegen die juristische Person[231]. Denn der Verrichtungsgehilfe kann gleichzeitig im Rahmen eines bestehenden Schuldverhältnisses Erfüllungsgehilfe des Geschäftsherrn sein[232]. Scheidet eine Haftung aus Vertrag mangels Vertretungsmacht des Schädigenden aus, so kann die juristische Person dennoch bei Vorliegen einer zusätzlichen unerlaubten Handlung aus Delikt haften, wobei die Haftung aus Delikt jedoch auf das negative Interesse beschränkt ist[233].

c. Rechtsfähige und andere Personenzusammenschlüsse

Die speziell die Deliktshaftung juristischer Personen regelnde Vorschrift des § 31 BGB wird entsprechend auf die Personenhandelsgesellschaften OHG und KG[234], sowie die Vor-GmbH[235] angewandt. Hierdurch wird verhindert, daß diese Formen von Personenzusammenschlüssen, denen bei Vorliegen bestimmter, normierter Voraussetzungen automatisch Rechtsfähigkeit

---

[230] Siehe im Einzelnen Staudinger-Belling/Eberl-Borges § 831, Rn. 22 ff.
[231] Z.B. in BGH NJW 1977, 2259.
[232] Soergel-Zeuner § 831, Rn. 59 m.w.N.
[233] RGZ 110, 145, 147; BGH NJW 80, 115, 116; BGHZ 98, 129, 151 ff.
[234] Für OHG: RGZ 76, 35, 48; für KG: RG JW 1931, 1689, 1690; BGH NJW 1952, 538; ZIP 88, 1554.
[235] BGH NJW-RR 1989, 638.

zukommt, allein über § 831 BGB im deliktischen Bereich haftbar gemacht werden können. Eine entsprechende Anwendung auf die Gesellschaft des bürgerlichen Rechts[236], sowie die Erbengemeinschaft[237] und die Konkursmasse, Handlungen des Konkursverwalters betreffend, wurde hingegen von der Rechtsprechung bisher nicht anerkannt. Sie wird im Schrifttum teilweise befürwortet[238].

d. Der Einzelkaufmann

Auch eine entsprechende Anwendung des § 31 BGB und damit der Lehre vom Organisationsmangel in ihrer weitestgehenden Form auf den Einzelkaufmann und von diesem unterhaltene Großbetriebe hat in der Rechtsprechung bisher keinen Anklang gefunden. Sie wird im Schrifttum kontrovers gesehen[239]. Der tatsächliche Wandel in der Organisation und Größe von Betrieben seit Entwurf des Bürgerlichen Gesetzbuchs legt eine Anwendung des § 31 BGB auf das vom Einzelkaufmann betriebene Großunternehmen jedoch nahe[240]. So geht das gegen eine entsprechende Haftung des Einzelkaufmanns vorgebrachte Argument der persönlichen Haftung in die Leere, da die entsprechende Anwendung auf die Personenhandelsgesellschaften in dauernder Rechtsprechung anerkannt ist, die ebenfalls über §§ 128, 161 Abs. 2 HGB zur persönlichen Haftung der Gesellschafter führt. Daher ist eine entsprechende Anwendung auf den einzelkaufmännischen Großbetrieb zu befürworten[241].

e. Recht der Ordnungswidrigkeiten

Das deutsche Ordnungswidrigkeitenrecht ist Teil des Verwaltungs- und damit des öffentlichen Rechts. Die haftungszurechnende Norm des § 31 BGB ist auf Ordnungswidrigkeiten deshalb nicht anwendbar[242]. Allerdings wird auch hier der juristischen Person das Verhalten ihrer Organe durch verschiedene Spezialvorschriften zugerechnet. Beispielhaft sei hier die entsprechende Regelung

---

236 BGHZ 45, 311.
237 OLG München, HRR 39, Nr. 365.
238 Z.B. von Sellert, AcP 175 (1975), 77 ff.; Lindacher, JuS 1982, 36 (37).
239 MünchKomm-Reuter § 31, Rn. 13 m.w.N.
240 Nitschke, NJW 1969, 1737.
241 Ausführlich Martinek, Repräsentantenhaftung, S. 225 ff.
242 K. Schmidt, Gesellschaftsrecht, S. 292.

des Ordnungswidrigkeitengesetzes genannt. Im Ordnungswidrigkeitenrecht übernimmt § 30 Abs. 1 OWiG die Funktion, die juristische Person haftbar zu machen. Geändert durch das zweite Gesetz zur Bekämpfung der Umweltkriminalität vom 1994 umfaßt § 30 OWiG auch nicht-organschaftliche Vertreter und nähert sich damit zunehmend dem Anwendungsbereich des § 31 BGB. Rechtsfolge des § 30 Abs. 1 OWiG ist die Festsetzung einer Geldbuße gegen eine juristische Person, und zwar auch in dem Fall, daß aus tatsächlichen Gründen die handelnde natürliche Person nicht verfolgt oder mit einer Geldbuße belegt werden kann, § 30 Abs. 4 OWiG. Erst die Ausweitung des Kreises der Normadressaten über den Betriebsinhaber hinaus durch § 10 OWiG gibt § 30 OWiG seine Bedeutung: Wäre allein der Betriebsinhaber Adressat der verletzten Pflicht, so hätte dies im Fall der juristischen Person als Betriebsinhaber zur Folge, daß keiner der Betriebsangehörigen selbst eine Ordnungswidrigkeit beginge, für die dem Betriebsinhaber eine Geldbuße auferlegt werden könnte[243]. Die Regelungen des Ordnungswidrigkeitenrechts werden damit begründet, daß hier im Gegensatz zum Strafrecht kein eigenes schuldhaftes Verhalten erforderlich und daher das Verschulden der Organe zurechenbar sei[244].

7. Nachteile

Das geltende deutsche Recht der Deliktshaftung juristischer Personen hat viele Nachteile. Es ist entsprechend dem Klärungsbedürfnis der deutschen Rechtswissenschaft an dogmatischen Grundsatzfragen orientiert. Zahlreiche Meinungsstreite, eine weitgehende Loslösung vom gesetzlich vorgegebenen Konzept durch das seit Jahrzehnten prägende Richterrecht und Veraltung der zugrundeliegenden rechtspolitischen Erwägungen sind die Probleme, die das geltende Recht kennzeichnen. Die im Folgenden zusammengefaßten Kritikpunkte haben zu einer Vielzahl von Reformvorschlägen geführt, die hauptsächlich bei der Entlastungsmöglichkeit des § 831 BGB ansetzen[245].

[243] Vergleiche Demuth/Schneider BB 1970, 642.
[244] BVerfGE 20, 333.
[245] Siehe hierzu unten, unter D.III.

a. Fiktions- und Organtheorie

Am Meinungsstreit um das Wesen der juristischen Person und seinen Auswirkungen auf die Frage ihrer Deliktsfähigkeit zeigt sich der sehr theoretische und um Klärung von Grundsatzfragen bemühte Zugang der deutschen Rechtswissenschaft zum Problem der Deliktshaftung. Bereits vor Geltung des Bürgerlichen Gesetzbuchs wurde um die Natur der juristischen Person und damit auch um ihre Deliktsfähigkeit gestritten. Als Erklärungsmodelle dienten hauptsächlich die Fiktionstheorie und die Theorie der realen Verbandspersönlichkeit. Die römischrechtliche Lehre, vertreten durch *Savigny*, sah in der juristischen Person ein künstlich gebildetes, durch Fiktion angenommenes Rechtssubjekt, dem die Rechtsfähigkeit regelmäßig erst durch einen staatlichen Akt verliehen werden muß[246]. Demgegenüber begründete *Gierke* mit seiner Theorie der realen Verbandspersönlichkeit die deutschrechtliche Lehre, nach der nicht nur der Mensch, sondern auch Personenzusammenschlüsse automatisch unter den Begriff der Person fallen; die Rechtsfähigkeit eines jeden Personenzusammenschlusses ist also mit dessen Entstehen verbunden, muß allerdings durch den Staat und das objektive Recht anerkannt werden[247]. Die damit recht nahe beieinanderliegenden Ansichten wurden allerdings durch die antropomorphe Metaphorik *Gierkes* und seiner Nachfolger belastet[248].

Mit beiden Theorien gehen unterschiedliche Ansichten zur Frage der Handlungsfähigkeit einher, der Voraussetzung für Deliktsfähigkeit. *Savigny* sah die juristische Person als handlungsunfähig an. Um ihre Teilnahme am Rechtsverkehr zu ermöglichen, rechnete er ihr allerdings die Handlungen ihrer Vertreter an[249]. Eine Deliktshaftung juristischer Personen lehnte er hingegen mit der Begündung ab, daß diese ebenso wie Unmündige keinen rechtserheblichen eigenen Willen hervorbringen könnten[250]. Es fehlte der römisch-rechtlichen Schule die im englischen Recht bekannte Figur der Stellvertretung im Delikt. *Gierke* hingegen vertrat die Ansicht, mit der realen Verbandspersönlichkeit sei nicht bloß Rechtsfähigkeit, sondern auch Willens- und Handlungsfähigkeit ab Zusammenschluß der natürlichen Personen existent. Er erkannte, daß

[246]Savigny, System des heutigen Römischen Rechts, S. 242 f.
[247]Gierke, Die Genossenschaftstheorie und die deutsche Rechtsprechung, S. 21.
[248]Vergleiche Wieacker, FS für E.R. Huber, S. 339 (369).
[249]Savigny, a.a.O., S. 312.
[250]Savigny, a.a.O., S. 295, 312.

das Innenverhältnis juristischer Personen nicht mit den außerverbandlichen Rechtsbegriffen zu umschreiben ist, und stellte den Begriff des Organs ins Zentrum seiner Überlegungen[251]. Danach ist auch die Handlungs-, Willens- und Deliktsfähigkeit der juristischen Person nach *Gierke* das Ergebnis einer rechtlichen Zurechnung des Handelns ihrer Organe[252]. Damit ist nach *Gierke* die Deliktshaftung der juristischen Person nur begründet, wo ihr rechtswidriges Verhalten eines Organs vom Recht zugeordnet wird[253]. Im Gegensatz zum rechtsgeschäftlichen Stellvertreterbegriff sah er ein Organ als einen Repräsentanten an, dessen Wollen und Handeln das der juristischen Person widerspiegelt[254].

Nach Inkrafttreten des Bürgerlichen Gesetzbuchs sahen Vertreter beider Lehrmeinungen ihre Ansicht bestätigt. § 831 BGB wurde als Beweis dafür gesehen, daß eine Gehilfenhaftung nur bei eigenem Verschulden möglich sei, wie es der römischrechtlichen Tradition entsprach[255]. In § 31 BGB wurde dagegen der Sieg der deutschrechtlichen Ansicht gesehen, daß juristische Personen für deliktisches Verhalten ihrer Organe haftbar gemacht werden können[256]. Allerdings wäre nach der Organtheorie § 31 BGB überflüssig. Die juristische Person wäre selbst deliktsfähig, so daß es einer Haftungsausdehnungsnorm nicht bedürfte. Tatsächlich haben die Väter des Bürgerlichen Gesetzbuchs den Streit nicht entschieden[257]. Selbst die Frage nach der Natur der juristischen Person blieb unbeantwortet[258].

Umstritten ist auch die Grenze zwischen § 31 BGB und § 278 BGB im vertraglichen Bereich. Der Streit resultiert aus den unterschiedlichen Ansätzen von Vertreter- und Organtheorie. Nach der Vertretertheorie ist § 31 BGB allein im außervertraglichen Bereich anwendbar, während sich die Haftung im vertraglichen Bereich nur nach § 278 BGB beurteilt[259]. Hierfür spricht, daß der Wortlaut sonst nicht paßt. Der handelnde Repräsentant schuldet dem Gläubiger selbst nichts und ist ihm daher nicht selbst zum Schadenser-

---

[251]Gierke, a.a.O., S. 615.
[252]Gierke, a.a.O., S. 627, 758 ff.
[253]Gierke, a.a.O., S. 755, 788 ff.
[254]Gierke, a.a.O., S. 625.
[255]Vergleiche Martinek, Repräsentantenhaftung, S. 30.
[256]So z.B. in RGZ 162, 129, 169.
[257]Siehe hierzu Lenel DJZ 1902, 9 (11).
[258]Flume, Allgemeiner Teil des Bürgerlichen Rechts, S. 383.
[259]Staudinger-Weick § 31, Rn. 3 ff. m.w.N.

satz verpflichtet[260]. Nach der Organtheorie hingegen betreffen § 31 BGB und § 278 BGB völlig unterschiedliche Verschuldensformen, § 31 BGB die Haftung für eigenes Verschulden, § 278 BGB die für fremdes Verschulden, so daß § 31 BGB auch im vertraglichen Bereich auf zum Schadensersatz verpflichtende Handlungen der Organe anwendbar ist[261]. Danach verdrängt § 31 BGB nicht nur § 831 BGB, sondern auch § 278 BGB. Allerdings trifft dies nach überwiegender Ansicht nur auf Fälle zu, in denen unabhängig vom Bestehen entsprechender Vertretungsmacht neben oder nach Vertragsabschluß von einem Organ eine unerlaubte Handlung begangen wurde[262]. Relevant wird der Streit ohnehin nur in Fällen des vertraglichen Haftungsausschlusses.

Ein Haftungsausschluß für das Verschulden einer Erfüllungsgehilfen ist nach § 278 S. 2 BGB möglich, während § 276 Abs. 2 BGB einen Haftungsausschluß für das Eigenverschulden des Schuldners nicht gestattet. Da § 31 BGB also vorrangig ist, hat eine entsprechene Haftungsfreistellungsklausel im zugrundeliegenden Vertrag keine Wirkung[263].

b. Umgehung des § 831 BGB

Zur Umgehung der Entlastungsmöglichkeit des § 831 BGB wurden neben der Ausdehnung des Vertragsrecht „Manipulationen" an den gesetzlichen Vorgaben vorgenommen. § 31 BGB wurde bereits vom Reichsgericht extensiv ausgelegt, um eine Haftung für leitende Angestellte der juristischen Person ohne Exkulpationsmöglichkeit zu konstruieren. Dazu löste sich die Rechtsprechung zunächst vom Erfordernis der Vertretungsmacht, das in § 31 BGB ohnehin nicht explizit enthalten ist[264]. Gegen den Gesetzswortlaut verzichtete die Rechtsprechung allerdings auch auf das Erfordernis der satzungsmäßigen Berufung[265]. In ständiger Rechtsprechung fallen seitdem unter den Begriff verfassungsmäßiger Vertreter alle, denen „(...) durch die allgemeine Betriebsregelung und Handhabung bedeutsame, wesensmäßige Funktionen der juristischen Person zur selbständigen, eigenverantwortlichen Erfüllung zugewie-

[260] Vergleiche Medicus, Allgemeiner Teil des BGB, Rn. 1135.
[261] Erman-Westermann § 31, Rn. 6 m.w.N.
[262] Coing, FS für R. Fischer, S. 78; BGH NJW 1986, 2939, 2940; BGHZ 98, 129, 159.
[263] So auch K. Schmidt, Gesellschaftsrecht, S. 285.
[264] RGZ 53, 276; 57, 38.
[265] Grundlegend: RGZ 91, 1, 4; 94, 320.

sen sind“[266]. Die Anwendung des § 31 BGB auf alle leitenden Angestellten wurde auf eine extensive Auslegung des Gesetzeswortlauts gestützt[267]. Dies erscheint bedenklich. Grenze jeder Auslegung ist der Wortlaut, so daß eine Auslegung über den möglichen Wortsinn, wie sie die Rechtsprechung vertritt, eben nicht möglich ist. Vielmehr sollte wohl von einer Analogie zu § 31 BGB ausgegangen werden[268].

Durch eine (Gesamt-)Analogie zu § 31 BGB (§§ 2 RHaftpflG, 485 HGB, 3 Abs. 1 BinnSchiffG) soll nach Teilen des Schrifttums die Haftung für leitende Angestellte auch auf Einzelkaufleute ausgedehnt werden. Gewohnheitsrechtlich ist § 31 BGB bereits auf die Personengesellschaften des Handelsrechts anwendbar. Um eine ungerechtfertigte Bevorzugung der Einzelkaufleute durch Exkulpation nach § 831 BGB zu vermeiden, wollen viele § 31 BGB entsprechend auf Einzelkaufleute und in ihren Betrieben beschäftigte leitende Angestellte ausdehnen[269]. Die dem entgegengehaltenen Einwände - § 31 BGB beträfe nur ein Organ im Sinne des Verbandsrechts und sei deshalb nicht auf Einzelpersonen anwendbar; § 31 BGB wolle nur das einer juristischen Person oder einem nicht rechtsfähigen Personenverband zugeordnete Vermögen haftbar machen, nicht auch die Personen, die mittelbar oder unmittelbar Träger des Vermögens sind- wurden bereits entkräftet[270]. Die Rechtsprechung hilft sich, indem sie den Organisationsmangel bei natürlichen Personen als Unternehmensinhabern nicht auf das Fehlen besonderer Vertreter nach § 31 BGB, sondern auf eine unzureichend erfüllte Aufsichtspflicht nach § 831 BGB stützt[271].

Die Lehre vom Organisationsmangel wird im Schrifttum kritisch betrachtet. Die von der Rechtsprechung alternativ angewandte Analogie zu § 31 BGB ist nach dieser Meinung deckungsgleich zur Lehre vom Organisationsmangel und macht sie funktionslos[272]. Dem wird entgegengehalten, daß sich beide in den Voraussetzungen nicht decken[273], weil eine auf § 31 BGB gestützte Haftung

[266] BGHZ 49, 19, 21.
[267] BGH NJW 1972, 334.
[268] Siehe hierzu ausführlich Martinek, Repräsentantenhaftung, S. 157 ff.
[269] So etwa Martinek, Repräsentantenhaftung, S. 179; Chr. von Bar, Verkehrspflichten, S. 258; Reuber, Die haftungsrechtliche Gleichbehandlung von Unternehmensträgern, S. 319; Palandt-Heinrichs § 31, Rn. 8.
[270] Nach Nitschke, NJW 1969, 1737 (1739).
[271] Steindorff AcP 170 (1970), 93 (104) m.w.N.
[272] MünchKomm-Reuter § 31, Rn. 5 m.w.N.
[273] Altern.Komm.-Ott § 31, Rn. 5 m.w.N.

in irgendeiner Form immer an das Handeln oder Unterlassen eines leitenden Angestellten anknüpfen muß, während die Lehre vom Organisationsmangel auch das Verhalten untergeordneter Mitarbeiter und sogar Außenstehender zum Anknüpfungspunkt nimmt[274].

c. Terminologie

Die uneinheitliche Terminologie in Schrifttum und Rechtsprechung stiftet Verwirrung. Dies ist besonders augenfällig bei der Frage nach der Deliktsfähigkeit juristischer Personen. So liest man in einigen Werken zum Gesellschaftsrecht, daß die juristische Person deliktsfähig sei[275]. Diese Terminologie widerspricht der herrschenden Ansicht, das individualrechtlich geprägte Bürgerliche Gesetzbuch adressiere mit seinen Pflichten und Haftungstatbeständen nur die natürliche Person, so daß § 31 BGB die Rolle der Zurechnung von deren Haftung auf die juristische Person bewirke. Pflichtenadressat ist demnach allein die natürliche Person[276]. Die juristische Person ist nicht selbst verschuldensfähig, vielmehr bedarf es der Zurechnung des Verschuldens einer natürlichen Person, eines Organs oder Repräsentanten[277]. Dies führt zu Komplikationen speziell im Bereich der von der Rechtsprechung entwickelten Verkehrspflichten, die sich typischerweise an den Unternehmensbetreiber richten. Konstruktiv ergibt sich damit die Schwierigkeit, eine eigene Haftung eines leitenden Angestellten zu begründen, den selbst die Verhaltenpflicht nicht trifft, um seine Haftung mittels § 31 BGB analog auf die juristische Person als Unternehmensbetreiber auszudehnen, die in ihrer Rolle als Unternehmensbetreiber der eigentliche Pflichtenadressat ist[278].

Die Rechtsprechung hat sich hiermit nicht auseinandergesetzt, was *Kleindiek* zur Annahme einer bereits bestehenden Deliktsfähigkeit juristischer Personen im deutschen Recht führt[279]. Im Schrifttum werden zur Lösung dieses Problems verschiedene Ansichten vertreten. So wird vorgeschlagen, die

[274] Z.B. in BGH NJW 1980, 2810.

[275] Sudhoff, Der Gesellschaftsvertrag der GmbH, S. 14 f.: „Die GmbH ist aktiv und passiv rechtsgeschäftsfähig und deliktsfähig.“; Hueck, Gesellschaftsrecht, S. 212: „Die Aktiengesellschaft ist also deliktsfähig.“

[276] Siehe hierzu auch Lutter, ZHR 157 (1993), 464 (470).

[277] Unter anderem Nitschke, NJW 1969, 1737, (1738).

[278] Vergleiche von Caemmerer, FS für W. Flume, S. 368.

[279] Kleindiek, Deliktshaftung und juristische Person, S. 127 ff.

juristische Person als Unternehmer selbst als Adressaten objektiver Verhaltenspflichten anzusehen und sie rechtsfortbildend für deren Verletzung unbedingt haften zu lassen[280]. Andere wollen *de lege ferenda* ganz auf das Erfordernis der subjektiven Fahrlässigkeit verzichten, um so die juristische Person zum Pflichtenadressaten zu machen[281].

d. Fehlende Rechtsgrundlagen

Gerade die Verkehrspflichten selbst sind jedoch stark umstritten. Sie dienen dem Schutz bestimmter Rechtspositionen vor Gefährdung[282]. In weitem Umfang durch die Rechtsprechung entwickelt, wird gegen sie eingewandt, daß sie einer Rechtsgrundlage entbehrten[283]. Sie sind allein über Fallgruppenbildung zu erfassen und leiden an der mangelnden Bestimmtheit von Pflichtenträgern und Pflichteninhalt[284]. Besonders kritisiert wird dazu die Haltung der Rechtsprechung, nach der einer anderen Person die Wahrnehmung einer Angelegenheit nie so übertragen werden kann, daß eine eigene Aufsichtspflicht entfällt[285]. Ein weiterer Kritikpunkt ist die fehlende dogmatische und konstruktive Umsetzung der faktisch vollzogenen Entwicklung des § 823 Abs. 1 BGB zu einer Generalklausel für Verkehrswidrigkeit[286]. Unabhängig von den Haftungstatbeständen des Bürgerlichen Gesetzbuchs ist hier eine umfangreiche Rechtsmaterie von der Rechtsprechung geschaffen worden, die „am besten als partielle Generalklausel zum Schutz vor und zum Ausgleich von mittelbaren Recht- und Rechtsgutsverletzungen“[287] zu beschreiben ist. Grund hierfür ist der unzureichende Schutz, den § 823 Abs. 1 BGB über den bloßen physischen Integritätsschutz und die Unverletzlichkeitsgarantie des Eigentumsrechts bietet. Das liberale Sozialmodell des Bürgerlichen Gesetzbuchs hatte schon zur Zeit des Kaiserreichs nur noch wenig mit der sozio-ökonomischen Wirklichkeit gemein[288]. Erwähnenswert ist diese Entwicklung in Anbetracht der Tatsache, daß Verkehrspflichten besonders häufig im Zusammenhang mit

[280] Lieb JZ 1976, 526 (528); Chr. von Bar, FS für Z. Kitagawa, S. 289.
[281] So Steindorff, AcP 170 (1970), 93 (119).
[282] Ausführlich hierzu siehe Kleindiek, Deliktshaftung und juristische Person, S. 31.
[283] MünchKomm-Mertens, § 823, Rn. 2 ff.; Chr. von Bar, Verkehrspflichten, S. 36.
[284] Vergleiche Chr. von Bar JuS 1988, 269 (270).
[285] Steindorff, AcP 170 (1970), 93 (105); RGZ 113, 293.
[286] Zu dieser Entwicklung siehe Brüggemeier, Deliktsrecht, S. 94 f.
[287] So Chr. von Bar JuS 1988, 269 (270).
[288] Brüggemeier, Deliktsrecht, S. 81.

juristischen Personen konstruiert und zur Entscheidungsgrundlage gemacht werden[289].

Die fehlende Rechtsgrundlage ist auch der Hauptkritikpunkt, der gegen die Lehre vom Organisationsmangel in ihrer speziell verbandsrechtlichen Ausprägung vorgebracht wird. Diese Lehre geht sogar so weit zu behaupten, daß die juristischen Person eine rechtliche Pflicht träfe, einen bestimmten Angestellten zum Organ zu bestellen[290]; eine Aussage, die klarer dem Gesetzeswortlaut des § 26 BGB und dem ihm zugrundeliegenden Gedanken der Privatautonomie nicht stärker widersprechen könnte[291]. So wird sie „eine begriffsjuristische Manipulation"[292], ein „dogmatisch fragwürdiger Ansatz"[293], ein „methodischer Mißgriff"[294] genannt, dem dennoch die Daseinsberechtigung nicht ganz abgesprochen wird[295]. Eine feste Linie, wann welches Instrument zur Umgehung des § 831 BGB zur Anwendung kommt, gibt es nicht. Selbst eine Systematisierung anhand von Fallgruppen ist nicht möglich.

e. Systemwidrigkeiten

Neben Meinungsstreiten und fehlenden Rechtsgrundlagen für weite Teile des heute geltenden deliktischen Haftungsrechts juristischer Personen sind die Systemwidrigkeiten ein weiterer Nachteil. Dies beginnt bei der analogen Anwendung des § 31 BGB auf nichtrechtsfähige Personenmehrheiten und Einzelkaufleute. Klar nicht vom Wortlaut gedeckt, wird sie stark befürwortet und erscheint die einzig vertretbare haftungsrechtliche Konsequenz aus der Tatsache, daß Angriffspunkt im modernen Rechts- und Wirtschaftsleben

[289] Chr. von Bar, FS für Z. Kitagawa, S. 287.
[290] RG JW 1938, 1651 Nr. 12; BGHZ 27, 278, 280.
[291] Kritik hierzu bei Martinek, Repräsentantenhaftung, S. 160.
[292] Nitschke, NJW 1969, 1737 (1741).
[293] Von Bar, Verkehrspflichten, S. 256.
[294] Staudinger-Belling/Eberl-Borges § 831, Rn. 11.
[295] So formuliert Chr. von Bar:

> „Mit den Mitteln begriffs-juristischer Manipulation wurde hier in der Sache versucht, aus haftungsrechtlichen Gesichtspunkten zu bestimmen, inwieweit organschaftliche Vertretungsmacht eingeräumt werden soll - ein dogmatisch gewiß fragwürdiger Ansatz, der die deutsche Rechtsprechung aber immerhin vor manch befremdlichen Ergebnis bewahrt hat." (Verkehrspflichten, S. 256, unter Berufung auf OGH JBl. 1965, 469).

nicht eine Einzelperson als Gehilfe oder Organ, auch nicht eine rechtliche Organisationsform, GmbH, OHG oder Einzelkaufmann, sondern vielmehr der wirtschaftliche Betrieb, das Unternehmen im wirtschaftlichen Sinne ist. Das im Bürgerlichen Gesetzbuch niedergeschriebene Gesetz trägt dem keine Rechnung, indem es die Haftung von der Organisationsform des Unternehmensträgers abhängig macht. Eine systemwidrige Rechtsfortbildung ist vorprogrammiert. Der Zweck des § 31 BGB, eine Gleichstellung zwischen natürlichen und juristischen Personen zu erreichen, wird trotzdem verfehlt[296].

Auch das Gleichgewicht zwischen Vertrags- und Deliktsrecht hat sich völlig verschoben. Im System des Bürgerlichen Gesetzbuchs steht die Haftung aus Vertrag im Vordergrund. Es ist das besonderes Vertrauen begründende Näheverhältnis zwischen zwei Vertragsparteien, dessen Störung der Gesetzgeber besonders scharf ahnden wollte. Durch die Erweiterung des Anwendungsbereichs von § 278 BGB mittels der *culpa in contrahendo*, der positiven Vertragsverletzung und des Vertrags mit Schutzwirkung zugunsten Dritter wurde der Schutzbereich dieser Vorschrift weit über den ursprünglichen Willen des Gesetzgebers ausgedehnt. Verbunden mit der analogen Anwendung von § 31 BGB auf leitende Angestellte, dem Recht der Verkehrssicherungspflichten und der Lehre vom Organisationsmagel ist § 831 BGB praktisch von der Bildfläche verschwunden, das Gleichgewicht von vertraglicher und deliktischer Haftung zerstört worden[297]. Hintergrund ist auch hier wieder das Fortschreiten der wirtschaftlichen Entwicklung. Das besondere Vertrauensverhältnis der Vertragsschließenden ist im heutigen Massenkonsum weniger relevant. Schützenswert erscheinen bevorzugt andere Gesichtspunkte wie die Unterlegenheit des Konsumenten. Dem hat der Gesetzgeber in Gesetzen wie dem Produkthaftungsgesetz Rechung getragen. Problematisch ist, daß dadurch der Vertragsbegriff und das Vertragsschuldverhältnis selbst drohen, konturenlos zu werden[298].

---

[296]So auch Martinek, Repräsentantenhaftung, S. 158.

[297]Eine Bestätigung der Voraussage des englischen Gelehrten *Pollock*, daß die Einstandspflicht des Geschäftsherrn für die Delikte seiner Leute im Sinne einer umfassenden Repräsentantenhaftung ihren guten Sinn schon deshalb hat, weil, wollte man sie beseitigen, eine gewaltige Ausbreitung fiktiver Verträge die Folge wäre, was weder dem Recht noch dem Gewissen Vorteil brächte (Holmes-Pollock Letters, S. 234).

[298]Kritisch auch Brüggemeier, Deliktsrecht, S. 72.

f. Kritik aus Sicht der Wirtschaft

Unter wirtschaftlichen Gesichtspunkten sollte geltendes Recht übersichtlich und Rechtsprechung möglichst genau vorhersehbar sein[299]. Vorhersehbar ist die Rechtsprechung in vielen Punkten nicht. Die Beantwortung der Frage, wer denn als verfassungsmäßig bestimmter Vertreter im Sinne des § 31 BGB anzusehen ist, wird von der Rechtsprechung denkbar uneinheitlich beantwortet. Die Beantwortung schwimmt völlig gelöst vom gesetzlichen Wortlaut. Auf ein Billigkeitsurteil des jeweiligen Richters[300] möchten sich aber nicht nur Großunternehmen nicht verlassen müssen. Auch an der erforderlichen Übersichtlichkeit fehlt es. Wann die Lehre vom Organisationsmangel statt der analogen Anwendung von § 31 BGB auf leitende Angestellte zum Einsatz kommt, bleibt jedem Betrachter verborgen[301]. Gesetzliche Haftungstatbestände sind durch die Lehre von den Verkehrspflichten so stark ausgedehnt, daß sie sich selbst dem Fachmann nicht leicht erschließen[302]. Gerade im Bereich der Verkehrspflichten wird diskutiert, wie eine juristische Person einer deliktischen Haftung für das Fehlverhalten ihrer Angestellten überhaupt noch entgehen kann, gerade in Fällen, in denen die Mehrheit der Organe und Angestellten ihre Pflichten erfüllt und größte Sorgfalt haben walten lassen[303]. Zieht der Gesetzgeber aus Wirtschaftlichkeitsgesichtspunkten die Grenze für Gefährdungshaftung summenmäßig, um den Wirtschaftsunternehmen die Versicherbarkeit ihrer damit absehbaren Risiken zu erhalten, so fehlt dieses wirtschaftliche Korrektiv im Richterrecht der Verkehrspflichten[304].

Größter Kritikpunkt aus der Sicht des ökonomischen Zusammenhangs ist das fehlende Gesamtkonzept. Das ursprüngliche Haftungskonzept des Bürgerlichen Gesetzbuchs wurde in den letzten einhundert Jahren aus den Angeln gehoben[305]. Die Rechtsprechung war nicht in der Lage, den ihr von § 31 BGB

---

[299]So Adams/Johannsen, BB 1996, 1017 ff.

[300]Vergleiche hierzu auch Martinek, Repräsentantenhaftung, S. 157.

[301]MünchKomm-Reuter § 31, Rn. 4 m.w.N.

[302]Siehe Chr. von Bar, JuS 1988, 269 (270).

[303]Lieb, JZ 1976, 526 (527); Steindorff, AcP 170 (1970), 93 (104 f.); Blaschczok, Gefährdungshaftung und Risikozuweisung, S. 97 ff.

[304]Zum Sinn einer summenmäßigen Haftungsbegrenzung siehe Deutsch, Allgemeines Haftungsrecht, S. 408.

[305]Die beiden Hauptspezifika des BGB-Deliktsrechts wurden durch die Entwicklung im zwanzigsten Jahrhundert zunehmend in Frage gestellt: die zentrale Abgrenzung zum ver-

gesetzten Auftrag, eine Gleichbehandlung von natürlichen und juristischen Personen anhand des Gesetzes zu bewirken, zu erfüllen. Sie hat es bedauerlicherweise nicht geschafft, eine „zugleich haltbare und praktisch befriedigende Antwort zu finden", wie man sie sich nach Inkrafttreten des Bürgerlichen Gesetzbuchs erhoffte[306]. Das BGB-Deliktsrecht hat, wie sich gerade an der Deliktshaftung juristischer Personen zeigt, seine soziale Aufgabe als Steuerungsinstrument einer Industriegesellschaft von Anfang an verfehlt[307].

Schuld daran ist auch die fehlende Kenntnis des wirtschaftlichen Gesamtzusammenhangs. Wirtschaftlichkeitsgesichtspunkte zählen nicht zu den ranghöchsten Entscheidungskriterien nach deutschem Recht. Auch wo Richter wirtschaftliche Gesichtspunkte mit in Betracht ziehen, fehlen meist die fundierten Kenntnisse einschlägiger Theorien und Argumente, etwa aus den Wirtschaftswissenschaften. Konstruktionen wie die Lehre vom Organisationsmangel und ihr Vowurf, eine bestimmte natürliche Person nicht zum Organ bestellt zu haben, gehen deshalb an der Wirklichkeit vorbei und legen den Schwerpunkt des Vorwurfs statt auf die Verletzung eines geschützten Rechts oder Rechtsguts auf innerbetriebliche Organisationsmaßnahmen und damit auf die falsche Stelle[308]. Neben dem mangelnden wirtschaftlichen Gesamtkonzept fehlt auch eine systematische Umsetzung des anerkannten modernen Bedürfnisses der Gesellschaft nach sozialer Sicherheit. Vom Deliktsrecht wird ein Beitrag zur sozialen Absicherung verlangt. Das Gewicht hat sich vom Punkt der Schuld zum Ausgleich des Schadens verlagert. Dem trägt das geltende deutsche Recht nicht Rechnung[309].

8. Zusammenfassung

Im vorgehenden Abschnitt wurde der ausführlichen Darstellung des englischen Rechts bezüglich der Deliktshaftung juristischer Personen zusammenfassend die Lage im deutschen Recht gegenübergestellt. Dabei fallen Ge-

---

traglichen Schadensersatzrecht durch die Schaffung quasi-vertraglicher Haftungsgrundlagen und die Verschuldenshaftung durch die Verselbständigung der Verkehrspflichten und ihr Erfordernis der objektiven Fahrlässigkeit (Brüggemeier, Deliktsrecht, S. 41 f.)

[306] Siehe Lenel, DJZ 1902, 9.

[307] So auch Brüggemeier, Deliktsrecht, S. 125.

[308] Soergel-Wolf § 31, Rn. 17; Steindorff, AcP 170 (1970), 93 (113); Zweigert/Kötz, Einführung in die Rechtsvergleichung, S. 637; Brüggemeier, Deliktsrecht, S. 102.

[309] So die Kritik von Fuchs, Deliktsrecht, S. 5.

meinsamkeiten und Unterschiede ins Auge, mit denen es sich im Rahmen der Erforschung der Übertragbarkeit des englischen Modells ins deutsche Recht auseinanderzusetzen gilt[310]. Ziel der Gegenüberstellung war es aber auch, der Frage nach dem Sinn einer solchen Übertragung auf den Grund zu gehen. Nur wenn im deutschen Recht der deliktischen Haftung juristischer Personen entscheidende Defizite bestehen, die im englischen Recht keine Entsprechung finden, ist die Untersuchung der Übertragbarkeit nicht nur von rein theoretischem Interesse. Die Nachteile der geltenden deutschen Rechtslage sind deshalb im vorhergehenden Abschnitt dargestellt worden[311]. Sie sind vielfältig und zeigen damit deutlich die starke Zersplitterung zwischen einzelnen Fallgruppen, Haftungstatbeständen und Organisationsformen[312]. Sie erklären die große Anzahl an Veröffentlichungen und wissenschaftlichen Auseinandersetzungen mit der Frage der Deliktshaftung und einer möglichen Deliktsfähigkeit, die in den letzten hundert Jahren erschienen sind. Die eingangs zitierte Aussage *Gottfried Krügers* ist noch immer aktuell[313]. Vor diesem Hintergrund erscheint es wenig überzeugend, wenn in der Diskussion um eine Reform des deutschen Rechts gemeint wird, es stelle sich die Grundsatzfrage, ob ausgerechnet das Land mit dem am feinsten durchgebildeten Haftungssystem den Anfang machen und sich in einem Teilbereich ausländischen Rechtsvorstellungen angleichen sollte[314]. Vielmehr ist zu beobachten, daß sich die Diskussion in Deutschland in der Wiederkehr gleicher Argumente verfangen hat.

Das englische Modell der Deliktsfähigkeit juristischer Personen ergibt im Gegensatz zum deutschen ein geschlossens, einheitliches und von modernen sozio-ökonomischen Gesichtspunkten geformtes Bild, das in England unumstritten ist[315] und keine den Defiziten des deutschen Haftungsrechts vergleichbaren Nachteile oder konstruktiven Schwierigkeiten kennt. Es entspricht damit der auch in Deutschland ausgesprochenen Forderung nach einem mo-

---

[310]Siehe hierzu unten, unter C.

[311]Siehe hierzu oben, unter B.II.7.

[312]So spricht Brüggemeier etwa vom „über 80 Jahre dauernden Kampf um den § 831" (Brüggemeier, Deliktsrecht, S. 106).

[313]Siehe oben, unter A.

[314]So aber E. Schmidt, AcP 170 (1970), 502 (526).

[315]Man denke etwa an die Arbeit des Pearson Kommission, eines parlamentarisch eingesetzten Ausschusses, und die damit verbundene Überprüfung des geltenden Rechts im Vergleich zu ausländischen Alternativen, die zur Beibehaltung des geltenden Rechts wegen dessen Überlegenheit geführt hat; siehe oben unter B.I.6.e.

dernen Deliktsrecht[316]. Aus dieser Gegenüberstellung heraus erscheint das englische Modell dem geltenden deutschen Recht vorzugswürdig. Eine Neuorientierung im deutschen Recht anhand des englischen Konzepts könnte demzufolge zu wünschenswerten Ergebnissen verhelfen.

[316] *Brüggemeier* (Deliktsrecht, S. 129) sieht dieses gekennzeichnet durch gesteigerte Generalität als Tatbestand sozialer Pflichtwidrigkeit. Dem entspricht nach der vorliegenden Untersuchung die unfassende Repräsentantenhaftung und die generelle Deliktsfähigkeit juristischer Personen in England. Daneben stellt *Brüggemeier* auf die gesteigerte Variabilität im Sinne differenzierter Lösungen für spezifische Interessenkollisionen und Sozialbereiche ab. Dem entspricht die Struktur des englischen Deliktsrechts mit ihren Einzeltatbeständen und dem abgestuften System gegebenenfalls juristischen Personen zur Verfügung stehender Entlastungsmöglichkeiten.

C. Die Übertragbarkeit ins deutsche Recht

I. Vergleichbarkeit der Motivation

1. Fragestellung

> „Wir müssen uns aber hüten, die angelsächsischen Rechtsregeln blindlings zum Kontinent zu übernehmen und dann mit deutscher Gründlichkeit durchzuführen[317]."

Die Frage nach der Übertragbarkeit des englischen Modells der Deliktsfähigkeit juristischer Personen ins deutsche Recht soll im folgenden beantwortet werden. Ihr stehen bereits auf den ersten Blick scheinbar unüberwindliche Hindernisse im Weg. Englisches Recht richtet sich an die juristische Person als Pflichtenadressat, deutsches an ihr Organ, englisches Deliktsrecht verzichtet weitgehend auf ein Verschuldenserfordernis, deutsches basiert auf dem Verschuldensprinzip, das englische Recht kennt den Meinungsstreit von Vertreter- und Organtheorie nicht, in Deutschland war er prägend. Die Liste läßt sich fortsetzen. Sie soll Frage um Frage detailliert beleuchtet und beantwortet werden. Erste Voraussetzung muß ein vergleichbarer Hintergrund sein, vor dem sich Deliktsrecht und deliktische Haftung juristischer Personen in England und Deutschland präsentieren.

[317] Siegert, NJW 1953, 527 (528).

Nur wenn die Motivation der rechtsetzenden Kräfte gleichläuft und die sozialen und ökonomischen Umstände vergleichbar sind, ist die Loslösung und Übertragung eines Einzelstücks eben nicht Stückwerk, sondern kann zu einem stimmigen Konzept führen.

2. Der sozio-ökonomische Kontext

Die Aufgabe des deutschen Deliktsrechts ist es, rechtswidrig verursachte Schäden auszugleichen und damit das Spannungsverhältnis zwischen Güterschutz und Handlungsfreiheit zu gestalten[318]. Daneben tritt das Ziel der Prävention[319]. Es folgt damit der gleichen Grundidee wie das englische Deliktsrecht[320]. Die Haftbarmachung juristischer Personen folgte wie im englischen Recht aus ihrer Handlungsfähigkeit von Gesetzes wegen. So heißt es in den Motiven zum Bürgerlichen Gesetzbuch zum heutigen § 31 BGB[321]:

> „Zur Begründung dieser Haftbarmachung hat man mit Recht darauf hingewiesen, daß, wenn die Körperschaft durch die Vertretung die Möglichkeit gewinne, im Rechtsverkehr handelnd aufzutreten, ihr auch angesonnen werden müsse, die Nachteile zu tragen, welche die künstlich gewährte Vertretung mit sich bringe, ohne daß sie in der Lage sei, Dritte auf den häufig unergiebigen Weg der Belangung des Vertreters zu verweisen. Ist dieser Gesichtspunkt richtig, so muß er allgemein zur Geltung gelangen: die Körperschaft ist für alle widerrechtlichen, zum Schadensersatz verpflichtenden Handlungen des Vertreters verantwortlich zu machen, sofern nur dieselben in Ausübung der Vertretungsmacht begangen sind."

Die Annahme, daß eine juristische Person nicht deliktisch hafte, wurde als ein durch nichts gerechtfertigtes Privileg der juristischen Person und eine Beeinträchtigung der Rechtssicherheit angesehen[322]. Die Korrelation von Vor- und

[318]Fuchs, Deliktsrecht, S. 4; Zweigert/Kötz, Einführung in die Rechtsvergleichung, S. 598.
[319]Deutsch, Allgemeines Haftungsrecht, S. 14.
[320]Cane, 1982, 2 OxJLegSt. 30 ff.
[321]Motive I, S. 103.
[322]Vergleiche L. von Bar, Gesetz und Schuld, S. 142.

Nachteil der Vermögensverwaltung durch eine juristische Person stand zu Anfang im Mittelpunkt der Gesetzgebung. Dazu trat ebenso wie im englischen Recht der Gedanke der Gleichbehandlung juristischer und natürlicher Personen[323]. Daneben spielten sozio-ökonomische Erwägungen wie der im englischen Recht prägende Grundsatz *respondeat superior* eine Rolle[324]. Die Ausgestaltung bestimmter Haftungstatbestände als Gefährdungshaftung wurde als ein notwendiges Ergebnis der Industrialisierung angesehen, die zu Unternehmungen mit Risiken ungeahnten Ausmaßes führte[325]. Dieser Gedanke wurde vom bundesdeutschen Gesetzgeber weitergeführt[326]. Bei typischerweise Unternehmen treffenden Tatbeständen, wie der Produkthaftung, wurde schon früh die Notwendigkeit einer summenmäßigen Haftungsbegrenzung im Interesse der Versicherbarkeit erkannt[327]. Potentielle Unternehmer sollten nicht durch nicht versicherbare und nicht kalkulierbare Risiken von ihren geplanten Unternehmungen abgeschreckt werden[328]. „Ein TÜV für Gesetze" wird allgemein für eine moderne Gesetzgebung gefordert[329]. Im Haftungsrecht gehörte er stets zur Gesetzgebungswirklichkeit[330].

Die Annahme einer Verschuldensvermutung für besonders gefahrträchtiges Verhalten, wie bei Betreiben eines Atomkraftwerks, wird als Teil des Unternehmerrisikos und als Korrelat seiner unternehmerischen Chancen begriffen[331]. Eine besondere Rolle kommt in der heutigen Rechtsprechung dem Recht der Verkehrssicherungspflichten zu. Ihnen liegt das Interessenprinzip zugrunde, nachdem Vorteilsziehung zur Verantwortung der damit einhergehenden Gefahren führt[332].

---

[323]Siehe Lenel, DJZ 1902, 9 ff.

[324]Motive I, zu § 46 des Entwurfs; Deutsch, Allgemeines Haftungsrecht, S. 344.

[325]Siehe auch Loening, Die Haftung des Staates aus rechtswidrigen Handlungen seiner Beamten, S. 89 f.

[326]Etwa mit dem Gesetz zur Regelung der Gentechnik (GenTG) in der Fassung vom 16.12.1993, BGBl. I S. 2066, und dem Gesetz über die friedliche Verwendung der Kernenergie und den Schutz gegen ihre Gefahren (AtomG) in der Fassung vom 15.07.1985, BGBl. I S. 1565.

[327]Siehe hierzu umfassend Deutsch, Allgmeines Haftungsrecht, S. 405 ff.

[328]Im einzelnen Steindorff, AcP 170 (1970), 93 (96, 114).

[329]Burger, Ein „TÜV" für Gesetze, F.A.Z. vom 21.08.1999, S. 6.

[330]So Taupitz, AcP 196 (1996), 114 (141).

[331]Lieb, JZ 1976, 526 (527).

[332]Vergleiche Chr. von Bar JuS 1988, 269 (271).

2. Rolle der ökonomischen Analyse

a. Vergleich Englands mit Deutschland

Die Analyse der ökonomischen Auswirkungen des Haftungsrechts findet in fast allen Aufsätzen und Monographien zum Problem der Deliktshaftung juristischer Personen und verwandten Problemen Berücksichtigung, wenn auch nicht in der in den Vereinigten Staaten entwickelten engen Bedeutung der Motivation durch Nutzen-Kostenregelung[333], sondern vielmehr wie in England als umfassende Inbetrachtziehung ökonomischer Aspekte im Zusammenspiel mit anderen rechtspolitischen Erwägungen[334]. Die ökonomische Analyse hat weder in England noch in Deutschland je die ihr in den Vereinigten Staaten zukommende Bedeutung erlangt. Sie konnte sich in Deutschland im Gegensatz zu den Vereinigten Staaten nicht durchsetzen, weil ihr Ausschließlichkeitsanspruch nicht ins verfassungsrechtlich vorgegebene Gefüge passte[335]. Wirtschaftlichkeitsgesichtspunkte waren und sind jedoch in England prägend[336], und spielen im deutschen Haftungsrecht eine große Rolle und fanden insbesondere im Deliktsrecht früh Beachtung[337]. Dabei werden unterschiedliche Ansätze und Meinungen vertreten[338]. Ziel fast aller Vorschläge zur Gestaltung des Rechts ist der Schutz der im modernen Wirtschaftsleben für schützenswert erachteten Personengruppen, sowie die Förderung der Wirtschaft.

---

333 Shavell, Economic Analysis of Accident Law, passim; Landes/Posner, The Positive Economic Theory of Tort Law, 1981, 15 Geo.L.Rev. 851 ff.; Klevorick, Legal Theory and the Economic Analysis of Torts and Crimes, 1985, 85 Col.L.Rev. 905 ff.; Coase, The Problem of Social Cost, 1960, 3 J.L. & Econ. 1 ff.; Blaschczok, Gefährdungshaftung und Risikozuweisung, S. 163.

334 Cane, 1982, 2 OxJLegSt. 30; Eidenmüller AcP 197 (1997), 80 ff.; Taupitz AcP 196 (1996), 114 ff.; a.A. Deutsch, Fahrlässigkeit und erforderliche Sorgfalt, S. 421 f.

335 Siehe hierzu den Streit, der sich zwischen Befürwortern und Gegnern der ökonomischen Analyse in Deutschland abspielte: Fezer, JZ 1986, 817 ff.; Ott/Schäfer, JZ 1988, 213 ff.; Fezer, JZ 1988, 223 ff.; Eidenmüller, a.a.O., S. 118.

336 Blaschczok, ebenda.

337 Mataja, Das Recht des Schadensersatzes vom Standpunkt der Nationalökonomie; Loening, Die Haftungs des Staates aus rechtswidrigen Handlungen seiner Beamten, S. 89 f.; Taupitz, a.a.O., S. 120 ff.; Deutsch, Allgemeines Haftungsrecht, S. 3.

338 Taupitz, a.a.O., S. 120, spricht hier zutreffend von „Keine Rezeption, aber partieller Begründungsgleichklang".

Als Beispiel für die Berücksichtigung dieser Ziele kann das Umwelthaftungsgesetz gelten, das am 01.01.1991 in Kraft trat. In der Gesetzesbegründung heißt es wörtlich[339]:

> „Schließlich führt die Belastung umweltgefährdender Produktionsprozesse mit einer strengen Umwelthaftung tendenziell zur Verteuerung der betroffenen Produkte und Dienstleistungen am Markt: Die Unternehmer müssen mögliche Ersatzleistungen für umweltbedingte Schäden in ihre Kostenrechnung einstellen und versuchen, diese Kosten über den Preis auf Dritte abzuwälzen. Hierdurch werden umweltgefährdende Produktionsprozesse zurückgedrängt und schadensvermeidende Maßnahmen dort getroffen, wo sie am kostengünstigsten sind. Das Umwelthaftungsrecht kann somit über den Preis-Marktmechanismus dazu beitragen, daß die knappen ökologischen Ressourcen möglichst effizient eingesetzt werden.“

Im Zusammenhang mit der Produkthaftung tritt der Schutz der Verbraucher in den Vordergrund[340]. Erwägungen wie die Frage der Erhaltung der Produktvielfalt stehen bei der Diskussion um das ausgewogenste Haftungsmodell im Mittelpunkt. Es wird darauf abgestellt, was Unternehmen rechtspolitisch zumutbar ist[341]. Die Frage, wem Kosten am sinnvollsten aufzubürden sind, dem Opfer und seinen eventuellen Zulieferern oder dem Verletzer, spielt hierbei eine wichtige Rolle[342]. Auch der ideelle Faktor des Unternehmerinteresses am *goodwill* wurde im Zusammenhang mit der Haftung juristischer Personen in die Diskussion gebracht[343]. Neben den rein ökonomischen Gesichtspunkten finden soziologische und psychologische Phänomene Beachtung. Beispielhaft sei der „Verbandsgeist“ genannt, die Wechselwirkung zwischen Personengesamtheit und Einzelperson, die nach Ansicht einiger Autoren einen eigenen Willen hervorzubringen in der Lage ist[344].

---

[339]Lehmann, Umwelthaftungsrecht: Ein Beitrag zur Internalisierung von negativen externen Effekten, S. 81, 83.

[340]Siehe Graf von Westphalen, RIW 1969, 388 (389).

[341]Steindorff, a.a.O., S. 97, 128.

[342]Vergleiche Blaschczok, a.a.O., S. 167.

[343]Engisch, Referat, S. E13.

[344]Engisch, a.a.O., S. E19.

b. Bewertung

Mit dem Vergleich der Rolle, die die ökonomische Analyse in England und Deutschland spielt, ist es nicht getan. Aufgrund der Bedeutung, die der ökonomischen Analyse zugemessen wird, erscheint es angebracht, diese zu hinterfragen und zu klären, ob ihr nicht *idealiter* mehr Bedeutung zugemessen werden sollte, als dies zur Zeit in England und Deutschland der Fall ist. Hierauf kann nicht verzichtet werden. Die Folgen eines solchen Verzichts machen die Worte *Eidenmüllers* deutlich[345]:

> „Recht in einer hochkomplexen Industriegesellschaft ist ein wichtiges Steuerungsinstrument. Es hat Folgen in der Rechtswirklichkeit und diese Folgen können erwünscht oder unerwünscht sein. Eine Rechtswissenschaft, die sich allein als hermeneutische Wissenschaft versteht und Rechtspolitik sowie Gesetzgebungstheorie in den Bereich des Politischen verweist, verzichtet auf interessante Arbeitsfelder. Sie verweigert aber auch eine Antwort auf elementare Fragen zur Funktion des Rechts in einer modernen Gesellschaft."

Die ökonomische Analyse des Rechts wird häufig als ein Kind der Vereinigten Staaten angesehen. Tatsächlich ist sie jedoch auf den deutschen Rechtswissenschaftler *Rudolf von Jhering* zurückzuführen. Dieser postulierte bereits im neunzehnten Jahrhundert die Sicherung der Lebensbedingungen der Gesellschaft als die zentrale Aufgabe des Rechts[346]. Im Gegensatz zu den Vereinigten Staaten folgte Deutschland diesem Ansatz nicht. Die „Interessenjurisprudenz" ist einer „Wertungsjurisprudenz" gewichen, die gerade in Abgrenzung zu *Jhering* die „kategoriale Selbständigkeit des Sittlichen" erhalten möchte[347]. In den Vereinigten Staaten ist es dagegen vollkommen üblich, daß Richter sich rechtspolitisch betätigen und dabei ihre Entscheidung auf Zweckmäßigkeitsgesichtspunkte stützen. Der Kerngehalt der ökonomischen Analyse ist, daß Ziel der Rechtssetzung ausschließlich die Steigerung der

---

[345] Eidenmüller, AcP 197 (1997), 80 (135).

[346] Jhering, Der Zweck im Recht, S. 434 ff.

[347] Siehe hierzu im einzelnen Larenz/Canaris, Methodenlehre der Rechtswissenschaft, S. 48.

ökonomischen Effizienz, das heißt die Maximierung des gesamtgesellschaftlichen Werts sein kann[348]. Eine Maßnahme ist nach dem sogenannten Kaldor-Hicks-Kriterium dann effizient, wenn sie demjenigen, zu dessen Gunsten sie ergriffen wird, mehr Vorteile bringt, als sie denjenigen, der die Lasten der Maßnahme trägt, an Einbußen kostet[349]. Ihre Attraktivität liegt darin, daß sie über ein klares Konzept zur Ermittlung und Bewertung von Rechtsnormen und gerichtlichen Entscheidungen verfügt[350]. Dem gesamten Konzept liegt als Grundidee der *homo oeconomicus* zugrunde, also der Mensch, der sich auch dem Recht gegenüber nutzenmaximierend verhält.

Obwohl dies sehr klar, mathematisch-analytisch und in seiner einfachen Logik bestechend erscheint, ist die Konsequenz der ökonomischen Analyse, das einzige Kriterium für einen bestimmten Gesetzeswortlaut zu liefern, bedenklich. Denn letztlich hebt es aus den Angeln, was in Deutschland und England die Grundlage des geltenden Deliktsrechts ist, nämlich die Ausgleichsfunktion. Die ökonomische Analyse gibt sich mit dem Schadensausgleich als Maßnahme zur Wohlfahrtsmaximierung nicht zufrieden, sondern fragt nach den Kosten, die durch den Schadensausgleich entstehen, nach den Kosten für die Informationsbeschaffung wie für Sachverständigengutachten, nach Verwaltungskosten, den Kosten des Zahlungstransfers, den Rechtsberatungs- und Gerichtskosten, die bei der Durchsetzung des Schadensausgleichsanspruchs entstehen. So ist in den meisten Fällen nach der ökonomischen Analyse ein Schadensausgleich nicht geboten[351]. Dies läuft dem in Deutschland herrschenden Rechtsempfinden diametral entgegen.

Verschärft wird dieser Gegensatz noch durch die Berechnung der Präventionskosten. Tatsächlich wird bei der Bestimmung der zu stellenden Sorgfaltsanforderungen in gewissem Maße auf die Verhältnismäßigkeit zwischen dem Aufwand, der zur Vermeidung des eingetretenen Schadens erforderlich gewesen wäre, und dem Schaden selbst abgestellt. Die ökonomische Analyse des Haftungsrechts spricht in diesem Zusammenhang jedoch nicht mehr von Verhältnismäßigkeit, bei deren Bestimmung ja die unterschiedlichsten Faktoren Berücksichtigung finden können. Kosten-Nutzen-Entscheidungen als einziges Kriterium für die Bestimmung der notwendigen, präventiven Sorgfaltsanforderungen erscheint in dem vom Grundrechtskatalog des Grundge-

---

[348]Kritik bei Taupitz, AcP 196 (1996), 114 (117).

[349]Vergleiche Blaschczok, Gefährdungshaftung und Risikozuweisung, S. 141.

[350]Siehe Eidenmüller, a.a.O., S. 83.

[351]Vertiefend Coase, [1960] 3 J.L. & Econ. 1 (16 ff.).

setzes geprägten deutschen Rechtssystem unpassend[352]. Daher erscheint die Rolle, die ihr bisher in Deutschland und bei Übertragung des englischen Beispiels auch weiterhin zukommen wird, angemessen. *Blaschczok* formuliert dies zutreffend so[353]:

> „Die Ökonomie kann so positiv sein, wie sie will: Sobald aus dieser Positivität ein Anspruch auf Vorrangigkeit abgeleitet wird, ist es mit der Positivität vorbei. Die scheinbar „positive“ ökonomische Analyse würde nämlich gerade durch die Verknüpfung mit diesem Anspruch durch und durch normativ.“

Das interessanteste an der ökonomischen Analyse wird auch weiterhin, wie ein Lehrer *Posners* gesagt haben soll[354], die Bestimmung ihrer Grenzen sein.

3. Die historische Entwicklung

Das Haftungsrecht der juristischen Personen spiegelt die historische Entwicklung wider. Besondere Bedeutung kommt der Industrialisierung zu, deren Kapitalbedarf der juristischen Person zu ihrer Rolle im Wirtschafts- und Rechtsleben verhalf. Ein Grund für die unterschiedliche Ausgestaltung der Deliktshaftung juristischer Personen liegt in der unterschiedlichen Entwicklung von England und Deutschland zu einer Zeit, als die Fundamente für das heute geltende Recht in beiden Ländern gelegt wurden. Im Folgenden soll gezeigt werden, daß die zeitlich versetzte Entwicklung erst nach Erarbeitung des Bürgerlichen Gesetzbuchs zu einer mit England vergleichbaren wirtschaftlichen Lage und entsprechenden Bedeutung juristischer Personen in Deutschland geführt hat, und daß daher die dem Bürgerlichen Gesetzbuch zugrundeliegenden Erwägungen einer Übertragung des englischen Modells nicht entgegenstehen können.

England wird das Mutterland der Industrialisierung genannt[355]. Die Ausbreitung der Industrie begann in England 1770, in Deutschland erst 1820.

---

[352] So auch Blaschczok, Gefährdungshaftung und Risikozuweisung, S. 245.
[353] Blaschczok, a.a.O., S. 246.
[354] Posner, Texas L. Rev. 53 (1975), 757 (772).
[355] So Ott/Schäfer, Wirtschafts-PLOETZ, S. 193.

Industrialisierung

Angaben in %	Jahr	Sektor	England	Deutschland
Anteil an der Weltfabrikproduktion	1870	-	31,8	13,2
	1910	-	14,7	15,9
Beschäftigte nach Wirtschafts-sektoren[357]	1880	I	35	62
		II	29	21
		III	36	17
	1910	I	9	34
		II	54	38
		III	37	28
Anteil der Wirtschaftssektoren am National-produkt	1850	I	21	47
		II	35	21
		III	19	8
	1907	I	6	25
		II	38	43
		III	29	15

Der Vorsprung Englands kann aus der Tabelle auf dieser Seite ersehen werden, die die Daten der ersten feststellbaren Statistiken sowie den Zeitpunkt abbildet, zu dem Deutschland den Vorsprung Englands einholte[356].

In Deutschland wechselten die Rollen der Wirtschaftssektoren somit erst 1910/13: Zu diesem Zeitpunkt wog der Anteil der Industrie so schwer wie der der Landwirtschaft noch um 1850. Der Wendepunkt kam um 1890, als Deutschland begann, eher ein Industrie- als ein Agrarstaat zu sein, was sich in der Beschäftigtenstruktur jedoch erst nach der Jahrhundertwende nieder-

[356]Quelle: Ott/Schäfer, a.a.O., S. 193 f.

[357]Sektoren: I: Landwirtschaft, II: Industrie, III: Dienstleistungen

schlug[358]. Mit der Industrialisierung veränderten sich auch die Betriebsgrößen. Hatte bis 1907 noch der handwerkliche Kleinbetrieb das Bild bestimmt, so waren um 1910 über 42% der Beschäftigten in Betrieben mit mehr als 50 Personen tätig[359]. In England fand die gleiche Entwicklung bereits in den Jahren 1830 bis 1870 statt, in denen sich Ballungszentren mit sogenannten Fabrikstädten bildeten und die Kapitalschöpfung sich dank des 1856 erlassenen Gesetzes (*Joint Stock Companies Act*) auf die Bildung von Korporationen mit handelbaren Gesellschaftsanteilen verlagerte[360], eine Entwicklung, die in Deutschland erst 1892 mit der Schaffung der GmbH nachvollzogen wurde[361], während die beschränkte Haftung in England bereits 1841 die Entstehung von Großunternehmen förderte[362].

Diese Entwicklung, die die Industrialisierung kennzeichnet, führte zum einen zur Verstärkung der Rolle der juristischen Person, zum anderen sowohl zur Verlagerung der Einflußgewalt von den Eigentümern der Unternehmen zu angestellten Managern, als auch zur Vergrößerung der Arbeitsteilung, das heißt zur vermehrten Einstellung von Arbeitnehmern[363]. Sie ist in der Wirtschaftsgeschichte gut erforscht. Daß sich dieses Phänomen in Deutschland erst im 20. Jahrhundert entwickelte zeigt, welche Bedeutung die Industrialisierung für die Deliktshaftung juristischer Personen haben mußte. Es wirkt sich auch weiterhin auf das Rechtsgefühl und die Erwartungen an den Gesetzgeber aus, da die bestehende industrielle Dynamik dieses Jahrhunderts zur Herausbildung immer größerer Produktionseinheiten in Form von Konzernen und multinationalen Unternehmen führt[364]. Das Stichwort heißt heute Globalisierung[365].

---

[358]Siehe auch Fischer/van Houtte, Handbuch der europäischen Wirtschafts- und Sozialgeschichte, S. 393 f.

[359]Vergleiche Fischer/van Houtte, a.a.O., S. 407.

[360]Angresano, Comparative Economice, S. 124 ff.; Floud/McCloskey, The Economic History of Britain Since 1700, S. 390.

[361]Siehe Ott/Schäfer, a.a.O., S. 230.

[362]Ott/Schäfer, a.a.O., S. 349.

[363]Siehe Angresano, a.a.O., S. 133

[364]Vergleiche Ott/Schäfer, a.a.O., S. 201.

[365]Die mit der Entstehung grenzüberschreitender Gesellschaften einhergehenden Probleme für die Deliktshaftung juristischer Personen müssen hier ausgeklammert werden; sie würden den Rahmen der vorliegenden Arbeit sprengen.

Daneben tritt seit den sechziger Jahren die Dezentralisierung von unternehmerischen Entscheidungen, die durch neue Kommunikations- und Informationstechnologien gefördert wird[366], eine Entwicklung, die den Gehilfen des § 831 BGB in der Realität fast verschwinden läßt.

Mit dem Verschwinden der Wirtschaft, wie sie bei der Ausarbeitung des Bürgerlichen Gesetzbuchs bekannt war, verschwinden auch die den Regelungen des Bürgerlichen Gesetzbuchs zugrundeliegenden Wertvorstellungen[367]. Das Konzept des BGB-Deliktsrechts wird auch eine „Sozialromantik einer Handwerker- und Kaufmannsgesellschaft“ genannt, „in der freie Marktbürger mit Eigentum an ihren Produktionsmitteln produzierten, handelten und Verträge schlossen“, entstanden „vor dem Hintergrund retardierter, klein-staatlich reglementierter Industrialisierung“[368]. Die englische Rechtsprechung hat sich hingegen mangels Kodifizierung dem jeweiligen ökonomischen Hintergrund und den damit einhergehenden Erwartungen und Problemen flexibel angepaßt. Dabei war sie der deutschen Rechtsentwicklung von Anfang an dank der Vorreiterrolle Englands bei der Industrialisierung zeitlich voraus. Der Gedanke, daß juristischen Personen angesonnen werden muß, zu den ihr rechtlich gewährten wirtschaftlichen Vorteilen auch die entsprechenden Nachteile, sprich die deliktische Haftung zu tragen, fand ins deutsche Recht erst mit Schaffung des § 31 BGB Einlaß. Zuvor hatte die herrschende römischrechtlich geprägte Auffassung dem widersprochen. Die gleiche Erwägung setzte sich dagegen in England bereits in Folge einer Entscheidung aus dem Jahre 1812 durch[369]. Sie führte bereits in der Zeit von 1880[370] bis 1889[371] zur Anerkennung der Deliktsfähigkeit juristischer Personen.

Da Deutschland im Laufe des letzten Jahrhunderts die Entwicklung Englands nachvollzogen und sich entsprechend die Rolle juristischer Personen und arbeitsteiligen Zusammenwirkens verändert hat, können die Erwägungen, die dem englischen Modell zugrundeliegen, übertragen und für eine Neuregelung im deutschen Recht fruchtbar gemacht werden.

---

[366]Ott/Schäfer, a.a.O., S. 233.

[367]Siehe hierzu auch Fuchs, Deliktsrecht, S. 5.

[368]So Brüggemeier, Deliktsrecht, S. 44.

[369]*Yarborough v. Bank of England* (1812) 16 East. 6; siehe hierzu oben, unter B.I.1.a.aa.

[370]*Pharmaceutical Society v. London and Provincial Supply Association* (1880) 5 App. Cas. 857, 860 ff.

[371]Interpretation Act 1889.

4. Ergebnis

Das Haftungsrecht juristischer Personen ist im deutschen Recht ebenso wie im englischen Recht geprägt von einer Mischung sozio-ökonomischer Ansätze und Begründungsmuster, denen allen der Ausgleichsgedanke von wirtschaftlichen Vor- und Nachteilen und die Gleichstellung von juristischen und natürlichen Personen gemein ist[372]. In der wissenschaftlichen Diskussion um neue Ansätze und die kritisierte Rechtsprechung spielen Fragen nach dem soziologischen Phänomen Gemeinschaftswille, Kostenanalysen und die Forderung nach „gerichtsfesten“ Unternehmen in vergleichbarem Umfang eine Rolle wie in der englischen Rechtsprechung und dortigen wissenschaftlichen Veröffentlichungen. Der wirtschaftliche Kontext unterscheidet sich heute nicht mehr[373]. Beide Länder hängen der in den westlichen Zivilrechtsordnungen vorherrschenden Form der relationalen Schadensverteilung an. Den Handelnden trifft die Haftung für bestimmte ihm zugerechnete unvermeidbare Schäden (Gefährdungshaftung) oder für vermeidbare Schäden unter der Voraussetzung vorsätzlichen oder (objektiv) fahrlässigen Verhaltens (deliktische [Verschuldens-]Haftung) oder es bleibt bei der Schadenszuständigkeit des Betroffenen[374]. Die deliktische Haftung juristischer Personen spielt sich heute in beiden Ländern und Rechtssystemen vor dem gleichen sozio-ökonomischen Hintergrund und den gleichen rechtspolitischen Erwägungen ab, so daß die Entwicklung der Deliktsfähigkeit juristischer Personen im englischen Recht aus diesem Gesichtspunkt heraus in Deutschland nachvollzogen werden kann.

---

[372]Vergleiche Martinek, Repräsentantenhaftung, S. 43.

[373]Als Vergleichsdaten können die Strukturen beider Bruttoinlandsprodukte herangezogen werden:

> Anteil der Wirtschaftsbereiche an der Bruttowertschöpfung 1996 in %: England: Landwirtschaft 1,8, Industrie: 31,8, Dienstleistungen: 66,5; Deutschland: Landwirtschaft: 1,1, Industrie: 33,1, Dienstleistungen: 65,7

Quelle: Statistisches Bundesamt, Die EU in Zahlen 1999.

[374]Siehe Brüggemeier, Deliktsrecht, S. 38.

II. Gesellschaftsrechtliche Einwände

1. Vertretertheorie gegen Organtheorie

Ein Einwand gegen eine Deliktsfähigkeit juristischer Personen in Anlehnung an das englische Recht könnte die mangelnde theoretische Durchdringung des Begriffs der juristischen Person in England sein, wenn damit ein Vorsprung Deutschlands in der Erkenntnis der Zusammenhänge einhergeht.

Fiktions- und Organtheorie wurden in Deutschland als Erklärungsmuster für das im neunzehnten Jahrhundert noch wenig durchdachte Gebilde juristische Person geschaffen. Sie haben in England mangels Rezeption des römischen Rechts keine Entsprechung. Generell gilt, daß das englische Recht und die Rechtsetzung durch die Richter einen pragmatischen Ansatz verfolgt und Dogmatik und Systematisierung in der englischen Rechtswissenschaft eine wesentlich geringere Rolle als in Deutschland spielen. Damit ist jedoch nicht gesagt, daß das Verständnis der juristischen Person und ihrer Deliktshaftung im deutschen Recht weiter fortgeschritten wäre und demnach einer Übertragung im Wege stünde. Dies wäre der Fall, wenn Fiktions- und Organtheorie aktuell eine bedeutende Funktion zukäme, sie gesetzlich verankert und die herrschenden Erklärungsmuster und Vorstellungen vom Wesen der juristischen Person in beiden Ländern erheblich differieren würden. Diesen Punkten soll sogleich nachgegangen werden.

Fiktions- und Organtheorie hatten im neunzehnten Jahrhundert einen fundamentalen Streit um das Wesen der juristischen Person entfacht, der sich auch in den diametral entgegenstehenden Vorstellungen von der Deliktshaftung juristischer Personen niederschlug[375]. Beide Theorien wurden für das geltende Recht fruchtbar gemacht, so daß heute die juristische Person nicht als der natürlichen Person gleich erachtet, sondern nur kraft Gesetzes fiktiv wie eine natürliche Person als rechtsfähig angesehen wird. Rückt man diese heute herrschende Auffassung in den Mittelpunkt des Blickfelds, so verlieren beide Theorien nicht nur für die Rechtspraxis, sondern auch für die systematische Rechtslehre weithin an Bedeutung[376]. Sie blieben auch nicht die einzigen

[375]Krüger, Die Haftung der juristischen Personen aus unerlaubten Handlungen nach gemeinem Recht und dem bürgerlichen Gesetzbuche, S. 14 ff.; siehe hierzu im einzelnen auch oben, unter B.II.7.a.

[376]Soergel-Hadding Vor § 21, Rn. 7 f. m.w.N.

Erklärungsversuche, sondern wurden von der Theorie des Zweckvermögens, der Genießertheorie und der Theorie der überindividuellen Wirkungseinheit ergänzt[377].

Der Theorienstreit selbst ist dank des Fortschritts in der rechtlichen Durchdringung des Wesens der juristischen Person nicht mehr relevant. Zu belegen ist, welche Auswirkungen er auf die deutsche Gesetzegebung hatte, die bei einer Übertragung des englischen Modells im Wege stehen könnten. Die juristische Person des Zivilrechts wird in den §§ 21 ff. BGB geregelt. Die Voraussetzung der Eintragung in ein amtliches Register zeichnet die Vorstellung der Fiktionstheorie nach, wonach die Rechtsfähigkeit der Fiktion „juristische Person" von der Verleihung durch einen staatlichen Akt abhängen muß. Der Verein dient als Grundmodell für außerhalb des Bürgerlichen Gesetzbuchs geregelte besondere Rechtsformen. Diese spiegeln mit der Regelung der einzelnen Organe und der ihnen zustehenden Befugnisse die Vorstellung der Organtheorie wider, daß die juristische Person durch ihre Organe handelt, die sich in ihrer rechtlichen Qualität vom rechtsgeschäftlichen Stellvertreterbegriff unterscheiden[378]. Die für die Deliktshaftung juristischer Personen entscheidende Norm des § 31 BGB selbst nimmt eine Zwischenstellung ein: Sie bejaht die von der Fiktionstheorie vollständig verneinte Deliktshaftung juristischer Personen, geht aber entgegen der Organtheorie nicht von der Selbstverständlichkeit der Handlungs- und Deliktsfähigkeit der juristischen Person aus, sondern stützt sich letztlich doch auf eine fiktive Handlungsfähigkeit[379]. Der deutsche Gesetzgeber hat sich also für keine der beiden Theorien entschieden und damit das heutige Verständnis vom Wesen der juristischen Person ermöglicht. Der Übertragung der englischen Ansicht stehen die gesetzlichen Bestimmungen demnach nicht entgegen.

Fiktions- und Organtheorie dienten jedoch nicht dem Selbstzweck. Sie waren Erklärungsmuster, die das Wesen der juristischen Person klären und damit die systematische Grundlage für die Entscheidung einzelner Fragen, wie etwa der nach der Deliktsfähigkeit, ermöglichen sollten. Wie nun erklärte sich die englische Rechtswissenschaft die Natur der juristischen Person? Auf welchem

---

[377]Soergel-Hadding Vor § 21, Rn. 11 ff. m.w.N.

[378]Für die Aktiengesellschaft: §§ 76 ff. AktG; für die Kommanditgesellschaft auf Aktien: §§ 278 ff. AktG; für die eingetragene Genossenschaft: §§ 24 ff. GenG; für den Versicherungsverein auf Gegenseitigkeit: §§ 15 ff. VAG; für die GmbH: §§ 35 ff. GmbHG.

[379]Siehe hierzu bereits oben, unter B.II.7.a.; Flume, Allgemeiner Teil des Bürgerlichen Rechts, I/2, S. 383.

theoretischen Verständnis baut die Deliktsfähigkeit dort auf? Finden sich hier Gemeinsamkeiten zur deutschen Vorstellung?

Im englischen Recht ist die Tatsache, daß es sich bei der Rechtsfähigkeit der juristischen Person um eine solche kraft Fiktion handelt, von jeher anerkannt[380]. Mit der vom Recht verliehenen Rechtsfähigkeit geht nach englischem Verständnis die (fiktive) Handlungs- und Deliktsfähigkeit einher[381]. Weit verbreitet ist es, sich die Natur der juristischen Person nicht allein auf einer rein rechtlichen Ebene klar zu machen, sondern wirtschaftliche Gesichtspunkte miteinzubeziehen[382].

Im Gegensatz zur Entwicklung in Deutschland, bei der die Rechtswissenschaft schon vor Zunahme der wirtschaftlichen Bedeutung juristischer Personen sich um eine Systematisierung und theoretische Erklärung bemühte, fand die rechtliche Entwicklung in England als Reflex zur wirtschaftlichen Ausgestaltung der Gesellschaften statt. So wurden zwar bereits in den Jahren 1844 und 1862 die ersten Gesellschaftsgesetze erlassen[383], die für die Kodifikationen auf dem Kontinent Vorbildcharakter hatten[384]. Diese beschränkten sich jedoch auf die Regelung der Formalien und der rechtlichen Folgen der Registrierung, und regelten weder die Struktur der Gesellschaften selbst, noch deren Natur. Bei der Bestimmung des Pflichtenadressaten im Deliktsrecht und der damit einhergehenden Anerkennung der Deliktsfähigkeit juristischer Personen ging die Rechtsprechung nicht von ihrer Struktur aus, sondern sah das Wort „Person" in einem Gesetz als einen technischen Begriff an, der alle vom Recht anerkannten Rechtssubjekten umfassen muß[385].

Das theoretische Verständnis der praktischen Umsetzung wurde entscheidend durch die Einführung deutscher Vorstellungen ins englische Recht gefördert. Die Idee der juristischen Person als eines Körpers, der durch seine Organe handelt, von *Viscount Haldane* 1915 erstmals in einer Urteilsbegründung ausgeführt[386], war das erste und einzige überhaupt in England gebotene Er-

[380] *Yarborough v. Bank of England* (1812) 16 East. 6.
[381] Siehe Halsbury's Laws of England, Vol. 9 (2), S. 570.
[382] Anmerkungen hierzu bei Ireland, The Triumph of the Company Legal Form, S. 29.
[383] Siehe zur gesamten Entwicklung auch Farrar, Company Law, S. 15 ff.
[384] So Ott/Schäfer, Wirtschafts-PLOETZ, S. 230.
[385] *Pharmaceutical Society v. London and Provincial Supply Association* (1880) 5 App. Cas. 857, 862.
[386] *Lennard's Carrying Co. Ltd. v. Asiatic Petroleum Co. Ltd.* (1915) A.C. 705, 713; siehe herzu oben, unter B.I.4.a.

klärungsmuster für das Wesen der juristischen Person. Es wurde mit Begeisterung in der englischen Rechtswissenschaft aufgenommen[387]. Eine gewisse Ernüchterung trat erst ein, als die begrenzte praktische Relevanz erkannt wurde[388]. Die englische Entwicklung belegt, welch geringe Bedeutung Erklärungsmuster für das Wesen der juristischen Person haben und welch geringen Einfluß sie auf einzelne Entscheidungen, wie die für die Deliktsfähigkeit haben.

Die dem englischen Recht zugrundeliegende Vorstellung entspricht genau der heutigen Auffassung im deutschen Recht: Die juristische Person ist kraft gesetzlicher Fiktion der natürlichen gleichgestellt[389]. Das englische Recht hat diesen Satz jedoch in entscheidender Konsequenz umgesetzt. Die Gleichstellung mit der natürlichen Person kraft Gesetzes kann sich nicht auf die Rechtsfähigkeit und die rechtsgeschäftliche Handlungsfähigkeit beschränken, sondern muß ebenso für die Deliktsfähigkeit gelten.

Als Ergebnis kann daher festgehalten werden, daß in England und Deutschland grundsätzlich das gleiche Verständnis vom Wesen der juristischen Person herrscht. Die gesetzlichen Voraussetzungen für das Entstehen der fiktiven Rechtsfähigkeit sind in beiden Ländern überraschend parallel gestaltet. Die Eintragung in ein amtliches Register löst in beiden Fällen die Anerkennung der eigenen Rechtsfähigkeit aus und gibt die Möglichkeit, durch rechtsgeschäftliche Vertreter im Rechtsverkehr handelnd aufzutreten. Die bildhafte Verdeutlichung des Wesens der juristischen Person und die ihr entnommenen Begriffe wie Organ und Körperschaft gehen in beiden Ländern auf von *von Gierke* und die Theorie der realen Verbandspersönlichkeit zurück. Aufgrund dieser Gemeinsamkeiten und der Übereinstimmung in den wesentlichen Fragen steht der Übertragung des englischen Modells von dieser Warte nicht nur nichts im Wege; die logische Fortführung des in beiden Rechtsordnungen bestimmenden Verständnisses vom Wesen und der Natur der juristischen Person in England bietet sich vielmehr als konsequente Weiterführung auch in Deutschland an.

[387]Vergleiche *H.L. Bolton (Engineering) Co. Ltd. v. T. Graham & Sons Ltd.* [1957] 1 Q.B. 159, 172; *The Lady Gwendolen* [1965] 2 All. E.R. 283, 295.
[388]*Meridian Global Funds Management Asia Ltd. v. Securities Commission* [1995] 2 A.C. 500.
[389]Soergel-Hadding Vor § 21, Rn. 8; Halsbury's Laws of England, S. 570.

2. Organe und ihre Aufgaben

Ein weiterer Einwand gegen eine Orientierung am englischen Recht könnte sich aus der unterschiedlichen Rolle und Ausgestaltung der Organe ergeben. Das englische Recht gibt den Organen juristischer Personen keinen festgelegten Aufgabenbereich vor. Erst seit 1929 sieht der englische *Companies Act* überhaupt zwingend die Schaffung eines Organs „Geschäftführer“ beziehungsweise „Vorstand“ vor[390]. Heute müssen *private limited companies* mindestens einen Geschäftsführer, *public limited companies* mindestens zwei Vorstandsmitglieder haben. Geschäftsführer und Vorstandsmitglieder müssen im Handelsregister eingetragen sein[391]. Vorstandsmitglieder von *public limited companies* haben ebenso wie die Geschäftsführer von *private limited companies* nicht notwendig Geschäftsführungsbefugnis. Der gesamte Vorstand, bei Ernennung mehrerer Geschäftsführer diese gemeinschaftlich, haben die im Gesellschaftsvertrag vorgesehenen Befugnisse. Eine Delegation auf einzelne Vorstandsmitglieder beziehungsweise Geschäftsführer kann in der Satzung vorgesehen werden, ein Zwang hierzu besteht jedoch nicht. Dem entspricht im deutschen Recht die Regelung des § 78 AktG/§ 35 GmbHG, die eine Gesamtvertretung durch alle Vorstandsmitglieder/Geschäftsführer mit der Möglichkeit der Delegation auf Einzelpersonen in der Satzung/dem Gesellschaftsvertrag vorsieht.

Die Struktur der gesellschaftlichen Organe selbst unterscheidet sich wesentlich von der im deutschen Recht. So ist sowohl der *private* als auch der *public limited company* ein zweistufiger Aufbau eigen; ein der deutschen Aktiengesellschaft zwingend vorgeschriebener Aufsichtsrat hat keine Entsprechung in der englischen *public limited company*. Seine Aufgabe wird in England teilweise von nicht selbst in der Gesellschaft tätigen Vorstandsmitgliedern ausgeübt[392]. Ein weiterer wesentlicher Unterschied liegt in den Zielen, von denen sich die Organe nach den gesetzlichen Vorgaben leiten lassen sollen. In England ist es den Geschäftsführern beziehungsweise Vorstandsmitgliedern verboten, andere Interessen als die der Gesellschafter beziehungsweise Aktionäre in den Mittelpunkt zu stellen. Eine Berücksichtigung der Arbeitnehmerinteressen ist erst seit 1985 vorgesehen[393]. In Deutschland werden die Interessen

[390]Siehe Davies, Gower's Principles of Modern Company Law, S. 179 f.

[391]Section 288 subsection 2 Companies Act 1985

[392]Vergleiche Davies, Gower's Principles of Modern Company Law, S. 193 ff.

[393]Mayson, Company Law, S. 14 ff. m.w.N.

der Arbeitnehmer im Vorstand und Aufsichtsrat durch die Bestellung von Vorstands- und Aufsichtsratsmitgliedern nach den Bestimmungen des Gesetzes über die Mitbestimmung der Arbeitnehmer (MitbestG)[394] und des Gesetzes über die Mitbestimmung der Arbeitnehmer in den Aufsichtsräten und Vorständen der Unternehmen des Bergbaus und der Eisen und Stahl erzeugenden Industrie (MontanMitbestimmungsG)[395] gewahrt. Die Vorschrift des § 76 AktG, nach der der Vorstand die Gesellschaft unter eigener Verantwortung zu leiten hat, wird anerkanntermaßen dahin ausgelegt, daß der Vorstand das Gemeinwohl, das Interesse der Aktionäre und das Arbeitnehmerinteresse zu berücksichtigen hat[396].

Zu bedenken ist, ob die genannten Unterschiede in der Struktur und Zusammensetzung der Organe sich einer Übertragbarkeit des englischen Konzepts ins deutsche Recht entgegenstellen. Die Erklärung hierzu liegt im Verständnis der Organhaftung. Eine Organhaftung, wie sie das englische Recht kennt, wäre nicht ins deutsche Recht übertragbar, wenn der Organbegriff unterschiedlich definiert würde. Im Folgenden soll daher der im Deliktsrecht gebrauchte Organbegriff näher untersucht werden.

Der Organbegriff beginnt in der englischen Deliktshaftung juristischer Personen erst mit Entstehen der Organtheorie eine Rolle zu spielen. *Viscount Haldane* folgte dabei der deutschen Begrifflichkeit und benutzte das Wort „Organ“ zur Bildhaftmachung der unterschiedlichen Rollen, die für eine Gesellschaft handelnde Personen spielen[397]; ein Organ im Sinne der geschaffenen Organhaftung sollte der „die Gesellschaft leitende Geist und Wille sein“. Diese Definition war leider unscharf, was zu unterschiedlichen Auslegungen in den folgenden Jahren führte. Ausgangspunkt war zunächst die Satzung beziehungsweise der Gesellschaftsvertrag, die auch *Viscount Haldane* zur Bestimmung des verantwortlichen Personenkreises heranzog[398]. In *Banbury v. Bank of Montreal* wurde zur Abgrenzung das Kriterium der rechts-

---

[394] Gesetz über die Mitbestimmung der Arbeitnehmer vom 04.05.1976 (BGBl. I S. 1153), geändert durch Gesetz vom 26.06.1990 (BGBl. I S. 1206).

[395] Gesetz über die Mitbestimmung der Arbeitnehmer in dem Aufsichtsräten und Vorständen der Unternehmen des Bergbaus und der Eisen und Stahl erzeugenden Industrie vom 21.05.1951 (BGBl. I S. 347), zuletzt geändert durch Gesetz vom 09.06.1998 (BGBl. I S. 1242).

[396] Z.B. Hueck, Gesellschaftsrecht, S. 212.

[397] *Lennard's Carrying Co. Ltd. v. Asiatic Petroleum Co. Ltd.* [1915] A.C. 705.

[398] *Lennard's Carrying Co. Ltd. v. Asiatic Petroleum* [1915] A.C. 705, 713.

geschäftlichen Vertretungsmacht herangezogen[399], was sich in *R. v. ICR Haulage*[400] und *Director of Public Prosecutions v. Kent and Sussex Contractors Ltd.* wiederfindet[401]. Hiervon löste man sich in der Entscheidung *H.L. Bolton (Engineering) Co. Ltd. v. T.J. Graham & Sons Ltd.*, die als Anhaltspunkt den Einflußbereich, die Eigenverantwortung und die Stellung des fraglichen Angestellten innerhalb der Verwaltungshierarchie nahm[402], was in der Entscheidung *The Lady Gwendolen* bestätigt wurde[403].

Später wurde der Gedanke der Delegation hinzugefügt: Wo Geschäftsführer oder Vorstandsmitglieder Teile ihrer Aufgaben und damit ihrer Verantwortung auf leitende Angestellte übertragen, sollte diese Übertragung nicht dazu führen, daß man Fehler bei der Wahrnehmung der übertragenen Aufgaben nicht deliktsrechtlich als solche der Organe und damit der Gesellschaft selbst einordnen kann[404]. Obwohl das englische Recht Vertretungsbefugnis nur dem gesamten Vorstand zur gemeinschaftlichen Ausübung gibt, kann nach Auffassung der Rechtsprechung auch ein Vorstand allein Organ im Sinne der deliktsrechtlichen Organtheorie sein[405].

In *Meridian Global Funds Management Asia Ltd. v. Securities Commission*[406] fand die ständige Erweiterung des deliktsrechtlichen Organbegriffs ihren Schlußpunkt. Danach bestimmt sich die Organqualität einer natürlichen Person im deliktsrechtlichen Zusammenhang nach der zugrundeliegenden Vorschrift, also in Abhängigkeit von der anzuwendenden Norm, ein sehr flexibler, die vorhergehende Entwicklung zusammenfassender Ansatz.

---

[399] Es handelt sich hierbei um eine Strafsache, *Banbury v. Bank of Montreal* [1918] A.C. 626, 715.

[400] Auch hier handelte es sich um eine Strafsache, *R. v. ICR Haulage* (1944) 1 K.B. 551, 559.

[401] *Director of Public Prosecutions v. Kent and Sussex Contractors Ltd.* (1944) 1 K.B. 146, 155, ebenfalls eine Strafsache.

[402] *H.L. Bolton (Engineering) Co. Ltd. v. T.J. Graham & Sons Ltd.* (1957) 1 Q.B. 159, 160.

[403] *The Lady Gwendolen* (1965) 2 All E.R. 283, 294, 302.

[404] Siehe hierzu die strafrechtliche Entscheidung *Tesco Supermarkets Ltd. v. Nattrass* [1972] A.C. 153, 170 f.

[405] *El Ajou v. Dollar Land Holdings plc.* (1994) 1 B.C.L.C. 464.

[406] *Meridian Global Funds Management Asia Ltd. v. Securities Commission* [1995] 2 A.C. 500.

Grund für die ständige Erweiterung des Organbegriffs war das Bedürfnis, auch solche Delikte der Gesellschaft zurechnen zu können, die ein Verschulden im Sinne einer subjektiven Vorwerfbarkeit voraussetzen[407].

Dem steht im deutschen Recht die Entwicklung in der Rechtsprechung zu § 31 BGB gegenüber. § 31 BGB spricht selbst von Organen und anderen verfassungsmäßigen Vertretern. Von der zunächst vertretenen Ansicht, hierbei könne es sich nur um rechtsgeschäftliche Stellvertreter handeln, wich man rasch ab. Man war zu der Einsicht gekommen, daß Organe eine andere Qualität als Stellvertreter haben. Obwohl der Gesetzeswortlaut eine Zurechnung nur für das Handeln der Organe, also Geschäftsführer/Vorstand, Aufsichtsrat, Gesellschafter/Mitgliederversammlung und für weitere, in der Satzung vorgesehene, Sonderorgane im Sinne des § 30 BGB vorsieht, weitete die Rechtsprechung den Anwendungsbereich zum einen auf alle leitenden Angestellten aus, zum anderen konstruierte sie die organisationsbedingte Pflicht, Organe im Sinne der §§ 30, 31 BGB zu bestellen[408]. Die Ausweitung auf alle leitenden Angestellten läuft parallel zu der oben dargestellten Entwicklung in England. Der Grund für die Erweiterung des Organbegriffs im deutschen Recht war allerdings ein sehr viel tiefgreifenderer: § 31 BGB ist die einzige Vorschrift zur Haftbarmachung juristischer Personen, ihr Anwendungsbereich sollte durch die Erweiterung des Organbegriffs vergrößert werden[409]. In beiden Ländern wird der Organbegriff im Deliktsrecht juristischer Personen also untechnisch, das heißt losgelöst von den gesetzlich vorgesehenen Organen, verstanden. Die unterschiedliche Ausgestaltung der Organe im Sinne des technischen Organbegriffs kann also kein Hindernis bei der Übertragung des englischen Modells sein[410]. Allerdings gilt es zu bedenken, wie das beiden Rechtsordnungen gemeinsame Spannungsfeld von Gesellschaftsrecht mit der satzungsautonomen Berufung der Organe einerseits und Deliktsrecht mit der Forderung nach einer effizienten und praktikablen Verantwortlichkeit juristischer Personen andererseits vor diesem Hintergrund aufgelöst werden kann.

---

[407]Siehe hierzu bereits oben, unter B.I.4.a. und B.I.5.a.

[408]Siehe hierzu ausführlich oben, unter B.II.5.

[409]Siehe hierzu oben, unter B.II.4.b.

[410]Eine Tatsache, die bereits auf englischer Seite im Urteil *El Ajou v. Dollar Land Holdings plc.*, [1994] 1 B.C.L.C. 464, 483, von *Lord Justice Hoffmann* anerkannt wurde: „Unlike the German Geschäftsführer, an English director may as an individual have no powers whatever. But English law shares the view of German law that whether a person is an organ or not depends upon the extent of the powers which in law he has express or implied authority to exercise on behalf of the company.“

Außerdem muß der Frage nachgegangen werden, inwieweit der Begriff des verfassungsmäßigen Vertreters in § 31 BGB bei einer Neustrukturierung der Organhaftung beibehalten werden kann.

In England schrieb der *Companies Act* bis 1929 überhaupt keine zwingende Schaffung von Organen vor. Heute gibt der *Companies Act 1985* den Gründern von juristischen Personen des Privatrechts noch immer große Freiheit bei der Ausgestaltung der Organe. Ihr Aufgaben- und Verantwortungsbereich wird nicht zwingend vorgeschrieben. Dem Gesetz ist statt dessen ein Modellvorschlag einer unter anderem die Rechte und Pflichten der Organe festlegenden Satzung beigefügt, die von den Gesellschaftsgründern beliebig modifiziert werden kann, die aber bei Fehlen einer anderweitigen Beschlußfassung als Satzung gilt[411]. Das deutsche Recht schreibt im Aktiengesetz und im Gesetz über die Gesellschaft mit beschränkter Haftung zwar die Schaffung bestimmter Organe als obligatorisch vor. Allerdings läßt auch deutsches Recht der Gesellschaft die Freiheit, wen sie als Organ berufen und wen sie kraft Satzung als Sonderorgan im Sinne des § 30 BGB beruft.

In beiden Rechtsordnungen steht der aus der Privatautonomie fließende Gedanke der Satzungsautonomie im Vordergrund, der den Gesellschaftsgründern die Freiheit läßt, ob, mit wem, und in welcher Ausgestaltung der Gesellschaftsvertrag geschlossen, die Organe zusammengesetzt und Sonderorgane in der Satzung vorgesehen werden. Im Gegensatz hierzu steht das in beiden Rechtsordnungen empfundene Bedürfnis, effektiv juristische Personen nach den Vorschriften des Deliktsrechts haftbar zu machen, wozu auch gehört, die juristische Person in ihrer Wahl zu beschränken, für wen sie nach welchen Grundsätzen haften will. Der Gedanke scheint aus dem Vertragsrecht vertraut, wo nach den Grundsätzen der Anscheins- und der Duldungsvollmacht eine vertragliche Haftung für das Verhalten von natürlichen Personen eintreten kann, denen die juristische Person nie eine entsprechende Vollmacht gegeben hat. Anders als im Vertragsrecht kann im Deliktsrecht allerdings nicht das Vertrauen des Vertragspartners als Rechtfertigungsgrund dienen. Kann also der Eingriff in die Rechte und Freiheiten der juristischen Person der durch das untechnische Verständnis des deliktsrechtlichen Organbegriffs in beiden Ländern vorgenommen wird, überhaupt gerechtfertigt werden?

Die Meinungen hierzu gehen auseinander. *McCloskey* glaubt, die Rechtferti-

[411]Table A Companies Act 1985.

gung hierfür läge in der Funktion der Deliktshaftung juristischer Personen, die Risiken einer fragwürdigen Moral leitender Angestellter zu neutralisieren, die sich im Gegensatz zu den persönlich die Geschäfte leitenden Gesellschaftern von Personengesellschaften weniger mit dem Schicksal der von ihnen repräsentierten juristischen Person identifizierten[412]. Dagegen gibt *Grantham* generell dem Gesellschaftsrecht den Vorrang. Diese Priorität des Gesellschaftsrecht wird mit der Natur des Gesellschaftsrechts selbst begründet. Dieses gäbe juristischen Personen anhand gesetzlicher Vorgaben überhaupt die Möglichkeit, am Rechtsverkehr teilzunehmen. Die Regelungen des Gesellschaftsrechts müßten daher die des Deliktsrechts überspielen beziehungsweise modifizieren. Diese Argumentation dient *Grantham* primär zur Verteidigung des Vorrangs der Haftung juristischer Personen vor einer möglichen Haftung ihrer Organe[413].

In Deutschland ist die Notwendigkeit, den Organbegriff extensiv auszulegen beziehungsweise ihn analog auf leitende Angestellte zu übertragen, allgemein anerkannt[414]. Abgelehnt wird dagegen im Schrifttum einhellig die weitergehende Prämisse der Rechtsprechung, die juristische Person treffe unter Umständen die Pflicht, einen Angestellten zum Sonderorgan gemäß § 30 BGB zu bestellen[415]. Ein Vorteil der Orientierung am englischen Modell liegt darin, daß hier eine solche Pflicht zur Organbestellung nicht notwendig ist. Wendet man mit der weitergehenden Entwicklung in der deutschen Rechtsprechung § 31 BGB analog auf alle leitenden Angestellten an, wie es der englischen Rechtsprechung entspricht, so besteht kein Bedürfnis mehr für die Lehre vom Organisationsmangel, die zur Postulation der Pflicht zur Organbestellung geführt hatte. Die analoge Anwendung von § 31 BGB auf leitende Angestellte, die bereits zu einem früheren Zeitpunkt als notwendige Beschränkung der Satzungsautonomie gerechtfertigt wurde[416], kann somit beim Übergang zur Deliktsfähigkeit juristischer Personen beibehalten werden, während die Lehre vom Organisationsmangel mit ihren ungerechtfertigten Konsequenzen endgültig beiseite gelegt werden kann.

---

[412]Floud/McCloskey, The Ecomonic History of Britain Since 1700, Band II, S. 391.

[413]Grantham, Corporate Knowledge: Identification or Attribution, S. 68 f.

[414]Siehe statt vieler Martinek, Repräsentantenhaftung, S. 148 ff., 196 ff.

[415]Martinek, Repräsentantenhaftung, S. 160 ff.; Soergel-Hadding § 31, Rn. 17; MünchKomm-Reuter § 31, Rn. 5.

[416]Martinek, Repräsentantenhaftung, S. 196 ff.

Die von der deutschen Rechtsprechung gebrauchte Formel, daß „dem Vertreter durch die allgemeine Betriebsregelung und Handhabung bedeutsame, wesensmäßige Funktionen der juristischen Person zur eigenverantwortlichen Erfüllung zugewiesen sind, daß er also die juristische Person auf diese Weise repräsentiert[417]", entspricht ohnehin den in der englischen Rechtsprechung gebrauchten Abgrenzungskriterien. Eine Neudefintion des Organbegriffs entsprechend des englischen Verständnisses ist daher nahtlos möglich. Dabei führte die Entwicklung in der deutschen Rechtsprechung ebenfalls zu einer Bestimmung des Organbegriffs in Abhängigkeit vom in Frage stehenden Haftungstatbestand. Es wird auf den allgemeinen Umkreis des besonderen Aufgabenbereichs des Funktionsträgers abgestellt, um das Tatbestandsmerkmal „in Ausführung der ihm zustehenden Verrichtung" beurteilen zu können[418]. Eine andere Frage ist, ob damit noch Raum für den Begriff des verfassungsmäßigen Vertreters bleibt. Seine Hinzuziehung war bei der Entwickung der englischen Organhaftung nicht nötig, da diese mangels gesetzlicher Vorgaben nie ausschließlich auf gesetzlich vorgesehen Organe abstellte[419].

Das deutsche Recht ist dagegen durch die Bestimmung des § 31 BGB und die gesetzlichen Vorgaben zur Organbestellung gebunden. Die verschiedenen, zur Erklärung von § 31 BGB herangezogenen Modelle rechtfertigen die Haftung für den Vorstand als das zwingend vorgesehene Leitungsorgan, jedoch nicht die Haftung für andere mit der Leitung betraute Angestellte, also Sonderorgane im untechnischen Sinne[420]. Die in § 31 BGB darüberhinaus vorgesehen Haftung für verfassungsmäßige Vertreter, also für einen von den entwickelten Theorien vernachlässigten Personenkreis, ermöglicht erst die Analogiebildung zu § 31 BGB in bezug auf leitende Angestellte[421]. Es ist damit bei Neustrukturierung anhand der Übertragung der Deliktsfähigkeit aus dem englischen Recht nicht nur weiterhin Raum für den Begriff des verfassungsmäßigen Vertreters in § 31 BGB, sondern seine Beibehaltung ist sogar notwendig, um eine Anwendung der Organhaftung auf leitende Angestellte zu rechtfertigen.

---

[417]Erstmals in BGHZ 49, 19, 21.

[418]BGH NJW 1977, 2259, 2260; BGHZ 49, 19, 23.

[419]Siehe hierzu Viscount Haldanes Erläuterungen in *Lennard's Carrying Co. Ltd. v. Asiatic Petroleum Co. Ltd.* (1915) A.C. 705, 713 ff.

[420]Vergleiche Martinek, Repräsentantenhaftung, S. 216 f.

[421]So Martinek, Repräsentantenhaftung, S. 219 ff.

3. Der Pflichtenadressat

a. Begriffsbestimmung

Die Anerkennung der Deliktsfähigkeit juristischer Personen zeichnet sich dadurch aus, daß Pflichtenadressat die juristische Person selbst ist, daß also deliktsrechtliche Verhaltenspflichten als an die Gesellschaft gerichtet angesehen und bei ihrer Verletzung die juristische Person haftbar gemacht wird[422]. Um Begriffsverwirrung zu vermeiden, ist zunächst der hier verwendete Begriff des Pflichtenadressaten zu definieren. Häufig wird der Begriff Pflichtenträger beziehungsweise Pflichtenadressat in Deutschland ausschließlich im Zusammenhang mit den Verkehrspflichten genannt[423]. Die Haftung für Verkehrspflichtverletzungen beruht auf der Annahme deliktischer Verhaltenspflichten, wie sie in § 823 Abs. 2 BGB aus den Schutzgesetzen und in § 823 Abs. 1 BGB aus dem Schutz der genannten Rechte und Rechtsgüter hergeleitet werden. Da als Reform der Deliktshaftung juristischer Personen auch die Erweiterung des den Verkehrspflichten zugrundeliegenden Verständnisses auf alle Delikttatbestände beziehungsweise eine Deliktsfähigkeit nur für Verkehrspflichtverletzungen vorgeschlagen wird[424], sind die Begriffe sorgfältig auseinanderzuhalten.

In der vorliegenden Arbeit wird als Verhaltenspflicht nicht nur das einer Verkehrspflicht zugrundeliegende Gebot verstanden. Vielmehr umschreibt der Begriff die Tatbestandsalternative, bei der es nicht zu einer Schädigung gekommen wäre. Als Beispiel mag eine Eigentumsverletzung nach § 823 Abs. 1 BGB dienen. Wurde ein Auto mit einem Hammer beschädigt, dann wäre die nicht zur Schädigung führende Alternative gewesen, nicht mit dem Hammer auf das Auto zu schlagen. Selbstverständlich liegt dem die generelle Pflicht zu Grunde, das Eigentum anderer nicht zu verletzen. Letzteres ist keine Verhaltenspflicht im Sinne der Verkehrspflichten. Hierfür ist die Aussage, die sich ausschließlich an dem in § 823 Abs. 1 BGB genannten Schutzgut orien-

[422] Im Gegensatz dazu steht die Verwendung des Begriffs Deliktsfähigkeit vor Inkrafttreten des Bürgerichen Gesetzbuchs, als hiermit die Anerkennung einer Deliktshaftung juristischer Personen überhaupt einen Streitpunkt zwischen Vertretern der Organ- und der Fiktionstheorie bildete; siehe hierzu oben, unter B.II.7.a.

[423] So bei Chr. von Bar, FS für Z. Kitagawa, S. 279 ff.; Kleindiek, Deliktshaftung und juristische Person; Brüggemeier, Deliktsrecht; Steindorff, AcP 170 (1970), 93.

[424] Siehe zu den gemachten Reformvorschlägen unten, unter D.III.

tiert, zu allgemein. Vielmehr ist das Gebot, fremdes Eigentum zu achten, eine Verhaltenspflicht, die aus einer Umkehrung der Schadensausgleichspflicht für Eigentumsverletzungen entsteht. Deliktsrechtlich sanktionierte Verhaltenspflichten sind also alle Gebote, die sich aus der Ausgleichspflicht bei Nichtbeachtung ergeben. In diesem Sinne ist auch der Begriff des Pflichtenadressaten zu verstehen. Dies sind die Rechtssubjekte, die die genannten Gebote treffen und damit auch die bei Mißachtung folgende Schadensausgleichspflicht.

b. Umsetzung

In England wird die Anerkennung der juristischen Person als Pflichtenadressat durch den *Interpretation Act* erreicht, der eine Erfassung juristischer Personen durch den Begriff „Person" und damit auch der im Deliktsrecht gern verwendeten Einleitung einer Anspruchsgrundlage mit dem Wort „Wer" vorsieht. Die deliktsrechtlich sanktionierten Verhaltenspflichten richten sich damit ausschließlich an die juristische Person selbst, was dem englischen Verständnis von einer juristischen Person als Betreiber eines wirtschaftlichen Unternehmens und der strikten Trennung zwischen der juristischen Person und den in irgendeiner Weise mit ihnen verknüpften natürlichen Personen widerspiegelt.

Wie bereits oben dargestellt[425], ist die Adressierung der Pflichten an den Unternehmensbetreiber selbst, sei er natürliche oder juristische Person, insbesondere im Rahmen der Verkehrssicherungspflichten, aber auch bei anderen, unternehmensbezogenen Gesetzen, wie dem Gesetz über die friedliche Verwendung der Kernenergie und den Schutz gegen ihre Gefahren (AtG), dem Gesetz zur Regelung der Gentechnik (GenTG) und anderen, wünschenswert. Daneben spielen bei der Bestimmung des Pflichtenadressaten aber auch präventive Gesichtspunkte eine Rolle. Dem Deliktsrecht kommt neben der Ausgleichung von Schäden sowohl im deutschen wie im englischen Recht eine Präventionsfunktion zu[426], was an Bedeutung gewinnt. Welcher Pflichtenadressat ist unter präventiven Gesichtspunkten zu bevorzugen - die Organe, wie es das deutsche Recht bisher vorsieht, oder aber die juristische Person selbst, wie es das englische Recht bestimmt?

[425] Siehe oben, unter B.II.7.e.

[426] Fridman, Torts, S. 10; Brown, 1993 L.M.C.L.Q. 158 (161).

Man könnte argumentieren, daß Individuen in einer juristischen Person am leichtesten von der Begehung deliktischer Handlungen abgehalten werden können, so daß, um die juristische Person von Delikten abzuhalten, die Individuen durch persönliche Verantwortung abgeschreckt werden. Diese Argumentation läßt jedoch den zentralen Punkt deliktischer Verantwortung juristischer Personen außen vor: Die Aktivität der juristischen Person führt bei der Begehung eines Delikts zum Schaden, nicht das Handeln eines Individuums, da sie den Handelnden erst an einer Stelle plaziert hat, wo ihm die schädigende Handlung ermöglicht wurde[427].

Die Verantwortung den Angestellten der Gesellschaft, egal, ob Organ oder Gehilfe, zu überlassen, ignoriert den Druck der durch die körperschaftliche Struktur und die Hierarchie im Unternehmen auf den Einzelnen ausgeübt worden sein mag. Hinzu kommt, daß von juristischen Personen betriebene Großunternehmen häufig so komplexe Strukturen haben, daß es für einen Außenstehenden schwierig ist, den Verantwortlichen und seinen Aufgaben- und Einflußbereich zu bestimmen. Die Gesellschaft selbst ist hingegen in der bestmöglichen Position, pflichtwidrig handelnde Angestellte zu identifizieren und zu disziplinieren. Sie unterhält, organisiert, dirigiert und kontrolliert den Funktionsablauf und ist damit der Impulsgeber, der durch Haftungsanreize zu Vorsorgemaßnahmen angehalten werden kann[428]. Die juristische Person sollte daher unter Präventionsgesichtspunkten der Adressat deliktsrechtlich sanktionierter Verhaltenspflichten sein. Es erscheint rechtspolitisch verfehlt, in der heutigen Zeit, in der Großbetriebe und Unternehmen mit einem nicht mehr von einer Einzelperson überschaubaren Risikobereich die Realität sind, Verhaltensmaßregeln an den Einzelnen zu richten. Eine Motivation der für die juristische Person Handelnden, die diese treffenden Pflichten durch ihre Tätigkeit zu erfüllen, geht dabei zum einen vom Interesse des Einzelnen am Erhalt der juristischen Person und ihrer finanziellen Ressourcen, zum anderen von der gegebenenfalls neben die Verantwortung der Gesellschaft tretenden Einzelverantwortung aus. Daneben könnte erwogen werden, Qualitätsnormen für Management-Leistungen, wie sie ähnlich den ISO-Normen für Produkte und Dienstleistungen bereits vom *Conference Board* in New York gefordert werden, auch hinsichtlich der Vermeidung unerlaubter Handlungen der „gemanageten" juristischen Person einzuführen[429].

---

[427] Clarkson, 1996 M.L.R. 557 (562).

[428] Brüggemeier, AcP 191 (1991), 33 (54).

[429] Siehe hierzu den Beitrag „Wir brauchen eine Qualitätsnorm für Management-

Neben diesen präventiven Überlegungen steht die Frage, ob dem deutschen Recht die Adressierung der juristischen Person als Pflichtenträger vollkommen fremd ist. Rechtsgeschichtlich wurde der Begriff „Person" im juristischen Sprachgebrauch gleichbedeutend zum Begriff „Rechtssubjekt" entwickelt. Daraus ergibt sich zwar nicht, daß die juristische Person der natürlichen Person, also dem einzelnen Menschen, gleich zu achten ist, aber kraft Gesetzes wird sie fiktiv wie eine natürliche Person als rechtsfähig erachtet[430]. Die rechtsgeschichtlich bedingte Personifikation der juristischen Person ist also gerade dem deutschen Recht eigen, was für die Möglichkeit der konsequenten Umsetzung dieser Personifikation auch im Deliktsrecht spricht.

Kann im Zuge einer Übertragung dieser englischen Vorstellung dazu auf bereits vorhandene Regelungen im deutschen Recht zurückgegriffen werden? Ein Beispiel einer die juristische Person als Pflichtenadressaten begreifenden Regelung ist das Gesetz gegen Wettbewerbsbeschränkungen (GWB)[431], das als Normadressaten immer wieder „Unternehmen oder Vereinigungen von Unternehmen" nennt, beispielsweise in §§ 1, 25 Abs. 1, 26 GWB[432]. Damit sind die Unternehmensträger als Normadressaten gemeint[433], im Kartellrecht also hauptsächlich Verbände und Gesellschaften. Diese öffentlichrechtlichen Verbote werden zwar von Vorschriften des privaten Deliktsrechts (§ 35 GWB) und des Ordnungswidrigkeitenrechts (§ 30 OWiG) gestützt, die sich an Indivuden als Normadressaten richten; sie selbst sind jedoch ganz eindeutig an juristische Personen gerichtet. Auch § 30 OWiG geht nach seinem Wortlaut davon aus, daß sich Pflichten, deren Verletzung eine Straftat oder Ordnungswidrigkeit darstellen, eine juristische Person oder eine Personenvereinigung treffen können. Die Ordnungspflichtigkeit juristischer Personen im öffentlichen Recht wurde sogar bereits durch das Preußische Oberverwaltungsgericht entschieden[434].

Leistungen" in der F.A.Z. vom 24. Januar 2000, S. 26.

[430] Z.B. bei Soergel-Hadding Vor § 21, Rn. 7.

[431] Gesetz gegen Wettbewerbsbeschränkungen in der Fassung vom 20.02.1990, BGBl. I S. 235.

[432] Zu Unternehmen als Normadressaten siehe Raiser, Das Unternehmen als Organisation, S. 166 ff..

[433] K. Schmidt, wistra 1990, 131.

[434] So z.B. in PrOVGE 18, 187.

Sie unterliegen nicht nur der Zustandshaftung oder als Eigentümer der öffentlich-rechtlichen Ordnungspflicht, sondern auch der Handlungshaftung, also für das Verhalten ihrer Leitungsorgane, da die juristische Person selbst mittels ihrer Entscheidungsträger tatsächliche Gewalt ausübt[435].

Nicht gesetzlich verankert, aber ebenfalls an Unternehmensträger als Normadressaten gerichtet, sind die Fallgruppen der Verkehrssicherungspflichten, denen die Vorstellung, ein Angestellter könne der Pflichtenadressat sein, nicht nur nach den Formulierungen des Bundesgerichtshofs fremd sind[436]. Es entspricht der gängigen Forderung, haften solle derjenige, der eine Gefahr begründe, gleichgültig, welche juristische Struktur zugrundegelegt ist[437]. Dieser Gedanke steht hinter § 1 UmweltHG[438], der den „Betreiber einer Anlage" haftbar macht; noch deutlicher ist § 3 Nr. 9 GenTG, der als Betreiber „(...) eine juristische und natürliche Person oder eine nicht rechtsfähige Personenvereinigung, die unter ihrem Namen eine gentechnische Anlage errichtet oder betreibt, gentechnische Arbeiten oder Freisetzungen durchführt, oder Produkte, die gentechnisch veränderte Organismen enthalten oder aus solchen bestehen, erstmalig in Verkehr bringt" definiert. Solche Regelungen machen die neuere Tendenz im Haftungsrecht deutlich, den eigentlich Verantwortlichen ausfindig zu machen, der für die Haftung schon aufgrund der genommenen Versicherungsdeckung in Betracht kommt[439]. Dem deutschen Recht ist demnach die direkte Adressierung einer juristischen Person als Pflichtenträger und Verantwortlichen im Sinne des Deliktsrechts nicht fremd. Einer Übertragung dieses Gedankens allgemein ins Deliktsrecht juristischer Personen stehen somit keine grundsätzlichen Bedenken im Wege[440].

---

[435] K. Schmidt, GS für W. Martens, S. 699 (704 f.).

[436] Vergleiche Brüggemeier, Deliktsrecht, S. 99 f.

[437] So Deutsch, Allgemeines Haftungsrecht, S. 350.

[438] Umwelthaftungsgesetz vom 10.12.1990, BGBl. I S. 2634.

[439] Deutsch, Allgemeines Haftungsrecht, S. 350; siehe hierzu auch §§ 25 ff. AtG.

[440] Zu der Frage, wie juristische Personen generell zum Adressaten deliktsrechtlich sanktionierter Verhaltenspflichten gemacht werden können, siehe unten, unter D.IV.2.

4. Haftung der Individuen

a. Rückgriff im Innenverhältnis

Es ist zunächst zu bedenken, ob die Haftung der für die Gesellschaft handelnden Individuen ein Problem bei der Übertragung des englischen Modells ist. Es wäre möglich, daß sich in diesem Zusammenhang große Unterschiede zwischen der englischen und der heute geltenden Regelung in Deutschland ergeben, so daß eine Änderung der Deliktshaftung juristischer Personen mit einer Veränderung der Haftung der Individuen einhergehen müßte. Um dieser Frage nachzugehen, soll zwischen dem Rückgriff im Innenverhältnis und der Eigenhaftung der Organe unterschieden werden.

Im gemeinen Recht Englands ist der Rückgriff im Innenverhältnis nicht ausgeschlossen, wenn der Gehilfe selbst im Außenverhältnis zum Schadensersatz verpflichtet war[441]. Aufgrund des *deep pocket* Argumentes wird im Außenverhältnis allerdings ausschließlich die juristische Person in Anspruch genommen[442].

Der juristischen Person steht gegen ihren Angestellten heute nur ein der Höhe nach begrenzter Ausgleichsanspruch zu; das Gericht setzt gemäß section 2 subsection 1 *Civil Liability (Contribution) Act 1978* einen Betrag fest, bis zu dem der Rückgriff auf den solidarisch Haftenden möglich ist[443]. Entscheidungen, in denen eine solche Festsetzung getroffen wurde, sind selten[444]. Der Grund hierfür liegt in der Seltenheit der solidarischen Haftung. Ebensowenig wie ein Verrichtungsgehilfe selbst bei Erfüllung des Tatbestandes von § 831 BGB haftbar sein muß, ist in Fällen der englischen Gehilfenhaftung notwendig ein Delikt in der Person des handelnden Gehilfen erfüllt. Durch die Deliktsfähigkeit der juristischen Person wird dies noch deutlicher als in Deutschland: Pflichtenadressat ist die juristische Person in den mei-

---

[441] *Lister v. Romford Ice and Cold Storage Co. Ltd.* [1957] A.C. 555.

[442] Fälle, in denen auch im Außenverhältnis die Inanspruchnahme der handelnden natürlichen Person eine Rolle spielt, sind in aller Regel die Fälle insolventer (Einmann)-Gesellschaften, in denen der neben der juristischen Person haftende Geschäftsführer (und Alleingesellschafter) solvent ist; dieses Problem wird in England im Zusammenhang mit dem Durchgriff auf die Gesellschafter gelöst und paßt daher nicht in den Rahmen dieser Überlegungen.

[443] Siehe hierzu bereits oben, unter B.I.2.c.

[444] Vergleiche Fleming, The Law of Torts, S. 163.

sten Fällen selbst, so daß der handelnde Gehilfe den Deliktstatbestand nicht in eigener Person erfüllen kann. Im Gegensatz zum deutschen Recht gilt das gleiche auch für die Organhaftung. Auch solche Deliktstatbestände, die aufgrund ihrer strengeren Voraussetzungen nur von Organen im Sinne des Haftungsrechts erfüllt werden können, richten sich zunächst an die juristische Person als Pflichtenadressaten und nur in wenigen Fällen auch an die handelnde natürliche Person selbst[445].

In Deutschland ist bei der Gehilfenhaftung eine eigene Haftung des Gehilfen nicht erforderlich, da Haftungsgrund das eigene Auswahl- oder Überwachungsverschulden des Geschäftsherrn ist. Wo sie aufgrund der Umstände des Einzelfalls möglich ist, richtet sich der Freistellungsanspruch des Arbeitnehmers nach den Grundsätzen des innerbetrieblichen Schadensausgleichs analog §§ 670, 675 BGB beziehungsweise auf der Grundlage des Arbeitsvertrags, § 611 i.V.m. § 242 BGB[446]. Danach hat der Verrichtungsgehilfe in seiner Eigenschaft als Arbeitnehmer sogar dann einen Anspruch auf Freistellung von den Schadensersatzansprüchen des Dritten an seinen Arbeitgeber, wenn der Arbeitgeber den Entlastungsbeweis des § 831 BGB führen kann, die sonstigen Voraussetzungen für einen innerbetrieblichen Schadensausgleich aber vorliegen [447]. Leitende Angestellte sind in der Regel vertraglich von einem Ausgleich im Innenverhältnis befreit, häufig tritt eine Freistellungsklausel für den Fall der Haftung gegenüber Dritten hinzu.

Die Unterschiede bezüglich des Rückgriffs im Innenverhältnis sind somit gering. Im englischen wie im deutschen Recht besteht ein Regreßanspruch nur dann, wenn die handelnde natürliche Person selbst den deliktischen Haftungstatbestand erfüllt hat, also Gesamtschuldner gemäß § 840 Abs. 1 BGB ist[448]. Diese Fälle sind in England wegen des von der natürlichen Person verschiedenen Pflichtenadressaten selten, eine übermäßige Beanspruchung der Arbeit-

[445]So beispielsweise in den Fällen des *negligent misstatement*: Die solidarische Haftung der handelnden natürlichen neben der juristischen Person ist möglich, aber nicht notwendig; siehe hierzu Fridman, Torts, S. 289 ff.

[446]Vergleiche Ring, Arbeitsrecht, S. 235.

[447]Vergleiche Zöllner/Loritz, Arbeitsrecht, S. 252 ff. Die Rechtsprechung hat den Grundsatz des innerbetrieblichen Schadensausgleichs erst in den letzten Jahren in Abkehr vom alleinigen Kriterium der gefahrgeneigten Arbeit entwickelt, siehe hierzu insbesondere BAG DB 1993, 939; BGH DB 1994, 428; BAG BB 1994, 2205.

[448]Daneben können vertragliche Schadensersatzansprüche bei Verletzung der Pflichten aus dem Anstellungsvertrag treten, die jedoch vom Regereßanspruch aus der durch § 840 Abs. 1 BGB begründeten Gesamtschuld zu trennen sind.

nehmer wird ergänzend durch die summenmäßige Haftungsbeschränkung verhindert. Diesem Schutz der Arbeitnehmer entspricht im deutschen Recht das von der Rechtsprechung entwickelte System des innerbetrieblichen Schadensausgleichs und seiner Anwendung auf Fälle der Arbeitnehmeraußenhaftung.

In England kann dabei zwischen Gehilfen und Organen im deliktsrechtlichen Sinne nicht unterschieden werden, da sich die Begriffe überschneiden. Ähnlich wie in Deutschland sehen allerdings auch englische Anstellungsverträge leitender Angestellter regelmäßig Freistellungsklauseln und Haftungsbefreiungen vor. Die Haftung der Organe nach deutschem Verständnis im Innenverhältnis ist bisher von der der Arbeitnehmer verschieden. Sie haften stets selbst, in der Praxis kommt man jedoch mit Hilfe der erwähnten Klauseln im Anstellungsvertrag zum selben Ergebnis wie in England. Eine Orientierung am englischen Recht würde also nicht zu einem Bruch mit der bisher gängigen Praxis führen. Allerdings würde die Haftung der Organe im Innenverhältnis schon nach den gesetzlichen Vorgaben zurückgedrängt. Die bisher notwendige Eigenhaftung der Organe und damit das Vorliegen der Voraussetzungen für einen Rückgriff auf den anderen Gesamtschuldner würde aufgegeben. Dies fügt sich unproblematisch in das Gefüge des Haftungsrechts ein, da die Fälle, in denen es aus deliktischer Haftung zu einem Rückgriff kommen kann, durch die viel näher liegenden Ansprüche aus dem Anstellungsvertrag flankiert werden.

b. Eigenhaftung der Organe

Problematischer scheint die Aufgabe der Eigenhaftung der Organe. Bei einer juristischen Person als Geschäftsherrn ist eine Gehilfenhaftung konstruktiv nur bei entsprechendem Auswahl- oder Überwachungsverschulden ihrer Organe gemäß § 31 BGB möglich[449]. Mangels Anerkennung der Deliktsfähigkeit juristischer Personen müssen alle Tatbestandsmerkmale ganz in der Person eines Organs erfüllt sein, so daß die Deliktshaftung juristischer Personen zwangsnotwendig mit der Haftung eines Organs als Gesamtschuldner einhergeht. Diese Konstruktion führt immer mehr zu Schwierigkeiten, da bei der modernen Tendenz, den Betreiber einer Anlage oder den Unternehmensträger unabhängig von seiner rechtlichen Organisation als den Verantwortli-

[449] Beispiel: BGH BB 1996, 926; aA: Chr. von Bar, FS für Z. Kitagawa, S. 287.

chen, den Pflichtenadressaten anzusehen[450] eine eigene Haftung eines Organs befremdet. Das „Baustoff"-Urteil ist hierfür das beste Beispiel[451]. Es ging dabei um folgenden Sachverhalt:

Der Beklagte war Geschäftsführer einer GmbH, die ein Bauunternehmen betrieben hatte und nun in Konkurs gefallen war. Die Klägerin war eine Baustoffgroßhandlung, die der GmbH Baumaterialien unter verlängertem Eigentumsvorbehalt geliefert hatte. Der überwiegende Teil dieser Materialien wurde innerhalb eines Bauvorhabens verarbeitet. Nach den Allgemeinen Geschäftsbedingungen der Bauherrin war die GmbH nicht berechtigt, ihre Forderungen gegen sie an Dritte abzutreten. Die Klägerin verlangte vom beklagten Geschäftsführer persönlich den Ausgleich einer offenen Rechnung gegenüber der GmbH in Höhe von rund 200.000 DM. Der Bundesgerichtshof gestand ihr einen Schadensersatzanspruch zu, den er aus der Verletzung ihres Eigentumsrechts durch abredewidrige Verarbeitung der gelieferten Baustoffe begründete. Er führte aus, die Verbindung von Baumaterialien mit dem Baugrundstück, die gemäß § 946 BGB zum Eigentumsverlust des Lieferanten führe, stelle eine Eigentumsverletzung im Sinne des § 823 Abs. 1 BGB dar, wenn die Baustoffe unter verlängertem Eigentumsvorbehalt geliefert und zwischen Vorbehaltskäufer und dessen Auftraggeber ein Abtretungsverbot vereinbart worden sei. Zwar hatte der Beklagte in seiner Geschäftsführerfunktion weder am Abschluß der Verträge mit der Klägerin mitgewirkt, noch Kenntnis vom Inhalt der Vereinbarungen erlangt, welche die GmbH mit der Klägerin beziehungsweise der Bauherrin geschlossen hatte. Dennoch kam der Senat zu dem Ergebnis, der Beklagte habe das Eigentum der Klägerin fahrlässig verletzt.

Der Bundesgerichtshof begründete seine Entscheidung mit einer Garantiepflicht des Geschäftsführers dahin, dafür zu sorgen, daß der verlängerte Eigentumsvorbehalt bei Verarbeitung der Baumaterialien nicht aufgrund eines Abtretungsverbots ins Leere ging[452]. Eine Haftung im Innenverhältnis etwa wegen Vernachlässigung der dem Organ obliegenden innerbetrieblichen Organisationspflichten nach dem Vorbild der Gehilfenhaftung[453] mag einleuchten, die Haftung einem an dieser innerbetrieblichen Organisation unbeteiligten

[450] Siehe hierzu oben, unter B.II.7.e.

[451] BGHZ 109, 297; Kritisch hierzu Kleindiek, Deliktshaftung und juristische Person, S. 3 ff. mit weiteren Nachweisen; siehe hierzu noch unten, unter D.VI.1.

[452] BGHZ 109, 297, 302.

[453] Siehe hierzu die „Wachmann"-Entscheidung, BGH ZIP 1987, 1260.

Dritten gegenüber ist jedoch nur verständlich vor dem Hintergrund der Lehre vom Organisationsmangel. Das Festhalten an der Eigenhaftung eines Organs bleibt unumgänglich, solange die Deliktsfähigkeit der juristischen Person und die Adressierung deliktsrechtlich sanktionierter Verhaltenspflichten an sie nicht anerkannt werden.

Befürworter der Eigenhaftung von Organen weisen darauf hin, daß diese notwendig sei, um den Anreiz für ein regelkonformes Verhalten zu geben. Bei einer alleinigen Deliktshaftung der juristischen Person gebe es keine Motivation für die Entscheidungsträger, Entscheidungen zu unterlassen, die eine Schädigung und damit eine Haftung nach sich ziehen. Auch ginge dadurch der Anreiz verloren, das Unternehmen so zu organisieren, daß es nicht zu Dritten Schaden zufügenden Pflichtwidrigkeiten kommen könne[454]. Dem ist entgegenzusetzen, daß das Haftungsrisiko der Organe viel zu hoch ist. Sie können sich schon aus finanziellen Gründen nicht im gleichen Maße wie das Unternehmen selbst gegen Schadensersatzansprüche versichern. Der im Innenverhältnis im Normalfall vereinbarte Haftungsausschluß greift Dritten gegenüber nicht, ein etwaiger vertraglicher Freistellungsanspruch mag nicht durchsetzbar sein[455]. Als Beispiel für das hohe finanzielle Risiko wird die „Lederspray"-Entscheidung des Bundesgerichtshofs genannt, bei der die zivilrechtliche Verpflichtung zum Schadensersatz eine Höhe erreichte, die als eine größere Sanktion als das Strafmaß erschien[456]. Es wird daher auch von Befürwortern der strafrechtlichen Haftung von Organen vertreten, die zivilrechtlichen Rechtsfolgen auch da von den strafrechtlichen abzukoppeln, wo diese Schutzgesetze betreffen, und Leitungsorgane von Gesellschaften, jedenfalls soweit es um fahrlässige Pflichtverletzungen komplexer Entscheidungen, die zu erheblichen Schadensrisiken führen, ähnlich wie andere Arbeitnehmer freizustellen[457].

Auch für das Opfer einer deliktischen Haftung hat der Verzicht auf die Eigenhaftung der Organe einen nicht zu unterschätzenden positiven Aspekt: Verhandelt der Geschäftsführer/Vorstand mit dem Geschädigten über den finanziellen Ausgleich, so wird er sich ungleich freigiebiger zeigen, wo es nicht seinen eigenen Geldbeutel betrifft[458]. Folgt man dem „Baustoff"-Urteil

---

[454]Gegen die Abschaffung der Eigenhaftung insgesamt Brüggemeier AcP 191 (1991), 33.

[455]So wegen Insolvenz der Gesellschaft in BGHZ 109, 297.

[456]BGH JZ 1991, 785.

[457]Ransiek ZGR 1992, 203 (224).

[458]Siehe zu diesem Aspekt die den Vergleich zwischen Abschreckung durch Haftung der

des Bundesgerichtshofs, so wird die Haftungsbegrenzung der GmbH und der AG sinnlos. Die unbegrenzte Haftung wird nur von den Gesellschaftern auf die Geschäftsführer/den Vorstand verlagert[459]. Dazu kommt, daß gerade an der „Baustoff"-Entscheidung die Umgehung von Vertragsrecht durch das Deliktsrecht kritisiert wird. Es ging eigentlich um eine vertragliche Pflicht, die ausschließlich der Gesellschaft oblag, die aber über das Hintertürchen der deliktischen Haftung wegen Eigentumsverletzung dem Geschäftsführer aufgebürdet wurde, um „irgendeinen" haften zu lassen[460].

Was die Frage der Motivation der für die juristische Person Handelnden, die diese treffenden Pflichten durch ihre Tätigkeit zu erfüllen, betrifft, so muß auf die grundsätzlichen Überlegungen im Zusammenhang mit der Frage nach dem „richtigen" Pflichtenadressaten verwiesen werden[461]. Sie geht bei einer von der Eigenhaftung der Organe abgekoppelten Deliktshaftung juristischer Personen insbesondere vom Interesse des Einzelnen am Erhalt der juristischen Person und ihrer finanziellen Ressourcen aus. Dieses Interesse dürfte nach der wesentlichen Erleichterung der Entlohnung gerade leitender Angestellter durch eigene Gesellschaftsanteile oder Aktien durch die Reformen im Jahre 1998 in Deutschland nicht geringer als in England sein. Daß aber dort die fehlende Eigenhaftung der Organe in einer wesentlich größeren Anzahl von Delikten juristischer Personen resultiert, läßt sich schwerlich behaupten. Eine Gleichstellung der Organe mit den übrigen Angestellten und Arbeitnehmern wie in England muß im Zeichen der Förderung der so oft in Deutschland geforderten Risikobereitschaft und des Unternehmensgeistes befürwortet werden.

Gesellschaft und Eigenhaftung der Organe ziehende Untersuchung von Stone, Where the Law Ends- The Social Control of Corporate Behaviour, insbesondere S. 58 ff.

[459]Ransiek, ZGR 1992, 203 (227); siehe auch Grunewald ZHR 1993, 451 (458); Lutter ZHR 1993, 464 (472).

[460]Vergleiche Ransiek, a.a.O., S. 228.

[461]Siehe oben, unter C.II.3.

5. Wissen und Wollen

a. Gehilfe und Organ

Zu prüfen ist, ob in der unterschiedlichen Auffassung von den Zurechnungsmöglichkeiten des Wissens und Wollens ein Hindernis auf dem Weg zur Deliktsfähigkeit liegt. Das englische Recht geht von der Möglichkeit einer umfassenden Repräsentanz einer Person -natürlich oder juristisch- durch eine andere, natürliche Person, aus. Dem deutschen Recht fehlt eine solche Fiktion; es kennt keine rechtliche Entsprechung für eine tatsächliche Repräsentanz[462]. Um zu beleuchten, wie sich diese Unterschiede überbrücken lassen, sei im Folgenden näher auf Zurechnungsmöglichkeiten im englischen und deutschen Recht eingegangen.

Die englische Vorstellung einer umfassenden Repräsentanz im Sinne einer Verdoppelung einer Person drückt sich im Haftungsrecht in der oben dargestellten Figur der Vertretung im Delikt aus. Der objektive und subjektive Tatbestand einer Haftungsnorm kann durch das Wissen und Wollen eines Gehilfen erfüllt werden, in den die an seinen Geschäftsherrn gerichteten Pflichten projeziert werden. Verknüpft mit der Adressierung der juristischen Person als Verantwortliche bildet diese Idee die Grundlage der Deliktsfähigkeit und der Deliktshaftung juristischer Personen überhaupt in England. Hiermit werden die meisten Haftungstatbestände erfaßt. Ausgeschlossen von der Gehilfenhaftung sind nur wenige Tatbestände, die ein besonderes subjektives Tatbestandsmerkmal beziehungsweise ein Verschulden ausdrücklich in der Person des Pflichtenadressaten selbst fordern[463], für die die englische Variante der Organhaftung entwickelt wurde.

Um dieses Modell ins deutsche Recht übertragen zu können, ist es notwendig, versteckte Ansätze einer Repräsentantenhaftung im Haftungsrecht des Bürgerlichen Gesetzbuches ausfindig zu machen, die als eine erweiterungsfähige Basis dienen können. Die weitreichendste Zurechnungsmöglichkeit statuiert das Bürgerliche Gesetzbuch im Stellvertretungsrecht der §§ 164 ff. BGB. Bei der rechtsgeschäftlichen Vertretung gilt der Wille des Vertreters als der des Vertretenen, § 164 Abs. 1 BGB. Auch das Wissen des Vertreters gilt als das des Vertretenen, § 166 Abs. 1 BGB. Dies entspricht der im eng-

[462]Vergleiche Martinek, Repräsentantenhaftung, S. 210.
[463]Siehe hierzu bereits oben, unter B.I.4.b.

lischen Recht auch im nichtrechtsgeschäftlichen Bereich geltenden Regelung. Der Repräsentationsgedanke findet sich im deutschen Recht in § 278 Abs. 1 1. Fall BGB, der bestimmt, daß der Schuldner auch ein Verschulden seines gesetzlichen Vertreters zu vertreten hat. Im Gegensatz zum Erfüllungsgehilfen, dem der gesetzliche Vertreter mit dieser Norm gleichgestellt wird, kann er nicht vom Schuldner frei ausgewählt werden. Die Zurechnung nicht nur des objektiven Fehlverhaltens, sondern auch der Zurechnungsfähigkeit des gesetzlichen Vertreters ist Ausdruck einer Repräsentation im umfassenden Sinne[464]. Offen anerkannt wird der Repräsentationsgedanke allerdings weder an dieser, noch einer sonstigen Stelle des Bürgerlichen Gesetzbuchs. Jedoch existiert mit § 31 BGB eine analogiefähige Vorschrift, die den Repräsentationsgedanken in der Sonderorganhaftung berücksichtigt[465]. Aufgrund dieser Analogie zu § 31 BGB ist es möglich, eine Repräsentation juristischer Personen auch im nichtrechtsgeschäftlichen Bereich zu begründen[466].

Mit Hilfe dieser Analogie und der damit verbundenen Repräsentantenhaftung juristischer Personen kann § 31 BGB an die veränderten Bedürfnisse der Wirtschaft angepaßt werden. Die Zunahme der Bevölkerungszahl, die neuen Kommunikationsmedien, die Realität der arbeitsteiligen Produktion machen eine Repräsentantenhaftung unumgänglich[467]. Vor diesem Hintergrund verwundert es nicht, daß die meisten Industriestaaten Europas dem Repräsentationsgedanken folgen. Das englische *common law* ist sich hier mit der französischen Haftung für den *préposé*[468] und der italienischen Haftung für die *preposti*[469] einig; in Finnland und Schweden wurde zur Umsetzung des Repräsentationsgedankens eine unserem § 831 BGB entsprechende Vorschrift beseitigt[470].

Folgt man allerdings dem Gedanken der Repräsentantenhaftung juristischer Personen, so ist eine neue Differenzierung zwischen den Begriffen des „Gehilfens“ und des „Organs“, sprich eine neue Definition der Anwendungsbereiche

[464] Martinek, Repräsentantenhaftung, S. 213 f.; siehe hierzu auch K. Schmidt, Gesellschaftsrecht, S. 295; Richardi AcP 169 (1969), 385 (388).

[465] Daß dem deutschen Recht die Haftung für das Verschulden Dritter auch sonst nicht fremd ist, zeigen außerdem § 3 HaftpflichtG, § 3 BinnenSchG, §§ 485, 510 HGB.

[466] Siehe zur Herleitung dieser Analogie Martinek, Repräsentantenhaftung, S. 215 ff.

[467] Martinek, Repräsentantenhaftung, S. 214.

[468] Art. 1384 Code Civile.

[469] Art. 2049 Codice Civile.

[470] Vergleiche Zweigert/Kötz, Einführung in die Rechtsvergleichung, S. 635.

von § 831 BGB und § 31 BGB unumgänglich. Sieht man einmal vom später zu erörternden Problem des Verschuldenserfordernisses ab[471], so kann die englische Differenzierung zwischen Organ- und Gehilfenhaftung relativ leicht genutzt werden. Es entspricht in beiden Ländern der betriebswirtschaftlichen Realität, daß der autoritäre Führungsstil der Jahrhundertwende flachen Hierarchien und projektgebundenem Arbeiten gewichen ist. Stärker noch als in England haben die „Verrichtungsgehilfen" Anteil an der Willensbildung der Leitungsorgane durch ihre Mitbestimmungsrechte. Das den Erschaffern des § 831 BGB vorschwebende Modell des weisungsabhängigen Gehilfen kann heute keine Gültigkeit mehr beanspruchen. Doch damit ist nicht gesagt, daß die Gehilfenhaftung nicht die Basis für eine Deliktsfähigkeit juristischer Personen sein könnte. Für die dringend notwendige Neutaufteilung von Gehilfen und Organen bietet sich das in England bereits erprobte Modell an. Notwendig ist dafür die Lösung von der Haftung für Verrichtungsgehilfen, wie sie § 831 BGB beinhaltet, und ein Verständnis der Gehilfenhaftung eben als ein weitreichendes Instrument der Zurechnung des deliktischen Verhaltens von Angestellten.

Verrichtungsgehilfe sollte demnach jeder Angestellte sein, unabhängig von seiner Stellung in der Hierarchie des Unternehmens. Für eine Definition von Verrichtungsgehilfen und Organen nach englischem Vorbild muß die strikte Trennung zwischen Gehilfen einerseits und Organen andererseits aufgegeben werden. Gehilfe muß nach diesem Verständnis ein Minus gegenüber dem Organ sein. Gehilfe ist jeder Angestellte, Organ kann dagegen nur ein leitender Angestellter sein, jemand, der im Gegensatz zu den anderen über ein Mehr an Entscheidungsbefugnis und Eigenverantwortung verfügt, was zu einem konkreten Mehr an Identifikation dieser Person mit der repräsentierten juristischen Person führen kann[472]. Diese Unterscheidung, die sich aufgrund des pragmatischen Ansatzes der englischen Richterschaft enger am Vorbild der Hierarchie eines Wirtschaftsunternehmens als an dogmatischen Einordnungen orientiert, ist leicht an die Veränderung betriebswirtschaftlicher Realitäten wie eine Abflachung der Hierarchien anzupassen, wie sich an der oben dargestellten Entwicklung des Organbegriffs in England ablesen läßt[473]. Das in einer unerlaubten Handlung in Verrichtung der Tätigkeit zum Ausdruck

[471] Zu dem engen Zusammenhang von Zurechnung und Verschuldensprinzip siehe Deutsch, Fahrlässigkeit und erforderliche Sorgfalt, S. 428.

[472] Ganz ähnlich das Resultat der Überlegungen von Steindorff, AcP 170 (1970), 93 (108).

[473] Siehe hierzu oben, unter B.I.4.a. und unten, unter C.II.2.

gekommene Wissen und Wollen eines jeden Angestellten ist damit das der repräsentierten juristischen Person selbst. Um eine Schlechterstellung gegenüber der natürlichen Person zu vermeiden, ist eine zusätzliche Voraussetzung erforderlich, nämlich eine Organstellung der sich fehlverhaltenden natürlichen Person nach neuem Verständnis, wo der Tatbestand der unerlaubten Handlung auch von der natürlichen Person ein Mehr in Form eines besonderen Schuldvorwurfs fordert, etwa eine verstärkt zum Ausdruck kommende moralische Vorwerfbarkeit. Wie sich diese Aufteilung praktisch umsetzen läßt, *de lege lata* oder *de lege ferenda*, und wie die deliktischen Haftungstatbestände der Gehilfen- oder aber der Organhaftung zuzuteilen sind, wird an späterer Stelle erörtert[474].

b. Aggregation

Im Zusammenhang mit der Frage nach dem Wissen und Wollen einer juristischen Person steht noch ein anderer Gedanke: Die Idee der Aggregation. Das zugrundeliegende Problem wurde in Deutschland schon sehr früh erkannt. So bildet *Hafter* im Jahre 1903 folgenden Beispielsfall[475]:

> „Ein nicht wirtschaftlicher Verein, gleichgültig ob mit erlaubtem oder unerlaubtem Zweck, gleichgültig auch ob juristische Person oder nicht, versammelt sich und faßt bei Anwesenheit sämtlicher Mitglieder einstimmig einen Beschluß. Hier bildet sich aus dem teilweisen Aufgehen des einzelnen Mitglieds im Einheitsgedanken, aus „losgetrennten Willensteilen" der Einzelindividuen -wenn man so sagen darf- ein von den Individualwillen sich abhebender Sonderwille. Er kann mit den persönlichen Interessen des einzelnen Mitglieds in direktem Widerspruch stehen, die Zustimmung erfolgte dennoch im Hinblick auf das Gesamtbedürfnis. Schon früher wurde darauf hingewiesen, daß dieser Sonderwille

---

[474]Die Erörterung der praktischen Umsetzung kann nicht mit den grundsätzlichen Überlegungen zur Übertragbarkeit einhergehen, da zum einen manche Probleme in engem Zusammenhang stehen, wie hier Zurechnung und Verschuldensprinzip, zum anderen erst nach Beleuchtung aller Aspekte die Frage nach der praktischen Umsetzung überhaupt sinnvoll ist; siehe deshalb hierzu unten, unter D.

[475]Hafter, Die Delikts- und Straffähigkeit der Personenverbände, S. 76.

nicht etwa nur die Addition der ihn bildenden Einzelwillen darstellt, es kommt eine gegenseitige Durchdringung und engere Verbindung der einzelnen Willen dazu, die sich darin offenbart, daß ein solcher Verbandswille mächtiger ist als bezügliche Willensentschlüsse einzelner, die man unverbunden nebeneinander setzt."

Diese Illustration läßt sich modifizieren. So kann die Willensbildung auch innerhalb des Vorstands stattfinden, sie kann auch nicht einstimmig sein, sondern nur eine den gleichen psychologischen Zwang ausübende große Mehrheit finden. Das Problem bleibt gleich: Nicht der Wille eines identifizierbaren Einzelnen hat zu einem Beschluß geführt, der in der Erfüllung des Tatbestandes einer unerlaubten Handlung resultierte, sondern eine kollektive Willensbildung. Damit verwandt ist das kollektive Wissen: nicht ein Einzelner hatte die zur Erfüllung der Tatbestandsvoraussetzungen einer Haftungsnorm erforderliche Kenntnis, sondern mehrere Individuen haben jeder einen Teil davon und bei einer Kommunikation hätten sich diese wie ein Puzzle zusammengesetzt.

Hierzu wurde in den Vereinigten Staaten die Theorie der Aggregation entwickelt[476]. Sie stieß im englischen Strafrecht auf Ablehnung, die sich auf die erhöhte Ermittlungsarbeit und eine zweifelhafte Schuldfindung stützte. Im Zivilrecht gab es bisher keine Gelegenheit für die Rechtsprechung, sich mit der Aggregationstheorie auseinanderzusetzen. Ihr Gedanke klingt im Urteil *W.B. Anderson v. Rhodes* an[477]. Zur Entscheidung stand die fahrlässige Zusammenstellung von Unternehmensdaten durch den Buchhalter, die zu einer zivilrechtlichen Klage wegen Betrugs führte, weil ein anderer Angestellter sie ohne Kenntnis der Fehler an den Kläger weitergegeben hatte. Das Gericht befand, daß die Handlung des unwissenden Angestellten mit der Fahrlässigkeit des Buchhalters zusammengezogen werden kann, um die Gesellschaft wegen des im deutschen Recht keine direkte Entsprechung kennenden Delikts *negligent misstatement* zu Schadensersatz zu verurteilen[478]. Ein Präzedenzfall mit einer eindeutigen Aussage zur Anwendbarkeit der Aggregationstheorie im zivilen Haftungsrecht steht noch aus.

---

[476] Siehe hierzu oben, unter B.I.4.e.cc.

[477] *W.B. Anderson v. Rhodes* [1967] 2 All E.R. 850.

[478] *Negligent misstatement* liegt vor, wenn eine Person einer anderen, zu ihr in einem besonderen Vertrauensverhältnis stehenden, Person fahrlässig falsche Angaben macht, im Bewußtsein, daß diese daraufhin Entscheidungen finanzieller Art trifft, siehe hierzu Fridman, Torts, S. 289 ff.

In Deutschland ist der Gedanke der Aggregation ebenfalls von der Rechtsprechung aufgegriffen worden. So entschied der Bundesgerichtshof, daß bei Arglist als Haftunsgvoraussetzung die Zusammenrechnung des Wissens von Vorstandsmitgliedern nicht ausgeschlossen ist[479]. In ständiger Rechtsprechung anerkannt wurde der Gedanke der Wissenszusammenrechnung zumindest im rechtsgeschäftlichen Bereich. Der juristischen Person wird die Kenntnis auch nur eines Vertretungsorgans zugerechnet[480], unabhängig davon, ob es überhaupt an dem fraglichen Rechtsgeschäft mitgewirkt hat[481]. Die juristische Person behält sogar die einmal erworbene Kenntnis, wenn das betreffende Organmitglied ausgeschieden ist und neue Organmitglieder ohne diese Kenntnis für die juristische Person handeln[482], weil ihr ebensowenig wie einer natürlichen Person das rasche Vergessen oder Verdrängen einmal erlangter Kenntnis helfen soll. Als gesetzliche Grundlage dieser Wissenszurechnung wird teilweise § 166 Abs. 1 BGB angesehen, der jedoch nicht auf die Kenntnis eines Organs paßt. § 166 BGB unterscheidet zwischen der Kenntnis des Vertreters und der des Vertretenen und stellt in Absatz 2 auf die Kenntnis des Vertretenen ab. Dies zeigt, daß § 166 Abs. 1 BGB nicht die Grundlage einer Wissenszurechnung für juristische Personen sein kann. Denn das Problem, wer ihr Wissen haben muß, verschiebt sich damit in die Ausnahmeregelung des § 166 Abs. 2 BGB, der auf das Wissen des Vertretenen abstellt, in diesem Zusammenhang also statt auf die Organe auf die juristische Person. Der Gedanke dreht sich damit um sich selbst. Dazu kommt, daß § 166 Abs. 1 BGB darauf abstellt, daß der Vertreter das konkrete Rechtsgeschäft im Namen des Vertretenen getätigt hat, während die Kenntnis eines Organs der juristischen Person gerade unabhängig von der Mitwirkung am konkreten Rechtsgeschäft zugerechnet wird[483]. Richtigerweise muß deshalb § 31 BGB als Grundlage der weitgehenden Wissenszurechnung in der Rechtsprchung gesehen werden. Doch was ergibt sich hieraus für das Deliktsrecht?

Hier hilft die Erkenntnis, daß § 31 BGB der Sitz der Wissenszurechnung ist. Eine Wissensvertretung findet nicht nur im Rahmen von § 166 Abs. 1 BGB bei der Abgabe und Entgegennahme von Willenserklärungen statt, sondern erfolgt überall dort, wo die Kenntnis oder das Kennenmüssen bestimmter

[479]BGHZ 109, 331.
[480]So z.B. RGZ 53, 227, 231; BGHZ 20, 149, 153; BGH WM 1959, 81, 84.
[481]RG JW 1935, 2044; BGH WM 1959, 81, 84.
[482]Vergleiche BGHZ 109, 327, 331.
[483]Vergleiche K. Schmidt, Gesellschaftsrecht, S. 295.

Umstände rechtserheblich ist, also auch im Deliktsrecht[484]. Es bleibt aber zu hinterfragen, ob dies die Anwendung der Aggregationstheorie rechtfertigt. Dabei muß unterschieden werden zwischen dem Problem der Wissens- und dem der Wollenszusammenrechnung. Die Wissenszusammenrechnung ist in einem arbeitsteilig organisierten Unternehmen unerläßlich. Großunternehmen können nicht von einer einzelnen Person in dem Sinne geleitet werden, daß diese alle erforderlichen Kenntnisse für den Betrieb des Unternehmens hätte. Ein „geteiltes Wissen“, daß zusammenzubringen den Angestellten einer juristischen Person durch Kommunikation untereinander freisteht und allein von der Organisation und dem selbst bestimmbaren Informationsfluß innerhalb des Unternehmens abhängt, kann nicht nur nach dem Belieben der Verantwortlichen im rechtsgeschäftlichen Bereich zusammengebracht werden, sondern muß, zumindest fiktiv, auch bei der Frage nach der Kenntnis beziehungsweise dem Kennenmüssen bestimmter Umstände im Deliktsrecht Berücksichtigung finden. Anderenfalls könnte eine juristische Person dank ihrer innerbetrieblichen Organisation eine bestimmte Kenntnis oder das Kennenmüssen bestimmter Umständen verhindern, eine Möglichkeit, die durch den untechnischen Organbegriff nach obiger Definition gerade verhindert werden sollte. Diese Argumentation ist nicht etwa zu Verwechseln mit der von der deutschen Rechtsprechung entwickelten Lehre vom Organisationsmangel[485]; es handelt sich vielmehr um die Berücksichtigung der realen Auswirkungen und ihrer Entsprechung zu den von der Gesetzgebung verfolgten Zwecken[486].

Eine andere Rolle kommt der Willenszusammenrechnung und damit der Aggregation in der ursprünglichen, in den Vereinigten Staaten entwickelten Theorie der Professoren *Fisse* und *Braithwaite*. Sie dient der Findung des erforderlichen Verschuldens im subjektiven Sinne. Im Unterschied zu dem von *Hafter* gebildeten Beispiel steht die Situation, in der einzelne Individuen Teile einer gewissen Kenntnis, einer bestimmten Intention haben, die für sich genommen nicht zur Bejahung des Verschuldenserfordernisses führen könnten. Die Addition dieser „Verschuldensteile“ soll nach der Aggregationstheorie zur Feststellung des Tatbestandsmerkmals Verschulden ausreichen. Dem steht zum einen das deutsche Verschuldensprinzip mit seinem indivi-

[484] Ausführlich hierzu Richardi, AcP 169 (1969), 385 (389).

[485] Siehe hierzu oben, unter B.II.5.

[486] Siehe zu den Motiven für die Deliktshaftung juristischer Personen in England und Deutschland oben, unter C.I.

dualistischen Ansatz entgegen, auch wenn dieses im Zusammenhang mit der Deliktshaftung juristischer Personen noch einer Modifikation bedarf[487]. Zum anderen steht dem die fehlende praktische Umsetzung entgegen. „Verschuldensteile" mögen theoretisch denkbar sein, die Suche nach einem praktischen Beispiel dürfte erfolglos verlaufen[488]. Eine Wollenszusammenrechnung, wenn auch nur theoretischer Natur, muß daher abgelehnt werden. Der von *Hafter* in diesem Zusammenhang ausgemachte Fall der kollektiven Willensbildung ist eine lösbare Variante. Sie beruht gerade auf einer Kommunikation über den eigenen Willen, auf einem Willensbildungsprozeß, der der Willensträgern bei ihrem Zusammenschluß beziehungsweise ihrer Einstellung bekannt war. Es handelt sich hierbei um ein in der Psychologie bekanntes Phänomen[489], daß sich bei der Willensbildung durch eine Gruppe weder vermeiden läßt, noch bei einem freiwilligen Zusammenschluß oder einer freiwilligen Unterwerfung unter die feststehenden Regeln des Willensbildungsprozesses einer besonderen rechtlichen Erfassung oder gar Korrektur bedarf[490].

6. Juristische Personen des öffentlichen Rechts

Juristische Personen des öffentlichen Rechts unterscheiden sich von denen des Zivilrechts nach Entstehungstatbestand, Organisationsart und dem für sie jeweils maßgeblichen Recht[491]. Sie haften jedoch gemäß § 89 BGB wie juristische Personen des Privatrechts, also nach § 31 BGB, wenn sie wie diese am Privatrechtsverkehr teilnehmen. Die Frage ist, ob diese Regelung eine Übertragung des englischen Modells auch auf die juristischen Personen des öffentlichen Rechts ausschließt.

Dem englischen Recht ist eine Unterscheidung in Strafrecht, Privatrecht und öffentliches Recht, wie sie in Deutschland vorgenommen wird, fremd[492]. Das aus dem preußischen Staatswesen gewachsene Beamtentum und die damit verbundene Vorstellung des hoheitlichen Handelns des Staates kennen in

[487] Zum Verschulden vergleiche unten, unter C.III.1.

[488] Siehe Gobert, 1994 L.S. 393 (407).

[489] Dieses Phänomen ist in der Psychologie unter dem Begriff „autokinetischer Effekt" bekannt und wurde seit etwa 1935 in Studien zur sozialen Beeinflußung erforscht; siehe hierzu Zimbardo/Gerrig, Psychologie, S. 414.

[490] Vergleiche Hafter, Die Delikts- und Straffähigkeit der Personenverbände, S. 76 f.

[491] So z.B. Soergel-Hadding Vor § 21, Rn. 14.

[492] Siehe hierzu oben, unter B.I.5.e.

England keine Entsprechung. Auch ist die Trennung der Gerichtsbarkeit in ordentliche und Verwaltungsgerichte dort unbekannt[493]. Die Folge hiervon ist, daß juristische Personen auch als Vertreter der Staatsmacht deliktsfähig sind und nach den gleichen Vorschriften haften, die im Privatrechtsverkehr für juristische Personen gelten. Der Vorteil dieser Sichtweise liegt in der Einheitlichkeit der Lösung.

Im deutschen Recht läuft die Haftung juristischer Personen des öffentlichen Rechts nur dort mit der der juristischen Personen des Privatrechts gleich, wo sie wie diese am Privatrechtsverkehr teilnehmen. Dies ist gerechtfertigt, da juristische Personen des öffentlichen Rechts keine Sonderstellung beanspruchen können, wo sie dem Bürger gleichberechtigt gegenüber treten oder sogar als Konkurrenten juristischer Personen des Privatrechts, beispielsweise als Energieversorger, fungieren[494]. Anders ist die Regelung im Staatshaftungsrecht, das als eigene Rechtsmaterie die Haftung für hoheitliches Handeln der Beamten regelt[495]. Dieses kann nicht in den hier unterbreiteten Reformvorschlag einer Übernahme des englischen Modells eingearbeitet werden, da es von verfassungsrechtlichen Vorgaben[496] geprägt ist und somit nicht in gleicher Weise wie die privatrechtliche Deliktshaftung juristischer Personen zur Disposition steht. An der im englischen Recht vertretenen Einheitslösung kann also nicht festgehalten werden. Stört dies das Gefüge so, daß eine Übertragung des englischen Rechts auf Delikte im Privatrechtsverkehr sinnlos wird?

Die Haftung für hoheitliches Handeln ist im deutschen Recht vom englischen Modell nicht völlig verschieden. Für das pflichtwidrige Fehlverhalten eines jeden Beamten im Sinne des Staatshaftungsrechts[497] haftet im Außenverhältnis allein der Staat als „Unternehmensträger", wie es der englischen Gehilfenhaftung entspricht[498]. Dies spricht für die Möglichkeit, das englische Modell zu variieren und es im Zusammenhang mit juristischen Personen des

[493] Siehe z.B. *Racz v. Home Office* [1994] 2 A.C. 45.

[494] Vergleiche Westermann, JuS 1961, 333 (337).

[495] Zur Einführung ins Staatshaftungsrecht siehe Maurer, Allgemeines Verwaltungsrecht, S. 604 ff.

[496] Art. 34, 20 Abs. 3, 19 Abs. 4 GG.

[497] Der Beamtenbegriff hat im Staatshaftungsrecht eine eigene Bedeutung. Er ist nicht auf den Begriff des Beamten im verwaltungsrechtlichen Sinn beschränkt, sondern umfaßt alle Personen, die eine hoheitliche Aufgabe des Staates ausüben; siehe hierzu bereits RGZ 151, 386.

[498] § 839 BGB, Art. 34 GG.

öffentlichen Rechts auf deren Teilnahme am Privatrechtsverkehr beschränken zu können. Allerdings ist zu beachten, daß die Haftung des Staates als Unternehmensträger durch die Regelung des § 839 Abs. 1 S. 2, Abs. 2, 3 BGB eingeschränkt wird. Probleme bestehen an der Schnittstelle von öffentlichem und privatem Recht auch bei sogenannten „gemischten Unternehmen", die teils hoheitlich und teils privatrechtlich tätig werden. Hier ist bei der Beurteilung der deliktischen Haftung streng nach der jeweiligen Tätigkeit zu unterscheiden, wozu im Verwaltungsrecht immer mehr praktikable Abgrenzungskriterien entwickelt werden[499].

Gewichtigstes Argument für eine Beschränkung bei der Übertragung des englischen Modells ist die enge Bindung juristischer Personen des öffentlichen Rechts an die Vorgaben des Verwaltungs- und Verfassungsrechts. Dem Deliktsrecht und der Deliktshaftung juristischer Personen kommt in England auch eine kontrollierende Funktion zu, die im Zusammenhang mit dem Präventionsgedanken steht. Gerade weil es keine Unterscheidung zwischen öffentlichem und zivilem Recht im deutschen Sinne gibt, fehlt ein die juristischen Personen bindender Kodex, der diese bei Handeln „als Staat" kontrolliert und die Begehung von Delikten verhindert. Das deutsche Verwaltungsrecht und die Grundrechtsbindung juristischer Personen öffentlichen Rechts über Art. 20 Abs. 3 GG kontrollieren in Deutschland die Wahrnehmung hoheitlicher Aufgaben und verfolgen das Ziel, ein rechtmäßiges, pflichtgemäßes Handeln der Beamten sicherzustellen[500].

Es stellt dem Bürger ein eigenes System rechtlicher Möglichkeiten mit der Verwaltungsgerichtsbarkeit zur Verfügung, daß in England nicht vorhanden

[499]Vergleiche hierzu Maurer, Allgemeines Verwaltungsrecht, S. 179 ff. m.w.N.

[500]Vergleiche hierzu die Charakterisierung der öffentlichen Gewalt durch das Reichsgericht in RGZ 155, 257, 273 f.

> „Die öffentliche Gewalt wird gekennzeichnet durch die Ausübung hoheitsrechtlicher Befugnisse, die den Beamten als Ausfluß und als Mittel zur Durchsetzung der obrigkeitlichen -sei es zwingenden, sei es fürsorgenden- Macht des Staates übertragen worden sind, und deren Verwirklichung auf der Seite der Beamten amtliche Pflichten gegenüber den unmittelbar Beteiligten und auch gegenüber unbeteiligten Dritten zur Folge hat, den letzteren gegenüber jedenfalls insofern, als die Beamten die mit der Ausübung hoheitsrechtlicher Befugnisse verbundenen Machtmittel nur in den durch die Ausübung gebotenen Schranken gebrauchen und dabei nicht in den Rechtskreis eines unbeteiligten Dritten eingreifen dürfen."

ist. Einer kontrollierenden und präventiven Wirkung der Anwendung privatrechtlichen Deliktsrechts bedarf es daher in Deutschland nicht. Die Ausgliederung der Haftung juristischer Personen des öffentlichen Rechts bei hoheitlichem Handeln und die Beibehaltung des Staatshaftungsrechts stehen einer Übertragung der englischen Deliktshaftung auf juristische Personen nicht im Wege. Die Anwendbarkeit auf juristische Personen des öffentlichen Rechts ist auf die Tätigkeiten zu beschränken, die als rein privatrechtlich zu beurteilen sind.

7. Andere Organisationsformen

a. Verbände im weiteren Sinne

Mit der Übertragbarkeit des englischen Modells der Deliktsfähigkeit auf juristische Personen steht die auf andere Verbände in engem Zusammenhang[501]. Können auch die Personenhandelsgesellschaften, die Gesellschaft bürgerlichen Rechts und etwa die Erbengemeinschaft deliktsfähig in Anlehnung an das englische Recht werden[502]?

Das englische Recht verbindet die Deliktsfähigkeit mit der Rechtsfähigkeit. Es erweitert ihren Anwendungsbereich allerdings auch auf nichtrechtsfähige Verbände wie Gewerkschaften und sogenannte Quasi-Körperschaften[503]. Die Übertragung der Deliktsfähigkeit auf nichtrechtsfähige Verbände hängt im englischen Recht in erster Linie von der Fähigkeit des jeweiligen Verbandstypus ab, ein eigenes Vermögen zu halten und unter eigenem Namen im Rechtsverkehr aufzutreten[504]. Läßt sich das englische Modell der Deliktsfähigkeit damit auf die OHG und die KG übertragen? Beide kennen im englischen

[501] Der Verbandsbegriff sei hier im weitesten Sinne folgend den allgemeinen Verbandslehren gebraucht, die alle personenrechtlichen Gemeinschaften als Verbände auffassen; siehe hierzu Martinek, Repräsentantenhaftung, S. 15.

[502] Zu diesem Ansatz, von der juristischen Person und dem für sie geltenden Haftungsmodell Rückschlüsse auf die Deliktshaftung der Personenhandelsgesellschaften und natürlicher Personen zu ziehen, siehe auch K. Schmidt, Karlsruher Forum 1993, 4 (5).

[503] Siehe hierzu oben, unter B.I.5.c.

[504] Halsbury's Laws of England, Vol. 9 (2), S. 570 ff; das eigene Vermögen als Abgrenzungskriterim wird auch in Deutschland teilweise der körperschaftlichen Struktur bevorzugt, siehe Martinek, Repräsentantenhaftung, S. 223; Westermann, JuS 1961, 333 (337); Soergel-Hadding Vor § 21, Rn. 1.

Recht keine direkte Entsprechung. Sie werden häufig mit der englischen *partnership* verglichen, weil ihnen wie dieser eine Haftungsbegrenzung fremd ist. Dieser Vergleich ist jedoch ungenau.

Im Gegensatz zur englischen *partnership* sind OHG und KG teilrechtsfähig und treten unter eigenem Namen im Rechtsverkehr auf. Sie können unter eigenem Namen klagen und verklagt werden[505]. Das von den Gesellschaftern gehaltene Gesamthandsvermögen der Gesellschaft ist ein Sondervermögen, dessen Verwaltung nach den Vorgaben des Handelsgesetzbuchs erfolgen muß und das vom Vermögen des Gesellschafter verselbständigt ist[506]. Es sind gerade die Umstände, die im deutschen Recht zu einer Anwendung des § 31 BGB auf OHG und KG geführt haben, die die große Differenz zur englischen *partnership* zeigen. Diese werden noch durch die völlig verschiedene Rolle, die *partnership* und OHG/KG im Wirtschaftsleben spielen, vergrößert[507]. Während die *partnership* heute fast ausschließlich von solchen Berufszweigen genutzt wird, denen die Gründung einer juristischen Person versagt ist, also vor allem von Rechtsanwälten, Steuerberatern, Wirtschaftsprüfern, Architekten, Sachverständigen etc.[508], sind OHG und KG in Deutschland weitgehend den Kapitalgesellschaften angenähert und spielen eine große Rolle im Großhandel wie im produzierenden Gewerbe[509]. Sie sind viel eher mit den *unlimited companies* des englischen Rechts zu vergleichen, bei denen die Gesellschafter ebenfalls unbeschränkt haften, die persönliche Verbundenheit der Gesellschafter deshalb im Vordergrund steht und die meist keine körperschaftliche Struktur aufweisen. Jenen *unlimied companies* wird in England bei der Registrierung ebenso wie *private limited companies* und *public limited companies* die Rechtsfähigkeit und, damit einhergehend, die Deliktsfähigkeit verliehen.

Das deutsche Recht gesteht OHG und KG Teilrechtsfähigkeit zu und wendet auf sie bisher die selben Vorschriften zur Deliktshaftung, nämlich § 31 BGB

505 §§ 124, 161 Abs. 2 HGB.

506 So z.B. Hueck, Gesellschaftsrecht, S. 112 ff.

507 Im neunzehnten Jahrhundert war die Rolle der *partnership* noch etwa mit der der OHG/KG vergleichbar, mit Einführung der Registrierung sowohl beschränkt als auch unbeschränkt haftender Gesellschaften Mitte des 19. Jahrhunderts wandelten sich die meisten *partnerships* in *companies* um; vergleiche Ireland, The Triumph of the Company Legal Form, S. 31 ff., der auch von *„utilisation of the company legal form by economic partnerships" spricht.*

508 Vergleiche Davies, Gower's Principles of Modern Company Law, S. 5.

509 Siehe Ott/Schäfer, Wirtschafts-PLOETZ, S. 232.

analog, an[510]. Wird die Deliktsfähigkeit nach englischem Vorbild ins deutsche Recht übertragen, so spricht alles dafür, sie auch OHG und KG zuzugestehen[511], wie es dem englischen Konzept und der bisherigen Handhabung in Deutschland entspricht[512].

Wie sich aus der Tabelle auf der nächsten Seite ablesen läßt[513], ist die zahlenmäßig größte Organisationsform, der im englischen Recht die Deliktsfähigkeit abgesprochen wird, die *partnership*, die von der Konzeption in etwa der deutschen Gesellschaft bürgerlichen Rechts gleichzusetzen ist[514]. Ähnlich wie in Deutschland die Gesellschaft bürgerlichen Rechts wird die *partnership* in England besonders häufig von den Berufszweigen genutzt, denen es bis vor kurzem verboten war, eine juristische Person zu gründen[515], vor allem Rechtsanwälten und Wirtschaftsprüfern. Mehr noch als in Deutschland bevorzugen alle anderen Berufe und Gewerbe indessen die Rechtsfähigkeit der *private limited company* und *public limited company*, die mangels Mindestkapital grundsätzlich jedem offensteht[516].

Die Konsequenz dieses Ausschlusses der *partnership* von der Deliktsfähigkeit ist ein weit geringerer Unterschied in der deliktsrechtlichen Verantwortlichkeit, als man vermuten könnte. Man muß bedenken, daß die Deliktsfähigkeit durch zwei Instrumente umgesetzt wird: Die Gehilfenhaftung und die Organhaftung. Die Gehilfenhaftung ist im Gegensatz zur Organhaftung nicht speziell für die Haftbarmachung juristischer Personen entwickelt worden, son-

---

[510]RGZ 76, 48; BGH NJW 52, 537; BGHZ 98, 148; BGH VersR 62, 168; siehe auch Flume, Allgemeiner Teil des Bürgerlichen Rechts, I/2, S. 394.

[511]Siehe auch K. Schmidt, GS für W. Martens, S. 705: „Daß Gesamthandsgemeinschaften -jedenfalls, wenn sie Handelsgesellschaften sind- der Ordnungspflicht unterliegen können, ist allgemein anerkannt.“ M.w.N.

[512]Vergleiche die Rechtsprechung, die OHG und KG unter bestimmten tatbestandliche Voraussetzungen kraft Gesetzes im festgelegten Umfang ein eigenes, selbständiges Rechtssubjekt nennt, z.B. BGHZ 10, 91, 100; BGH JZ 1975, 278; BFH DB 1977, 2212.

[513]Tabelle „Unternehmen nach Rechtsformen“.

[514]Siehe zur *partnership* Halsbury's Laws of England, Vol. 35, S. 68 ff.

[515]Ebenso wie in Deutschland scheint die Bereitschaft, auch die Gründung einer juristischen Person zuzulassen, in neuerer Zeit zu wachsen, siehe Davies, Gower's Principles of Modern Company Law, S. 63.

[516]Vergleiche Ireland, The Triumph of the Company Legal Form, S. 30.

[517]Die Angaben berücksichtigen lediglich solche Unternehmen, die im Berichtsjahr Umsatzsteuer abführen mußten, bei Berücksichtigung auch solcher Unternehmen, deren Umsatz unter die Grenze der Steuerpflicht fiel, wäre insbesondere die Zahl der juristischen Personen deutlich höher; siehe auch Mayson, Company Law, S. 2.

Unternehmen nach Rechtsformen

Rechtsform - Angaben in Prozent[517]			
England	Deutschland	England	Deutschland
Sole Proprietors	Einzelunternehmen	55,5	71,2
Partnerships	Sonstige Rechtsformen	35	1,6
Companies & Public Corporations	GmbH, AG, OHG & KG	6,5	27
General Government & Non-Profit Making Bodies	Körperschaften des öffentlichen Rechts & andere Rechtsformen	3	0,2

dern wurde von der Deliktshaftung natürlicher Personen übernommen[518]. Es bedarf also nicht der Deliktsfähigkeit, um die weitaus meisten Fälle deliktischer Veranwortlichkeit für andere Leute zu erfassen. Jeder einzelne *partner* haftet daher im englischen Recht nach den Grundsätzen der Gehilfenhaftung für das zurechenbare Fehlverhalten von Angestellten. Der einzige Unterschied liegt damit in der fehlenden Anwendbarkeit der Organhaftung. Aber auch diese Divergenz führt zu keiner „Ungleichbehandlung" von *company* und *partnership*. Leitende Funktionen und eigener Verantwortungsbereich, die bestimmenden Merkmale des Personenkreises der Organe im deliktsrechtlichen Sinne, werden in einer *partnership* nur *partners* anvertraut. Angestellte einer *partnership* nehmen untergeordnete Aufgaben etwa im bürotechnischen Bereich wahr; Berufsanfänger als Angestellte sind einem *partner* unterstellt. *Partner* selbst aber haften wie natürliche Personen für ihre eigenen Delikte und zusätzlich, aufgrund der Rechtsform, unbedingt und solidarisch für die Delikte aller übrigen *partner*[519]. Einer Anwendung der Organhaftung zur Erfassung auch der Tatbestände, die von der Gehilfenhaftung nicht abgedeckt werden, bedarf es daher nicht.

An dieser Stelle muß nun der Frage nachgegangen werden, welche Folgerungen man für die Übertrgabarkeit ins deutsche Recht ziehen kann. Eine

[518]Siehe hierzu oben, unter B.I.2.a.

[519]Vergleiche Rogers, Winfield and Jolowicz on Torts, S. 677.

Herabsetzung des Mindestkapitals, um wie in England eine „Flucht“ in die Rechtsfähigkeit, vor allem aber in die beschränkte Haftung der Kapitalgesellschaften zu bewirken, scheint eine mögliche Folgerung zu sein. Bei näherer Betrachtung scheidet diese jedoch gleich aus. Zum einen ist der prozentuale Anteil der juristischen Personen des Privatrechts an der Gesamtzahl der Unternehmen in Deutschland ohnehin bereits höher als in England[520]. Zum anderen entspringt der Zwang zum Nachweis eines festgesetzten Mindestkapitals komplexen Überlegungen, die in der Geschichte des deutschen Gesellschaftsrechts verwurzelt sind, und der nicht aus einem einzigen Gesichtspunkt heraus aufgegeben werden kann. Es bleibt bei der Frage, ob die Deliktsfähigkeit juristischer Personen auch auf die Gesellschaft bürgerlichen Rechts, verwandte Personengemeinschaften und nicht rechtsfähige Sondervermögen[521] ausgedehnt werden kann. Hierfür spricht, daß ein Gesamthandsvermögen ein von dem Vermögen der einzelnen Gesellschafter getrenntes Sondervermögen darstellt. Dagegen spricht jedoch mehr: Dieses Sondervermögen kann nicht von der Gesellschaft selbst gehalten werden und kann mangels rechtlicher Ausgestaltung der Gesellschaft bürgerlichen Rechts als Handelsgesellschaft und der damit verbundenen Vorschriften sehr leicht mit dem Vermögen der Gesellschafter vermischt werden. Die Gesellschaft bürgerlichen Rechts kann nicht in eigenem Namen im Rechtsverkehr auftreten. Ihr fehlen also die beiden entscheidenden Merkmale, an denen das englische Recht die Deliktsfähigkeit von Quasi-Körperschaften festmacht. Der Gesellschaft bürgerlichen Rechts Deliktsfähigkeit zu verleihen, würde also weit über das englische Modell hinausgehen.

Doch ist damit nicht gesagt, daß es nicht möglich sei, die Gesellschaft bürgerlichen Rechts einer weitestgehenden Repräsentantenhaftung zu unterwerfen. Die englische Gehilfenhaftung beruht auf dem Repräsentationsgedanken im umfassendsten Sinne, entstanden aus der Figur der Stellvertretung im Delikt[522]. Diese Gehilfenhaftung wird auch auf *partnerships* und sogar den *trust*, die im englischen Recht gebräuchliche Form für die Verwaltung fremder Vermögensinteressen eigener Art, angewandt[523]. Folgt man dem englischen Vor-

---

[520]Siehe Tabelle „Unternehmen nach Rechtsformen“ auf der vorhergehenden Seite.

[521]Hierzu zählen insbesondere der nicht eingetragene Verein (§ 54 BGB), die Gütergemeinschaft von Ehegatten (§§ 1415 ff. BGB), die Erbengemeinschaft (§§ 2032 ff. BGB), die Miturhebergemeinschaft (§ 8 UrhG) und die Insolvenzmasse (§ 35 InsG).

[522]Siehe hierzu oben, unter B.I.2.a.

[523]So z. B. in *Leakey v. National Trust* [1980] Q.B. 485.

bild, dann ist die Repräsentantenhaftung von Gesellschaften des bürgerlichen Rechts sowie die verselbständigter Vermögen wie der Insolvenzmasse, nicht nur möglich, sondern sogar zwingend. Der Repräsentationsgedanke des englischen Rechts kann vor nichtrechtsfähigen Personenzusammenschlüssen und Verwaltern fremder Vermögen nicht stehenbleiben, ist er doch selbst auf die natürliche Person im schlichten Privatrechtsverkehr anzuwenden[524]. Eine Haftung der Gesellschaft bürgerlichen Rechts nach den Grundätzen der englischen Organhaftung ist allerdings ausgeschlossen. Dies ist wie in England unschädlich, da die Gesellschafter als Geschäftsherren ohnehin persönlich haften und im Regelfall die leitenden Funktionen innehaben[525]

Mit einer Angleichung ans englische Recht müßte allerdings auch die Haftbarmachung der Gesellschafter für die unerlaubten Handlungen der übrigen Gesellschafter nach Vorbild der *partnership* einhergehen, wo diese im Rahmen der Tätigkeit für die Gesellschaft begangen wurden. In der *partnership* beruht diese Haftung auf dem Gedanken, daß jeder *partner* Vertreter der anderen *partner* ist, und diese auch im Delikt vertritt[526]. In Deutschland wird dagegen eine Haftung der Gesellschafter aus Delikt untereinander von der Rechtsprechung abgelehnt, da sie allein über § 31 BGB zu erreichen wäre, der nach dieser Meinung nicht auf Gesellschaften des bürgerlichen Rechts anwendbar ist[527]. Das Schrifttum tritt dem entschieden entgegen, und befürwortet mehrheitlich die Haftung der Gesellschaft bürgerlichen Rechts nach § 31 BGB[528]. § 831 Abs. 1 BGB wird wegen des Erfordernisses der Weisungsgebundenheit für nicht anwendbar gehalten. Dem ist jedoch nicht zu folgen. Vielmehr ist eine Repräsentantenhaftung nach englischem Vorbild anzuwenden, unabhängig davon, ob sie an § 31 BGB oder § 831 BGB festzumachen ist[529]. Die englische Repräsentantenhaftung in der *partnership* beruht auf dem Prin-

[524]Siehe so schon die Entscheidung *Tuberville v. Stamp* (1697) 1 Ld. Raym. 264.

[525]Daß die Organhaftung englischer Art für Gesellschaften bürgerlichen Rechts wenig Relevanz haben dürfte, zeigen bereits die Daten aus den beiden beigefügten Tabellen: Die Anzahl der von Gesellschaften bürgerlichen Rechts betriebenen Unternehmen ist gering, ihr Umsatz liegt im untersten Bereich, das heißt, die Anzahl der Beschäftigten ist überschaubar, die leitenden Funktionen fallen in die Hände zumindest eines Gesellschafters.

[526]Vergleiche Rogers, Winfield and Jolowicz on Torts, S. 677.

[527]BGHZ 45, 311.

[528]Siehe hierzu Erman-Westermann § 31, Rn. 1; Soergel-Hadding § 31, Rn. 7; MünchKomm-Reuter § 31, Rn. 10; Staudinger-Weick § 31, Rn. 45.; Sellert, AcP 175 (1975), 77

[529]Siehe hierzu unten, unter D.IV.2.

zip der Gehilfenhaftung. Daß dies in Deutschland sogar nach § 831 Abs. 1 BGB möglich ist, zeigt die Lockerung der Rechtsprechung, die vom Erfordernis der „Weisungsgebundenheit" in einer Entscheidung aus dem Jahre 1969 weitgehend abgerückt ist[530]. Der Bundesgerichtshof hat das Kriterium der strengen Weisungsunterworfenheit zugunsten der Eingebundenheit in den Betrieb des Geschäftsherrn modifiziert. Dies erleichtert es, auch den Gesellschafter als Gehilfen seiner Mitgesellschafter aufzufassen. Dem ist umso mehr zuzustimmen, als ein allein handelnder Gesellschafter in der Regel zunächst von den übrigen Gesellschaftern zur alleinigen Geschäftsführung bestimmt wurde, diese ihn also quasi zu einer Verrichtung bestellten. Das Vetorecht der übrigen Gesellschafter kann durchaus unter den Begriff des sozialen Abhängigkeitsverhältnisses subsumiert werden, der sowohl in England wie auch in Deutschland das Abgrenzungskriterium für die Anwendbarkeit der Gehilfenhaftung ist. Aus diesen Gesichtspunkten heraus ist eine Orientierung an der englischen Repräsentantenhaftung für Gesellschaften des bürgerlichen Rechts auch unter Verzicht auf die Organhaftung möglich. Ob diese über § 31 BGB oder doch über § 831 Abs. 1 BGB verwirklicht werden kann, hängt von der Umsetzung der englischen Organ- und Gehilfenhaftung im Einzelnen ab[531].

b. Einzelkaufleute

Nachdem die Konsequenzen einer Übertragung der englischen Deliktsfähigkeit für Verbände ohne Rechtssubjektivität geklärt ist, soll nun auf die Folgen für den Einzelkaufmann eingegangen werden. Der Einzelkaufmann stellt zahlenmäßig den größten Teil der Unternehmen[532]. Sein Betrieb ist nach dem Umsatz jedoch der kleinste, er ist hauptsächlich in den untersten Umsatzklassen der folgenden Tabelle „Umsätze der Unternehmen nach Rechtsformen" vertreten. Damit geht notwendig einher, daß er weniger Angestellte als die Unternehmen anderer Rechtsformen beschäftigt und diese wiederum nicht in eine Position zu verbringen mag, die weitaus höhere Gefahren für den

[530] BGHZ 45, 311 ff.

[531] Siehe unten, unter D.IV.2.b.

[532] 55,5% in England, 71,2% in Deutschland; siehe Tabelle „Unternehmen nach Rechtsformen".

Rechtsverkehr mit sich bringt, als dies sonst der Fall wäre[533]. Demnach stellen sie ein vergleichsweise geringes Gefahrenpotential. Die Deliktsfähigkeit juristischer Personen wird in England denn auch nicht auf *sole proprietors* übertragen. Sie unterliegen aber wie alle Verbände der Gehilfenhaftung, da auch auf sie der Repräsentationsgedanke zutrifft[534]. Ursprünglich für natürliche Personen erdacht, ist der Einzelkaufmann der Prototyp der am Wirtschaftsleben teilnehmenden Rechtsformen, die der Gehilfenhaftung unterliegen.

Das deutsche Recht hat sich mit Einzelkaufleuten schwer getan. Die Diskussion, ob auch auf Einzelkaufleute die um den Entlastungsbeweis ärmere und damit schärfere Haftung nach § 31 BGB anwendbar sei, ist noch nicht beendet. Die Rechtsprechung verneint bereits die Repräsentantenhaftung der Gesellschaft bürgerlichen Rechts, da sie diese fälschlicherweise von einer körperschaftlichen Struktur abhängig macht[535]. Dem könnte man mit der Begründung zustimmen, daß der Einzelkaufmann selbst unmittelbar und unbedingt mit seinem Vermögen für deliktische Schäden einzustehen habe und ihm daher eine solche Verantwortung für seine Leute nicht aufgebürdet werden dürfe[536]. Dem wird entgegnet, daß Unternehmen anderer Rechtsformen, insbesondere OHG und KG, nicht schlechtergestellt werden dürfen als Einzelkaufleute[537]. Ein weiteres Argument hierfür liegt darin, daß auch die Gesellschafter der OHG und die Komplementäre der KG selbst unmittelbar und unbedingt für deliktische Schäden haften[538].

Diese Diskussion geht an der Sache vorbei. Erkennt man mit dem englischen Recht den Gedanken der Repräsentation auch im deutschen Recht an, so bestehen keine Bedenken, ihn nicht auch auf Einzelkaufleute anzuwenden. Dies muß ebenso bei einer vom englischen Recht unabhängigen Betrachtung

---

[533] Typischerweise betreiben Einzelunternehmen keine besonders gefahrbringenden Anlagen wie Atomkraftwerke und bilden keine Großunternehmen mit undurchschaubarer Organisation; zwei Punkte, die das Bedürfnis für eine besonders effektive Haftbarmachung juristischer Personen in England wie Deutschland erklären (siehe hierzu oben, unter B.I.3., 4. und B.II.3., 4.).

[534] So bereits die Rechtsprechung im siebzehnten Jahrhundert: *Tuberville v. Stamp* (1697) 1 Ld. Raym. 264.

[535] BGHZ 45, 311.

[536] Vergleiche Nitschke, NJW 1969, 1737 (1739) m.w.N.

[537] Steindorff, AcP 170 (1970), 93 (104); Reuber, Die haftungsrechtliche Gleichbehandlung von Unternehmensträgern, S. 311 ff.

[538] Siehe Nitschke, a.a.O., S. 1739.

des § 31 BGB und des ihm zugrundeliegenden Repräsentationsgedanken im deutschen Recht richtigerweise der Fall sein[539], so daß die Übertragung der englischen Gehilfenhaftung auf das einzelkaufmännische Unternehmen nur zu begrüßen ist. Ähnlich wie bei den Personengesellschaften fällt auch hier der Verzicht auf die Organhaftung im Sinne des englischen Rechts nicht schwer, da gerade beim Einzelkaufmann mit seinem geringen Umsatz und der geringen Beschäftigtenzahl in der Regel die Leitung und Veranwortung dem ohnehin persönlich haftenden Einzelkaufmann obliegt.

[539]So Martinek, Repräsentantenhaftung, S. 225 ff.

Umsätze der Unternehmen nach Rechtsformen

England[540]	1-99	100-499	500-1.999	2.000-9.999	10.000-49.999	50.000+
Sole Proprietors	388.510 66%	175.735 31%	20.175 3%	- -	- -	- -
Partner-ships	156.790 42%	175.305 47%	39.920 11%	- -	- -	- -
Companies & Public Corporations	222.900 36%	201.645 32%	116.395 19%	51.270 8%	18.100 4%	4.245 1%
General Government & Non-Profit Making Bodies	13.710 47%	11.180 39%	4.060 14%	- -	- -	- -
Deutschland[541]	32.500-100.000	100.000-500.000	500.000-2Mill.	2Mill.-10Mill.	10Mill.-50Mill.	50Mill.+
Einzel-unternehmen	40.528 4,1%	215.170 21,9%	315.825 32,2%	260.695 26,6%	103.127 10,5%	45.818 4,7%
Sonstige Rechtsformen	879 0,4%	2.892 1%	7.164 2,6%	23.311 8,3%	47.507 17%	197.304 70,7%
GmbH, AG, OHG & KG	5.848 0,1%	60.710 1%	244.872 4,2%	632.775 11%	894.960 15,5%	3.949.451 68,2%
Körperschaften des öffentlichen Rechts & andere Rechtsformen	29 0,1%	481 0,7%	2.035 3,1%	4.891 7,4%	8.155 12,3%	50.765 76,4%

III. Deliktsrechtliche Einwände

1. Verschulden

a. Der Unterschied zwischen England und Deutschland

Das Bürgerliche Gesetzbuch fordert für die Verwirklichung eines Deliktstatbestandes ein Verschulden[542]. Juristischen Personen muß über § 31 BGB das Verschulden ihrer Organe als eigenes Verschulden zugerechnet werden, um sie haftbar zu machen. Dieses Verschuldenserfordernis macht die Anerkennung der juristischen Person als Pflichtenadressaten schwierig, und damit der Deliktsfähigkeit, wie sie das englische Recht vorgibt. Der dem englischen Konzept zugrundeliegende Repräsentationsgedanke kann mit einem betont individuellen Schulderfordernis nicht in Einklang gebracht werden. Das englische Deliktsrecht kennt kein generelles Verschuldenserfordernis, sondern stellt häufig allein auf einen objektiven Sorgfaltspflichtverstoß ab. Dieser Abschnitt soll daher der Frage gewidmet werden, ob hier eine unüberbrückbare Differenz besteht, oder ob sich ein akzeptabler „kleinster gemeinsamer Nenner" finden läßt. Hierzu sollen zunächst die Elemente des modernen Verschuldensbegriffs in Deutschland zusammengetragen werden, um im Anschluß die Unterschiede zur englischen Rechtsauffassung genauer betrachten zu können. Daneben soll eine dogmatische Einordnung der Gehilfenhaftung nach englischem Vorbild und damit der Haftung deliktsfähiger juristischer Personen erfolgen.

---

[540]Angaben in Tausend Pfund Sterling und Prozent an der Gesamtzahl der Unternehmen der jeweiligen Rechtsform; Quelle: Office for National Statistics, Size Analysis of UK Businesses, 1999.

[541]Angaben in DM und Prozent an der Gesamtzahl der Unternehmen der jeweiligen Rechtsform; Quelle: Statistisches Bundesamt, Fachserie 14, Finanzen und Steuern, Reihe 8, Umsatzsteuer, 1999.

[542]§§ 823 ff. BGB.

b. Verschulden in Deliktstatbeständen

Das individuelle Verschulden diente im deutschen Recht ursprünglich zur Abgrenzung von ausgleichspflichtigen, schädigenden Handlungen und solchen, die keine Ausgleichspflicht auslösen. Dem Verschulden haftete ursprünglich ähnlich wie der Schuld im Strafrecht ein moralisches Unwerturteil an, auch wenn im privaten Deliktsrecht nicht die Sanktionierung solchen Verhaltens, sondern der Ausgleich von Schäden das Ziel war[543]. Das individuelle Verschuldenserfordernis erschien den Vätern des Bürgerlichen Gesetzbuchs, die von einer liberalen Vorstellung einer Welt gleichberechtigter Individuen geleitet wurden, als passendes Kriterium[544]. Überlegungen, daß ein Verschuldenserfordernis insbesondere bei der Haftung der Arbeitgeber gegenüber im Betrieb geschädigten Arbeitnehmers im Wege stehen würde[545], standen dem in Deutschland wegen seiner Vorreiterrolle im Sozialversicherungswesen seit *Bismarck* nicht entgegen. Das moderne deutsche Deliktsrecht hat sich von diesen Vorstellungen befreit und den Verschuldensbegriff weiterentwickelt. Die wirtschaftliche Realität ist weit entfernt von einer Welt gleichberechtigter Individuen, die vornehmlich als Einzelhandwerker und Inhaber von Industriebetrieben auftreten[546]. Um das Verschuldenserfordernis des Bürgerlichen Gesetzbuchs dieser Realität anzupassen, wurden verschiedene Wege beschritten.

Hierzu gehört zunächst das Abstellen auf die typischen Fähigkeiten der Berufsgruppe oder Verkehrskreise, der der Schädiger angehört, um seine Pflichten zu bestimmen. Ähnlich steht es mit der Rechtsprechung, die ein umso größeres Maß an Sorgfalt verlangt, je größer die Gefahr ist, der begegnet werden soll[547]. Auf der gleichen Stufe steht die Vermutung subjektiven Verschuldens, soweit der objektive Tatbestand erfüllt ist[548]. Einen Schritt weiter

---

[543]Vergleiche Fuchs, Deliktsrecht, S. 2.

[544]Siehe Deutsch, Allgemeines Haftungsrecht, S. 2.

[545]Solche Überlegungen waren in anderen Ländern entscheidend an der Aushöhlung des Verschuldensprinzips beteiligt; vergleiche Zweigert/Kötz, Einführung in die Rechtsvergleichung, S. 652.

[546]So auch Brüggemeier, Deliktsrecht, S. 70.

[547]Vergleiche hierzu für England: Fleming, The Law of Torts, S. 490 ff.; für Deutschland: RGZ 147, 353, 356; BGH NJW 1965, 197, 199.

[548]Diese Verschuldensvermutung ist heute im Deliktsrecht eine gängige Praxis, obwohl sie ursprünglich den §§ 836 ff. BGB vorbehalten sein sollte. Diese Vermutung für das Vorliegen des subjektiven Tatbestandsmerkmal kann nur durch Entschuldigungs- und Schuldaus-

gehen der Anscheinsbeweis, der insbesondere im Straßenverkehrsrecht eine Rolle spielt[549], und die Umkehrung der Beweislast, die insbesondere im Bereich Produkthaftung[550] und ärztlichen Versagens[551] von Bedeutung ist [552].

Am weitesten geht der völlige Verzicht auf ein Verschulden im Bereich der Gefährdungshaftung, der bereits 1871 mit der strikten Haftung des Eisenbahnunternehmers nach dem Haftpflichtgesetz eingeführt wurde[553]. Trotz dieser vielfältigen Durchbrechungen wird in Deutschland noch immer am Verschuldensprinzip festgehalten, was dem Bedürfnis der deutschen Rechtswissenschaft nach Grundsätzen entspricht[554], der englischen Rechtswissenschaft aber fremd ist.

Aufgrund der leichteren Beweisbarkeit spielt die Fahrlässigkeit als Schuldform im Deliktsrecht heute eine weitaus größere Rolle als der Vorsatz[555]. Elemente des Fahrlässigkeitsvorwurfs sind der objektive Sorgfaltspflichtverstoß, der sich bisher im -vermuteten- subjektiven Sorgfaltspflichtverstoß widerspiegeln muß. Maßstab für den objektiven wie den subjektiven Pflichtverstoß ist der durchschnittliche Mensch in der Rolle des Handelnden, so daß das Verhalten aus einer *ex post* Perspektive beurteilt wird. Diese Trennung des Fahrlässigkeitsvorwurfs in objektive und subjektive Elemente hat die Objektivierung des Verschuldensbegriffs gefördert[556]. So ist stetige Rechtsprechung des Bundesgerichtshofs, daß die Verletzung der äußeren Sorgfalt die der inneren entweder indiziert oder aber ein Anscheinsbeweis für die Verletzung

---

schließungsgründe, wie etwa die Schuldunfähigkeit gemäß §§ 827, 828 BGB, ausgeschlossen werden.

[549]Siehe z.B. BGHZ 8, 239.

[550]So in BGHZ 51, 91.

[551]Z.B. BGH NJW 1968, 1185.

[552]In England entspricht dem der Grundsatz *doctrine of res ipsa loquitur*; *Scott v. London & St. Katherine Docks Co.* (1865) 3 H. & C. 596.

[553]Die Gefährdungshaftung nahm in England mit der Entscheidung *Rylands v. Fletcher*, (1866) L.R. 1 Ex. 265, ihren Anfang und wird heute in den gleichen Fällen wie in Deutschland gebraucht; vergleiche hierzu unten, unter C.III.4.

[554]Vergleiche etwa Deutsch, Fahrlässigkeit und erforderliche Sorgfalt, S. 420: „Das Postulat lautet keine Schadensersatzpflicht ohne Verschulden. Daß dieses längst durch flankierende objektive Haftungen, insbesondere Gefährdungshaftungen, durchbrochen ist, kann hier vorerst außer acht gelassen werden. Es geht um den Grundsatz.“

[555]Auch dies korrespondiert mit dem englischen Recht, siehe Gordley, ZEuP I 1993, 498 (508 f.).

[556]Vergleiche Fuchs, Deliktsrecht, S. 6.

der inneren Sorgfalt ist[557]. Im Zusammenhang mit juristischen Personen ist die Wandlung des individuellen Verschuldenserfordernisses zu einer verobjektivierten Bestimmung zur Haftung führenden Verhaltens besonders weit vorgeschritten. Dies beruht wohl nicht nur auf einer Orientierung an den Erfordernisses der Praxis und der Vereinbarkeit mit den heutigen Betriebsformen und Aufgabenteilungen. Es ist vielmehr *Martinek* zuzustimmen, daß der Gedanke bereits im Bürgerlichen Gesetzbuch selbst anklingt[558]. Denn § 31 BGB stellt auf das Verschulden des Individuums „Organ" ab, um eine Schadensersatzpflicht der juristischen Person zu begründen. Damit wird er selbst bereits dem Erfordernis individuellen Verschuldens nicht gerecht. § 31 BGB ist demnach Ausdruck des Repräsentationsgedankens, auch wenn zum Zeitpunkt seiner Fassung die Terminologie und die Erkenntnisse über die Natur der körperschaftlichen Organe noch nicht so weit fortgeschritten waren. Die dadurch ermöglichte Verlagerung des Schwerpunktes vom Verschulden in den §§ 823 ff. BGB auf den objektiven Sorgfaltspflichtverstoß ist bereits endgültig geschehen, auch wenn die Rechtsprechung sich dieser Gründe weniger als vielmehr der Umgehung der Exkulpationsmöglichkeit des § 831 BGB bewußt war. So reicht der Rechtsprechung häufig schon der Nachweis eines Fehlers durch irgendeinen Angestellten, um einen Fehler in der Organisation nach der Lehre vom Organisationsmangel und damit ein Verschulden nicht nur eines Organs[559], sondern auch der juristischen Person selbst zu vermuten, von dem sich die juristische Person gegebenenfalls durch den Nachweis besonderer Sorgfalt und einer „perfekten" Organisation ihres Betriebes befreien kann[560]. Das Zivilrecht verfolgt primär das Ziel, einen gerechten Schadensausgleich herbeizuführen, während im Strafrecht Sanktion und Prävention im Vordergrund stehen. Für die Annahme des zusätzlichen Erfordernisses einer inneren Sorgfaltspflichtverletzung besteht deshalb im Zivilrecht, anders als im Strafrecht, grundsätzlich keine Notwendigkeit[561]. Denkbar wäre es auch, die Exkulpationsmöglichkeit des § 831 BGB zu streichen, es aber bei der nur widerrechtlichen Schadenszufügung durch den Gehilfen ohne Verschuldenser-

---

[557]Siehe so BGH NJW 1986, 2757, 2758.

[558]Vergleiche Martinek, Repräsentantenhaftung, S. 224.

[559]Die Benennung einer konkreten Person ist gar nicht mehr erforderlich, ausreichend ist die Feststellung, daß der eingetretene Schaden auf dem Fehler einer natürlichen Person beruht, die Organeigenschaft im untechnischen, deliktsrechtlichen Sinne hat.

[560]Siehe auch Adams/Johannsen, BB 1996, 1017 ff.

[561]Brüggemeier, AcP 191 (1991), 33 (50); Jakobs, VersR 1969, 1061 (1067).

fordernis zu belassen[562]. Das individuelle Verschulden im Sinne einer subjektiven Vorwerfbarkeit, die qua sittlich-moralischen Unwerturteils letzlich die Verpflichtung zum Schadensausgleich auslöst, hat im deutschen Recht der Deliktshaftung juristischer Personen bereits seit langem die Bühne verlassen und wird so kaum noch vertreten[563]. Es wird lediglich wie eine leblose Marionette bei Bedarf hervorgezogen[564], zum Beispiel als Argument gegen eine Deliktsfähigkeit juristischer Personen und gegen eine Repräsentantenhaftung an sich[565].

Das englische Recht steht grundsätzlich vor den gleichen Überlegungen, die dem deutschen Verschuldensprinzip mit zugrunde lagen. Auch dem englischen Deliktsrecht lag ursprünglich das Verschuldensprinzip zugrunde[566]. Es wurde jedoch nie so individuell wie in Deutschland verstanden, was die Rechtsfigur der Stellvertretung im Delikt zeigt. Die Abgrenzung solcher schadensstiftender Handlungen, die zum Schadensausgleich verpflichten von anderen, die der Geschädigte quasi als sozial adäquates Risiko selbst ausgleichen muß, mußte auch in England vorgenommen werden. Fälle, in denen dem Handelnden zwar ein objektiver Pflichtverstoß vorgeworfen werden kann, eine Haftung aus Gründen der Minderjährigkeit, geistiger Umnachtung oder besonderer tatsächlicher, entschuldigender Umständen aber ausscheiden muß, müssen auch in England bewältigt werden. Diese Probleme, die in Deutschland im Zusammenhang mit dem Verschuldenserfordernis gelöst werden[567], sind also auch bei Verzicht auf ein solchen Verschulden lösbar. Die Konturen der Unterschiede zum deutschen Recht verschwimmen endgültig, wenn man in Betracht zieht, das auch dem englischen Recht Haftungstatbestände bekannt sind, in denen eine individuell-subjektive als Steigerung der grundsätzlich geforderten objektiven Vorwerfbarkeit Voraussetzung der Haftung sind. Die Erfüllung auch solcher Tatbestände durch juristische Personen

---

[562]So Baur, Karlsruher Forum 1962, 14 (16).

[563]Vergleiche zum Wandel der Wertorientierung und die damit verbundene Abkehr vom Verschulden als Unrecht Fuchs, Deliktsrecht, S. 4 ff.

[564]So z.B. von Deutsch, Fahrlässigkeit und erforderliche Sorgfalt, S. 420 ff., der das Verschuldensprinzip in seiner subjektiven Form verteidigt, gleichzeitig aber eine Objektivierung der Fahrlässigkeitshaftung begrüßt, weil sie die Verschuldenshaftung „für die Anwendung geschmeidig macht". (Deutsch, Allgemeines Haftungsrecht, S. 6.).

[565]Dies klingt z.B. an bei E.Schmidt, AcP 170 (1970), 502 (532).

[566]Siehe Zweigert/Kötz, Einführung in die Rechtsvergleichung, S. 650.

[567]Im einzelnen Deutsch, Allgemeines Haftungsrecht, S. 2.

wird durch die englische Organhaftung ermöglicht. Es ist *Zweigert/Kötz*[568] in folgender Aussage zuzustimmen:

> „Überhaupt wäre die Annahme verfehlt, daß es hier nur ein Entweder-Oder gäbe, daß also eine Rechtsordnung sich stets nur für oder gegen das Verschuldensprinzip entscheiden könne. Die Praxis zeigt vielmehr, daß die Verschuldenshaftung überall in unmerklichen Abstufungen und Färbungen in eine Haftung für den verursachten Erfolg übergehen kann, so daß es sehr oft zu einer nicht mehr sinnvoll zu beantwortenden Frage wird, ob eine Rechtsordnung in Ansehung eines bestimmten Unfalltyps noch der Verschuldenshaftung oder schon der Erfolgshaftung anhängt."

Die Unterschiede zwischen deutschem und englischem Deliktsrecht sind damit nicht unüberbrückbar. An der von der Lehre vom Organisationsmangel bestimmten Rechtsprechung, die weitestgehend auf eine individuell-subjektive Vorwerfbarkeit zur Bejahung der Delitkshaftung verzichtet, kann bei Anerkennung der Deliktsfähigkeit juristischer Personen festgehalten werden, auch wenn die Lehre vom Organisationsmangel selbst hierdurch überflüssig wird. Die neue Unterscheidung zwischen Gehilfen und Organen gemäß der englischen Definition, deren Übertragbarkeit bereits oben gezeigt wurde[569], ergänzt diese Beschränkung auf ein objektiviertes Verschulden in Fällen, in denen die Anspruchsgrundlage erkennbar auf ein gesteigertes Fehlverhalten subjektiver Art abstellt, insbesondere als Ausdruck eines moralischen Unwerturteils. Gleichzeitig beschränkt sie die zu kritisierende Vermutung einer objektiven Vorwerfbarkeit, die mit der Lehre vom Organisationsmangel einherging, die aufgrund der daraus resultierenden Ungleichbehandlung juristischer Personen und anderer Organisationsformen zu weit geht[570].

Eine solche Vermutung existiert im englischen Recht nur im Zusammenhang mit der Gefährdungshaftung nahestehenden Deliktstatbeständen. Die Anlehnung an das englische Modell führt damit zu einer notwendigen Beschneidung der Auswüchse, die die Lehre vom Organisationsmangel getrieben hat. Ein völliger Verzicht auf das dem Bürgerlichen Gesetzbuch zugrundeliegende Ver-

[568] Zweigert/Kötz, Einführung in die Rechtsvergleichung, S. 652.

[569] Siehe oben, unter C.II.5.a.

[570] Siehe hierzu bereits oben, B.II.7.d.

schuldenserfordernis ist nicht erforderlich[571]. Es wird mit dem Abstellen auf den objektiven Sorgfaltspflichtverstoß vielmehr zu seiner ursprünglichen Bedeutung der *culpa* zurück, die auch bei *imperitia* und *infirmitas* gegeben war, und daher als Begriff für objektive Fahrlässigkeit gedeutet werden kann[572]. Die bestehenden Deliktstatbestände der §§ 823 ff. BGB müssen nicht abgeändert werden. Eine deutsche Deliktsfähigkeit juristischer Personen nach englischem Vorbild weicht dann zwar in der Terminologie, nicht aber in den wesentlichen Merkmalen von diesem Vorbild ab. Ein Verschulden in diesem Sinne entspricht dem Erfordernis der objektiven Vorwerfbarkeit im englischen Deliktstatbestand. Juristische Personen haften nach der dem englischen Beispiel folgenden Gehilfenhaftung für dieses Verschulden ihrer Gehilfen[573].

c. Dogmatische Einordnung der Repräsentantenhaftung

Neben diese Überlegungen muß eine dogmatische Einordnung der Repräsentantenhaftung nach englischem Vorbild treten. Bleibt das Verschuldensprinzip in den Deliktstatbeständen unangetastet, so bedeutet dies, daß auch die Haftung für Gehilfen und Organe indirekt an ein Verschulden anknüpft: an das Verschulden des Gehilfen oder Organs. Dem deutschen Verschuldenserfordernis ist damit jedoch nicht Genüge getan, es fordert das Verschulden des Haftenden selbst, wie es bisher im vermuteten Auswahl- und Überwachungsverschulden des Geschäftsherrn in § 831 BGB zum Ausdruck kam. Löst man sich hiervon und stellt man auf eine Zusammenziehung der an die juristische Person gerichteten Verhaltenspflicht mit ihrer den Deliktstatbestand ansonsten erfüllenden Verletzung durch einen Repräsentanten ab, so wird klar, daß das Verschuldenserfordernis in diesem Punkt zumindest modifiziert wird. Eine solche Modifikation ist dem deutschen Recht, wie bereits im vorhergehenden Abschnitt geklärt wurde, nicht völlig fremd. § 31 BGB etwa verzichtet aus konstruktiven Schwierigkeiten auf ein Verschulden

[571] *Brüggemeier*, Deliktsrecht, S. 95 f., fordert ebenfalls einen objektivierten Verschuldensbegriff, als Funktion des Verschuldens bleibt für ihn noch die Haftungsbegründung für ein schadensstiftendes Verhalten, das bei der gebotenen Sorgfalt vermeidbar gewesen wäre.

[572] So Jakobs, VersR 1969, 1061 (1070).

[573] Mangels Gegensätzlichkeit der Begriffe Gehilfe und Organ muß die bisher unterschiedliche Beweislastverteilung aufgegeben werden, was den in Deutschland geäußerten Reformvorschlägen entspricht; Staudinger-Belling/Eberl-Borges § 831, Rn. 117; siehe zur Umsetzung noch unter D.IV.2.b.

des haftenden Vereins. Im Gegensatz zu § 31 BGB in seiner jetzigen Fassung erschöpft sich die Repräsentantenhaftung nach englischer Vorgabe nicht in einer bloßen Haftungsausdehnung von einer natürlichen Person auf einen Verein. Andererseits fällt sie nicht in den Bereich der Gefährdungshaftung, in dem das verschuldensunabhängige Einstehenmüssen für das Fehlverhalten anderer typisch ist. Denn die Repräsentantenhaftung ist gerade nicht die Haftung für eine bestimmte Gefahrenquelle, die nur die Einschaltung Dritter sein könnte. Sie verzichtet nicht wie diese vollständig auf ein Verschulden, sondern knüpft an das Verschulden des handelnden Repräsentanten an, auch wenn dies zumindest bei der Gehilfenhaftung mit Hilfe eines objektivierten Verschuldensbegriffs geschieht.

Andererseits handelt es sich auch nicht um eine reine Kausalhaftung. Dieser Begriff besagt nichts anderes, als daß die Handlung des Repräsentanten kausal für die Haftung des Bestellers ist, ob natürliche oder juristische Person. Allein die Handlung ist aber nicht der einzige Anknüpfungspunkt, hinzutreten müssen die Rolle des Gehilfen, der Zusammenhang mit seiner Verrichtung, die Adäquanz und andere Haftungsvoraussetzungen, die vom jeweiligen Deliktstatbestand abhängen. Richtig ist, daß die Repräsentantenhaftung mit der Sphärenhaftung verwandt ist[574]. Die Haftung für Sphären oder Einflußbereiche ist im deutschen Zivilrecht an verschiedenen Fällen vorgesehen. Die deutlichste gesetzliche Ausprägung ist § 1004 BGB, der eine Haftung für einen Zustand, den der Eigentumsbeeinträchtigung, unabhängig vom eigenen Verschulden und dennoch nicht als Gefährdungshaftung vorsieht.

In die gleiche Kategorie fallen etwa Entscheidungen des Bundesgerichtshofs, in denen eine Haftung für den Bereich seiner Familie[575], seine Mieter[576], aber auch die Haftung für die eigene Leistungsfähigkeit bei Vertragsschluß, die eine Haftung für Unmöglichkeit unabhängig vom Verschulden nach sich zieht. Mit der Sphärenhaftung verbindet die Repräsentantenhaftung die Idee des Einstehens für den eigenen Lebensbereich. Die dahinterstehenden rechtspolitischen Erwägungen sind bei beiden ähnlich. Aufgrund dieser weitgehenden Ähnlichkeit kann man die Sphärenhaftung als eine Schwester der Repräsentantenhaftung sehen. Sie sind aber nicht identisch. Die Re-

[574]Dieser Gedanke taucht bereits im Zusammenhang mit der Gehilfenhaftung auf, wie sie der Referentenentwurf 1967 vorsah; siehe hierzu Baur, Karlsruher Forum 1962, 14 f.; zum Referentenentwurf siehe unten, unter D.III.1.

[575]So BGH MDR 1961, 222.

[576]Z.B. in BGH LM § 1004 BGB Nr. 44.

präsentantenhaftung beruht auf dem Repräsentationsgedanken als einer von der Realität vorgegebenen Struktur, während die Sphärenhaftung auf Wertungsgesichtspunkten beruht, die der jeweilige Rechtsetzende nach seinem Wertungsgefühl verschieben kann. Dies ist bei der Repräsentantenhaftung wie sie hier verstanden wird nicht der Fall. Auch wenn ihrer rechtlichen Umsetzung rechtspolitische Erwägungen zugrundeliegen (müssen), die in gewissem Maße Wertungen wiedergeben, so ist der Repräsentationsgedanke selbst vorgegeben, wann immer eine Person eine andere für sich und in ihrem Namen am Rechtsverkehr teilhaben läßt. Die Repräsenantenhaftung nach englischem Vorbild ist daher eine Haftung *sui generis*[577], die den in § 31 BGB vorgezeichneten Bruch mit dem Verschuldenserfordernis in seiner unmittelbaren Form vollzieht, ohne aber das Verschuldensprinzip im deutschen Deliktsrecht völlig aufzugeben.

2. Entlastungsmöglichkeit

Eng mit der Frage des Verschuldens ist der Entlastungsbeweis nach § 831 BGB verbunden. Das englische Recht kennt keinen generellen Entlastungsbeweis bei der Gehilfenhaftung. Je nach der historischen Entwicklung und den ihnen zugrundeliegenden rechtspolitischen Erwägungen sehen einzelne Anspruchsgrundlagen des Deliktsrechts Entlastungs- beziehungsweise Haftungsminderungsmöglichkeiten vor, die ähnlich wie im deutschen Recht an den Nachweis besonderer Sorgfalt anknüpfen[578]. Eine generelle Entlastungsmöglichkeit bei der Haftung für Leute würde dem Gedanken der Repräsentationshaftung, der das englische Deliktsrecht prägt, zuwiderlaufen.

Dem steht die generelle Entlastungsmöglichkeit des § 831 BGB gegenüber, der ohnehin im Gegensatz zur englischen Gehilfenhaftung an ein eigenes Verschulden des Geschäftsherrn anknüpft und die Beweislast umkehrt, so daß sich die Exkulpationsmöglichkeit als Nachweis des Fehlens eigenen Verschul-

[577] Vergleiche zur Repräsentantenhaftung als Haftung *sui generis* Martinek, Repräsentantenhaftung, S. 224.

[578] Sogenannte *due diligence defense*; siehe hierzu die Lehrbücher zum englischen Deliktsrecht, die solche Entlastungsmöglichkeiten und Haftungsobergrenzen nicht der deutschen Systematik entsprechend vor die Klammer ziehen, sondern getrennt für jede Anspruchsgrundlage behandeln; insbesondere Fleming, The Law of Torts, passim; Clerk & Lindsell on Torts, passim; Fridman on Torts, passim; Rogers, Winfield & Jolowicz on Torts, passim und Stanton, The Modern Law of Torts, passim.

dens gestaltet. Dem lag bei Schaffung des § 831 BGB der Gedanke zugrunde, daß eine Haftung ohne die Möglichkeit der Entlastung eine zu schwere Belastung für manche der Schonung bedürfende Industriezweige und die kleine Landwirtschaft wäre[579]. Diese Erwägungen wurden jedoch, wie schon an anderer Stelle ausgeführt[580], von der Wirklichkeit überholt. Kleingewerbetreibende und landwirtschaftliche Betriebe machen schon längst einen verschwindend geringen Anteil der Fälle aus, auf die § 831 BGB anwendbar ist. Dies hat zur praktischen Aufgabe der Exkulpationsmöglichkeit geführt, die mit den Mitteln der Ausdehnung des Vertragsrechts und damit der Anwendbarkeit von § 278 BGB, der analogen Anwendung des § 31 BGB auf leitende Angestellte und der Lehre vom Organisationsmangel, insbesondere aber auch mit der Überspannung der in § 831 BGB genannten Sorgfaltsanforderungen erreicht wurde[581].

Mit der Neustrukturierung der Deliktshaftung juristischer Personen die Exkulpationsmöglichkeit des § 831 BGB aufzugeben, dürfte der deutschen Rechtsprechung daher nicht schwer fallen. Ähnlich wie in Schweden und Finnland könnte an eine völlige Abschaffung der Entlastungsmöglichkeit gedacht werden[582]; wie in der Schweiz könnte das gleiche Ergebnis aber auch mit Hilfe überspannter Sorgfaltsanforderungen erreicht werden. Diese Entscheidung muß den Untersuchungen zur praktischen Umsetzung der Deliktsfähigkeit nach englischem Vorbild vorbehalten bleiben[583]. Nicht möglich wäre es hingegen, die jetzige Deutung des § 831 BGB für die wenigen Fälle echter „Verrichtungsgehilfen“ im Sinne völlig untergeordneter, absolut weisungsgebundener, maschinenhaft Befehle ausführender Hilfskräfte beizubehalten. Dies würde dem Repräsentationsgedanken, der einer Neuregelung der Deliktshaftung für Leute im Zuge der Anerkennung der Deliktsfähigkeit juristischer Personen zugrundeliegen würde, widersprechen. Einerseits könnte man sich gegen diese Konsequenz wehren, wenn man das Schutzbedürfnis kleinerer Betriebe und gar das von Privatpersonen in den Vordergrund stellt, wie es bei der Beratung des Bürgerlichen Gesetzbuchs der Fall war. Andererseits schwindet dieses Schutzbedürfnis, zieht man die enge Eingrenzung dieses Kreises po-

[579]Vergleiche Mugdan, Materialien zum Bürgerlichen Gesetzbuch II, S. 1094.

[580]Siehe hierzu oben, unter C.I.3.

[581]Letztere führte in der Schweiz zu einer faktischen Umwandlung des weitgehend gleich lautenden Art. 55 OR in eine unbedingte Haftung für das Fehlverhalten jedes Gehilfen im Sinne des Repräsentationsgedankens; siehe BGE 110 II 456.

[582]Siehe Zweigert/Kötz, Einführung in die Rechtsvergleichung, S. 635.

[583]Siehe unten, unter D.II.2.b.

tentieller „Verrichtungsgehilfen“ in Betracht. Wo andere wie eine Maschine, völlig untergeordnet und weisungsgebunden für den Geschäftsherrn handeln, kann dieser nicht mehr Schutz beanspruchen als bei der Benutzung von Maschinen und technischen Hilfsgeräten, für die ihn Verkehrssicherungspflichten ohne Entlastungsmöglichkeit treffen. Die Entlastungsmöglichkeit ist daher bei Übertragung der englischen Repräsentantenhaftung ins deutsche Recht in keinem Fall mehr anwendbar.

Zusammenfassend läßt sich sagen, daß die Normierung des Entlastungsbeweises in § 831 BGB dank der ohnehin erfolgten Aushöhlung und damit praktischen Abschaffung durch die Rechtsprechung der Einführung der Deliktsfähigkeit juristischer Personen generell nicht im Wege steht.

3. Verrichtungs- und Erfüllungsgehilfe

Das deutsche Recht unterscheidet zwischen dem Verrichtungs- und dem Erfüllungsgehilfen (§§ 831, 278 BGB). Entfällt im Zuge der Begründung der Deliktsfähigkeit juristischer Personen in Anlehnung an das englische Recht die Entlastungsmöglichkeit des § 831 BGB, so stellt sich die Frage, ob damit die Differenzierung zwischen Verrichtungs- und Erfüllungsgehilfe bedeutungslos wird. Das englische Recht kennt keine Entsprechung. Notwendig ist diese Unterscheidung bei einer allgemeinen Repräsentantenhaftung also nicht. Es wäre jedoch zu kurz gefaßt, sich auf die Entlastungsmöglichkeit als einziges Abgrenzungskriterium zu stützen. Wohl bestimmte dieser Unterschied in der Fassung des § 831 BGB von § 278 BGB die Rechtsprechung dazu, die vertragliche Haftung auszudehnen, um eben jener Entlastungsmöglichkeit des Bestellers zu entgehen.

Daneben haben beide Regelungen jedoch auch unterschiedliche Voraussetzungen, die nicht direkt mit der Exkulpationsmöglichkeit im Deliktsrecht zusammenhängen, sondern den unterschiedlichen Interessen in einer Vertragsbeziehung entsprechen. Diese werden zwar durch die Umwandlung der Gehilfenhaftung nach § 831 BGB zu einer Gehilfenhaftung im Sinne der Repräsentantenhaftung verändert. So greift das Argument, daß die Rechtsstellung des Gläubigers eines Vertrages verschlechtern würde, wenn der Schuldner ihm nur dafür haften würde, daß er die von ihm eingesetzten Helfer sorgfältig auswählt und überwacht, dann nicht mehr. Ebenso erzwingen die unterschiedlichen Konsequenzen einer Heranziehung des Erfüllungs- oder Verrichtungsgehilfenbegriffs wie Haftungsausschluß -nur für den Erfüllungsgehilfen möglich- und Schmerzensgeld -nur für den Verrichtungsgehilfen möglich- keine Differenzierung zwischen den beiden Formen. Sie gehen allein auf die unterschiedlichen Anspruchsgrundlagen zurück und sind so auch im englischen Recht bekannt. Die Unterscheidung nach Anspruchsgrundlagen, Vertrag oder Delikt, hängt nicht von der Stellung des Gehilfen ab.

Der Begriff des Erfüllungsgehilfen geht zum Schutz des Gläubigers jedoch auch nach Umstellung der Gehilfenhaftung gemäß dem Repräsentationsgedanken weiter als der des Gehilfen. Auf eine soziale Abhängigkeit und eine Einbindung in den Betrieb des Geschäftsherrn kommt es beim Erfüllungsgehilfen nicht an. Deshalb kann auch ein selbständiger Unternehmer Erfüllungsgehilfe sein, wenn er vom Schuldner entsprechend eingesetzt wird. Selbständige Unternehmer sind, folgt man dem englischen Vorbild, aber keine Repräsentanten, der *respondeat superior* Gedanke greift hier nicht[584].

Auch die Figur des „Bewahrungsgehilfen" paßt nicht zum hier entwickelten deliktsrechtlichen Repräsentantenbegriff. Beispiel hierfür ist der Fall, in dem derjenige, dem der Besitz oder Gebrauch einer Sache überlassen worden ist (etwa Mieter oder Entleiher), einem anderen befugterweise den Mitgebrauch gestattet. Abweichend von der Gehilfenhaftung, wie sie das englische Recht kennt, sieht die Haftung für den Erfüllungsgehilfen außerdem vor, daß auf die Fähigkeiten abgestellt werden muß, die ein gewissenhafter Vertreter der Gruppe besitzen muß, zu der der Schuldner gehört[585]. Dies entspricht der Zweckrichtung des § 278 BGB, eine Schlechterstellung des Gläubigers zu verhindern, die dadurch entsteht, daß der Schuldner Erfüllungsgehilfen einsetzt. Wo es auf eine subjektive Vorwerfbarkeit ankommt, soll nach überwiegender Auffassung aus dem gleichen Grunde ebenfalls auf die Person des Schuldners und nicht die des Erfüllungsgehilfen abgestellt werden[586].

Die Zurechnung des Gehilfenverschuldens hat nach der oben vorgenommenen Neubestimmung dieses Begriffs ebenso wie früher das Organverschulden eine andere Qualität als die Zurechnung des Verschuldens von Erfüllungsgehilfen. Die Repräsentantenhaftung ist ein Teil des Personenrechts, vor allem auch des

---

[584]Auch nach der bisher geltenden Definition des Verrichtungsgehilfen war der selbständige Unternehmer nicht umfaßt, da es bei ihm an der Weisungsgebundenheit fehlt.

[585]Erstmals in BGHZ 31, 358, 366 ff.

[586]Larenz, SchuldR I, § 20 VIII, S. 303 ff.; Kupisch, JuS 1983, 821.

Rechts juristischer Personen, § 278 BGB nur eine Regel über zurechenbares Drittverschulden im Recht der Forderungsverletzungen[587].

Gerade durch die Einführung der Deliktsfähigkeit juristischer Personen und damit auch einer umfassenden individuellen Repräsentantenhaftung gewinnt die Vertragsbeziehung entscheidend an Wert. Wo zuvor aufgrund der extremen Ausweitung der Vertragsbeziehungen mit Hilfe von Konstruktionen wie Vertragsschluß mit Schutzwirkungen für Dritte[588], *culpa in contrahendo*[589], positive Vertragsverletzung[590] und anderer das Vertragsrecht seine Konturen verlor, steigt ihre Bedeutung nun durch den Verzicht auf die Entlastungsmöglichkeit und die daraus resultierende Sinnentleerung eben dieser Hilfskonstruktionen. Damit einhergehen muß allerdings der Verzicht auf eine Übertragung der vertraglichen Besonderheiten auf deliktische Ansprüche, wie sie die Rechtsprechung vorgenommen hat[591]. Hierunter fallen beispielsweise die Anwendung der Haftungsbeschränkung auf Vorsatz und grobe Fahrlässigkeit (§§ 521, 599, 690 BGB)[592] und der vertraglichen Haftungsmilderung[593], sowie der kurzen Verjährung (etwa §§ 558, 606 BGB)[594] auch auf das Deliktsrecht. Die aus der Vorstellung der Unterschiede zwischen Vertrag und Delikt gewachsenen Differenzierungen des Bürgerlichen Gesetzbuchs genau dann zu nivellieren, wenn sie ihre ursprüngliche Bedeutung wiedererlangen, wäre sinnlos und würde nicht ins System des deutschen Zivilrechts passen.

4. Deliktstatbestände

a. Anspruchsgrundlagen

Eine Orientierung am englischen Recht hat die Unterschiede in der Systematik der Anspruchsgrundlagen zu überwinden und zu klären, welche Anspruchsgrundlagen im deutschen Recht zur Haftung juristischer Personen

[587] Vergleiche K. Schmidt, Gesellschaftsrecht, S. 286.
[588] Erstmals in BGHZ 49, 350, 353.
[589] Bereits in RGZ 78, 239.
[590] Grundlegend: BGH VersR 1965, 241.
[591] Kritik hierzu auch bei Staudinger-Belling/Eberl-Borges § 831, Rn. 36 f.
[592] So in RGZ 66, 363; BGH NJW 1954, 145.
[593] Vergleiche etwa BGHZ 93, 23, 29.
[594] So schon RGZ 66, 363.

nur bei Beteiligung eines Organs führen können. Geht man der ersten Frage nach, so zeigen sich keine großen Differenzen. Das englische Deliktsrecht folgt dem Beispiel des römischen Rechts. Es gibt keine Generalklausel; die einzelnen Anspruchsgrundlagen des gemeinen Rechts haben sich über Jahrhunderte entwickelt. Jede dieser Anspruchsgrundlagen, die als selbständig erachtet werden, schützt ein bestimmtes Intersse gegen eine bestimmte Form seiner Verletzung. Der englische Jurist fragt nicht, welches Rechtsgut verletzt wurde, sondern ordnet einen Fall nach der in Betracht kommenden Anspruchsgrundlage ein. Dies beruht auf der historischen Entwicklung der Anspruchsgrundlagen aus den prozessualen Möglichkeiten zur Durchsetzung eines Anspruchs. Vor Gericht waren ursprünglich nur eine begrenzte Anzahl von Klageschriften (*writs*) zulässig. Aus dieser Unterteilung nach möglichen Klageschriften entstand im englischen Deliktsrecht die Systematisierung nach möglichen Anspruchsgrundlagen[595]. Diese sehr detailliert ausgebildeten, sich teilweise in Voraussetzungen und/oder Folgen überschneidenden Haftungstatbestände bilden ein sehr effizientes, komplexes System, das auch bei der Fassung neuer Anspruchsgrundlagen in modernen Gesetzgebungsverfahren fortgesetzt wird.

Das Fehlen einer Generalklausel wurde durch die erst im letzten Jahrhundert einsetzende Entwicklung der Anspruchsgrundlage *negligence* als eine Art Auffangtatbestand kompensiert[596] . Hierbei handelt es sich um eine Fahrlässigkeitshaftung, die in den unterschiedlichen Konstellationen aufgrund der wenigen Tatbestandsmerkmale anwendbar ist. Voraussetzung für eine Haftung auf Schadensersatz sind nur das Vorliegen einer Pflicht zur Sorgfalt im Hinblick auf den Geschädigten (*duty of care*), die sich beispielsweise aus Vertragsverhandlungen oder der Eröffnung einer Gefahrenquelle ergeben kann[597], und die objektive Sorgfaltspflichtwidrigkeit des Schädigers, die kausal für den Schaden war.

Besonders relevant im Unternehmensbereich, also für juristische Personen, sind die gesetzlichen Tatbestände, die in den letzten 150 Jahren auch un-

---

[595]Siehe zusammenfassend Zweigert/Kötz, Einführung in die Rechtsvergleichung, S. 607.

[596]Sie entwickelte sich aus einem Urteil aus dem Jahre 1868, *Rylands v. Fletcher*, siehe hierzu oben, unter B.I.3.a.

[597]Eine Definition der Anerkennung einer *duty of care* findet sich bei Fleming, The Law of Torts, S. 486, wonach die Anerkennung einer solchen Sorgfaltspflicht die Folge einer Abwägung ist, bei der das verletzte Interesse des Klägers für rechtlich schützenswert gegen das dem Beklagten vorgeworfene Verhalten erachtet wurde.

ter dem Eindruck der Entwicklungen in Wirtschaft und Technik und der daraus resultierenden Gefahren geschaffen wurden. Traditionelle Anspruchsgrundlagen aus dem gemeinen Recht spielen dagegen eine geringere Rolle, weil sie Fälle betreffen, die im heutigen Wirtschaftsalltag nicht vorkommen, wie beispielsweise die Haftung für das Treiben von Vieh auf eine fremde Weide. Die Schaffung eigener Anspruchsgrundlagen, die speziell auf juristische Personen zugeschnitten sind und damit den Zurechnungsproblemen aus dem Wege gehen, wurde im Schrifttum erwogen, aber mehrheitlich abgelehnt[598]. Obwohl sie den Vorteil hätten, durch eine auf das jeweilige Delikt abgestimmte Zurechnungsform zu statuieren, fürchtet man eine Besserstellung gegenüber natürlichen Personen. Dahinter steht der Gedanke, daß solche Anspruchsgrundlagen Delikte juristischer Personen banalisieren und zu „Unfällen" herabwürdigen würden, so daß die erstrebte Stigmatisierung der juristischen Person selbst nicht erreicht werden könnte[599]. Außerdem wird gegen solche Spezialnormen eingewandt, daß es dem Gesetzgeber schwerfallen dürfte, alle bestehenden Anspruchsgrundlagen umfassend bei der Schaffung äquivalenter Grundlagen für Ansprüche gegen juristische Personen abzudecken; eine Befürchtung, die angesichts der detaillierten, fein ausgewogenene Interessen widerspiegelnden Anspruchsgrundlagen durchaus ernst zu nehmen ist. Daß es der Schaffung spezieller Haftungstatbestände für juristische Personen nicht bedarf, zeigt die Lösung, die das englische Recht mit Anerkennung der Deliktsfähigkeit und den Instrumenten Gehilfen- beziehungsweise Organhaftung gefunden hat.

Auch das deutsche Recht kennt keine Generalklausel. Aus dem gemeinen Recht hatten sich, ähnlich wie in England, verschiedene Anspruchsgrundlagen entwickelt, die auch durch die Pandektenlehre und den Einfluß des römischen Rechts keiner Generalklausel zugeführt wurden[600]. Bei der Schaffung des Bürgerlichen Gesetzbuchs war eine Generalklausel nach dem Vorbild des französischen Art. 1384 *code civile* erwogen worden. Sie wurde jedoch zugunsten einer Beibehaltung vieler Anspruchsgrundlagen verworfen, wobei die Vorschrift des § 823 BGB mit den genannten Schutzgütern und § 826 BGB als Auffangstatbestand einen umfassenden Schutz, wie ihn sonst eine Generalklausel geboten hätte, garantieren sollten. Die Väter des Bürgerlichen Gesetzbuchs haben sich damit für eine Mittellösung entschieden, die sich ange-

[598] Clarkson, 1996 M.L.R. 557 m.w.N.
[599] Siehe Clarkson, 1996 M.L.R. 557 (569).
[600] Siehe Brüggemeier, Deliktsrecht, S. 78.

sichts der Systematisierung nach Schutzgütern von der Kasuistik der gemeinrechtlichen Deliktstypen distanzierte, aber auch nicht den Schritt zur großen Generalklausel vollzog[601]. Ganz so, wie die Haftung für *negligence* in England als eine Art Generalklausel fungiert, haben die aus § 823 BGB hergeleiteten Verkehrspflichten diese Rolle im deutschen Recht übernommen. Da die heutige Deliktsrechtstheorie und -dogmatik angesichts der Interdependenz und Komplexität der Industriegesellschaft nicht mehr mit der „holzschnittartigen Fassung“ der Anspruchsgrundlagen nach geschützten Rechtsgütern auskommt, hat die Rechtsprechung einzelne Fallgruppen und die immer wieder neu definierten Verkehrspflichten herausgearbeitet, die sich nur sehr schwer systematisieren lassen[602], und durchaus als eine Rückkehr zur Systematisierung des gemeinen Rechts verstanden werden können, was die Unterschiede zum englischen Recht weiter verwischt.

Die in beiden Ländern gleichermaßen auftretenden Fallkonstellationen haben die gleichen Fallgruppen und Falltypen entstehen lassen, die zwar teilweise an systematisch verschiedenen Standpunkten erörtert und unterschiedlich gelöst, aber doch völlig gleich als problematisch empfunden werden[603]. Es besteht also kein bedeutender Unterschied zum englischen Deliktsrecht, der einer Übertragung der Deliktsfähigkeit juristischer Personen ins deutsche Recht entgegenstehen würde. Allerdings wurde im deutschen Recht mangels Anerkennung der Deliktsfähigkeit juristischer Personen bisher keine Schaffung spezieller Anspruchsgrundlagen für sie erwogen. Pflichtenadressat war bisher ein Individuum, das für die Gesellschaft tätig wurde. Mit Übernahme der Deliktsfähigkeit dürften jedoch auch in Deutschland die gleichen Gründe gegen solche Spezialtatbestände sprechen wie in England. Dazu käme die ungeheuere Gesetzgebung, die hierzu notwendig wäre und angesichts der vielen zu klärenden Einzelfragen wohl bald in einem Reformstau stecken bleiben würde. Es erscheint vorzugswürdig, auch hier dem englischen Vorbild zu folgen und die auf natürliche Personen als Schädiger zugeschnittenen Anspruchsgrundlagen mit Hilfe der grundlegend veränderten Gehilfen- und Organhaftung heranzuziehen.

---

[601]Zum Vergleich mit Frankreich siehe Zweigert/Kötz, Einführung in die Rechtsvergleichung, S. 600.

[602]Siehe oben, unter B.II.7.d.

[603]Vergleiche Zweigert/Kötz, Einführung in die Rechtsvergleichung, S. 626.

b. Fälle der Organhaftung

Bleibt es bei den vorhandenen Anspruchsgrundlagen, so stellt sich die Frage, wie diese sich mit den Instrumenten der Deliktsfähigkeit, also mit der neuen Gehilfen- und Organhaftung, auf juristische Personen anwenden lassen. Es müssen Kriterien entwickelt werden, anhand derer sich bestimmen läßt, ob der Tatbestand einer deutschen Anspruchsgrundlage bereits durch das Fehlverhalten eines Gehilfen von einer juristischen Person erfüllt werden kann, oder ob es des Fehlverhaltens eines Organs bedarf. Um solche Kriterien zu finden, muß näher auf die englischen Entscheidungen eingegangen werden, anhand derer die englische Organhaftung entwickelt wurde.

Die erste dieser Entscheidungen[604] war *Lennard's Carrying Co. Ltd. v. Asiatic Petroleum Co. Ltd.*[605]. Die Anwendung der Gehilfenhaftung schied aus, da das Gesetz eine Befreiung von der Schadensersatzpflicht vorsah, wenn den Eigentümer des Schaden verursachenden Schiffes keine „eigene Schuld“ traf. Dieses Erfordernis der „eigenen Schuld“ des Eigentümers wurde im Sinne der Organtheorie als Erfordernis eigener Schuld eines leitenden Angestellten ausgelegt. In *The Lady Gwendolen* war es wiederum eine gesetzlich normierte Haftungsbefreiung, die die Gehilfenhaftung als Instrument der Haftbarmachung der juristischen Person, die Eigentümer des Schiffes war, unmöglich machte[606]. Wieder war Voraussetzung, daß der Schaden ohne „eigene Schuld“ des Eigentümers entstanden war, was zur Anwendung der Organhaftung führte. Eine andere Sachlage war in *Tesco Supermarkets Ltd. v. Nattrass* gegeben[607]. Hier erforderte schon die Anspruchsgrundlage selbst ein eigenes Verschulden des Schädigers. Die Gesellschaft Tesco Supermarkets Ltd. argumentierte, der Filialleiter sei von der Gesellschaft verschieden, ein eigenes Verschulden der Gesellschaft selbst läge daher nicht vor, was vor Gericht jedoch bei Anwendung der Organhaftung keinen Erfolg hatte.

In der Entscheidung *El Ajou v. Dollar Land Holdings plc.*[608] stand eine nicht gesetzlich fixierte Anspruchsgrundlage in Frage, die als *breach of trust* bezeichnet wird und tatbestandlich ein Vertrauen in die schädigende Person selbst voraussetzt. Ein solches Vertrauen mußte in die juristische Person

---

[604] Für eine umfassende Darstellung dieser Entwicklung siehe oben, unter B.I.4.a.

[605] *Lennard's Carrying Co. Ltd. v. Asiatic Petrolem Co. Ltd.* [1915] A.C. 705.

[606] *The Lady Gwendolen* [1965] 2 All E.R. 283.

[607] *Tesco Supermarkets Ltd. v. Nattrass* [1972] A.C. 153, [1971] 2 All E.R. 127.

[608] *El Ajou v. Dollar Land Holdings plc.* [1994] 1 B.C.L.C. 464.

selbst investiert worden und dieses von ihr gebrochen worden sein. Auch hier wurde mit der Organhaftung operiert. Die Entwicklung der Organhaftung schloß als letzte markante Entscheidung *Meridian Global Funds Management Asia Ltd. v. Securities Commission* ab[609], in der eine vorsätzliche Nichtoffenlegung von anzuzeigenden Veränderungen im Vermögen am Vorsatz der juristischen Person zweifeln ließ. Um die Kenntnis und damit den Vorsatz der Gesellschaft zu bejahen, wurde auch hier auf die Organhaftung zurückgegriffen.

Diese Urteile zeigen, daß die Organhaftung in England nur dort zur Anwendung kommt, wo eine vorsätzliche Schädigung in Frage steht oder wo das Gesetz eine „eigene Schuld" im Sinne einer subjektiven Vorwerfbarkeit fordert. Welche Anspruchsgrundlagen würden dem in Deutschland entsprechen? Keine Probleme bereitet das Kriterium des Vorsatzes. Entsprechend der Handhabung in England muß bei einer Orientierung am englischen Modell auch in Deutschland Vorsatz stets bei einem Organ der juristischen Person festgestellt werden, um diese haftbar zu machen. Zieht man die oben gemachten Aussagen zum Verschulden in Betracht[610], so ergibt sich ein stimmiges Gesamtbild. Nur im Bereich des Fahrlässigkeitsvorwurfs hat sich die deutsche Rechtsprechung vom Erfordernis des Nachweises subjektiver Sorgfaltspflichtwidrigkeit so weit entfernt, daß eine Deliktsfähigkeit aufgrund eines objektivierten Veschuldensbegriffs zu rechtfertigen ist. Für vorsätzliches Fehlverhalten läßt sich eine Objektivierung des Schuldvorwurfs nicht begründen. Es paßt also offensichtlich, hier dem englischen Recht zu folgen, und ein subjektives Fehlverhalten eines Organs im oben bestimmten Sinne zu fordern[611]. Dies fügt sich auch harmonisch zu einer Entscheidung des Bundesverfassungsgerichts, in dem dieses darlegt, daß für schuldhaftes Handeln einer juristischen Person im strafrechtlichen Sinne nur die Schuld der für sie verantwortlich handelnden Personen maßgebend sein kann; diese seien die Organe, möglicherweise auch im Sinne des Deliktsrechts alle leitenden Angestellten[612]. Dadurch wird der Anwendungsbereich der Organhaftung nicht bedeutender als im englischen Recht. Auch in Deutschland spielen vorsätzliche Delikte schon aufgrund des gegenüber dem Fahrlässigkeitsvorwurf erhöhten Be-

---

[609] *Meridian Global Funds Management Asia Ltd. v. Securities Commission* [1995] 2 A.C. 500.

[610] Siehe hierzu oben, unter C.III.1.b.

[611] Ähnlich Steindorff, AcP 170 (1970), 93 (108).

[612] BVerfGE 20, 323, 336 *„nulla poena sine culpa"*-Entscheidung.

weisbedarfs eine bedeutend geringere Rolle, wenn es um die Deliktshaftung juristischer Personen geht.

Das zweite Kriterium ist das der „eigenen Schuld“ im Sinne einer subjektiven Vorwerfbarkeit, einer gegenüber dem objektivierten Verschuldensbegriff gesteigerten Haftungsvoraussetzung. Auch der Vorsatz läßt sich unter diese Klassifizierung fassen. Daneben existieren jedoch auch in Deutschland einige wenige Anspruchsgrundlagen, die auf ein solches Erfordernis nicht verzichten. Hierunter fallen die Vermischungen von Zivil- und Strafrecht in § 823 Abs. 2 BGB. Das Strafrecht kann auf eine höchstpersönliche Schuld nicht verzichten. Wo die Verwirklichung eines Straftatbestandes auch Grundlage einer zivilrechtlichen Deliktshaftung sein soll, verzichtet § 823 Abs. 2 BGB nicht auf eine subjektive Vorwerfbarkeit, eine „eigene Schuld“. Ebenfalls hierunter fallen alle deliktsrechtlich erfaßten Arten von Angriffen auf die Persönlichkeit. Wer aus einer völlig untergeordneten Position im Unternehmen heraus eine falsche Tatsache in der Form behauptet, daß dies geeignet wäre, den Delikt-statbestand der Kreditgefährdung, § 824 BGB, zu erfüllen, kann dies nicht automatisch für das Unternehmen tun. Hierzu muß eine Organstellung im Sinne eines eigenen Verantwortungsbereichs gefordert werden, weil nur das Auftreten Dritten gegenüber als das Unternehmen, das heißt nicht nur als „Hand“, sondern als „Mund“ der juristischen Person, relevant sein kann. In diese Kategorie fallen neben der Kreditgefährdung alle von der Rechtsprechung entwickelten Fälle des § 823 Abs. 1 BGB, in denen der Schutz des Persönlichkeitsrechts erstrebt wird, aber auch beispielsweise wettbewerbswidriges Verhalten, was zur zivilrechtlichen Deliktshaftung führt.

Ebenso wie im englischen Recht wird mit der Übertragung der Modelle Gehilfen- und Organhaftung und der Kriterien, die jeweils zu ihrer Anwendung führen, im deutschen Recht die Deliktsfähigkeit der juristischen Person hauptsächlich auf die Gehilfenhaftung im Sinne einer Repräsentantenhaftung gestützt, die auch auf andere Organisationsformen Anwendung finden kann[613]. Die Organhaftung bleibt den Fällen vorbehalten, die auch bei der natürlichen Person an ein Plus an Voraussetzungen anknüpfen. Hierdurch wird die Gleichstellung der juristischen Person mit der natürlichen erzielt.

[613]Siehe hierzu oben, unter C.II.7.

IV. Ergebnis

Eine Neustrukturierung der Deliktshaftung juristischer Personen anhand des englischen Modells ist möglich. In beiden Ländern präsentiert sich die Deliktshaftung juristischer Personen und auch das Deliktsrecht im allgemeinen vor dem gleichen Hintergrund. Für das deutsche Recht ist bei einer am englischen Recht orientierten Reform auch nicht die Aufgabe vorteilhafter Eigenheiten zu befürchten, da deutsche Besonderheiten durch gewisse Modifikationen zu berücksichtigen sind. Eine Verfremdung der deutschen Rechtslage durch die Orientierung am englischen Modell steht wegen der bereits bestehenden Ansatzpunkte im deutschen Recht gleichfalls nicht im Wege. Das Verschuldensprinzip kann in Folge der zunehmenden Objektivierung des Verschuldensbegriffs in der deutschen Rechtsprechung beibehalten werden. Allerdings muß auf die generelle Entlastungsmöglichkeit, die § 831 BGB für die Gehilfenhaftung vorsieht, verzichtet werden, was angesichts der aufgezeigten Entwicklung möglich erscheint. Die bestehende Systematik der deliktischen Anspruchsgrundlagen kann dagegen beibehalten werden.

D. Deliktsfähigkeit juristischer Personen im deutschen Recht

I. Einleitung

In diesem Kapitel soll der Frage nachgegangen werden, wie die Deliktsfähigkeit juristischer Personen entsprechend dem englischen Recht ins deutsche Recht eingefügt werden kann. Hierzu müssen zunächst die Anforderungen postuliert werden, die an ein solches Konzept zu stellen sind. Im Anschluß daran ist auf die verschiedenen Reformvorschläge einzugehen, die bereits in diesem Zusammenhang im Schrifttum unterbreitet wurden. Es ist zu klären, inwiefern sie dem hier erstrebten Ziel der Deliktsfähigkeit juristischer Personen dienen und welche Gedanken für die praktische Umsetzung der oben[614] gewonnenen theoretischen Erkenntnisse genutzt werden können. Im Anschluß daran ist zu erörtern, ob die Umsetzung schon *de lege lata* oder aber nur *de lege ferenda* erfolgen kann. Als letztes ist der gefundene Weg anhand von Beispielen dahingehend zu prüfen, ob er in problematischen Fällen zu praktikablen und gerechten Lösungen führt.

II. Anforderungen an das Konzept

Die Anforderungen, die an das zu entwerfende Konzept zu stellen sind, leiten sich aus den Vorgaben des englischen Rechts und den vorausgegangenen Überlegungen ab. Der wichtigste Punkt ist die begriffliche Gleichstellung von

[614]Siehe oben, unter C.

natürlichen und juristischen Personen. Diese kann nur dann erreicht werden, wenn die juristische Person als Pflichtenadressat anerkannt und ihre Haftung von der Eigenhaftung ihrer Organe abgekoppelt wird. Dazu dient die Neubestimmung der Begriffe „Gehilfe“ und „Organ“ nach den oben vorgeschlagenen Kriterien[615]. Die theoretisch generell bestehende Entlastungsmöglichkeit des § 831 BGB muß zugunsten einer umfassenden Einstandspflicht natürlicher wie juristischer Personen und aller sonstigen Organisationsformen, Personenvereinigungen und Verwaltern fremder Vermögen für „ihre Leute“ aufgegeben werden. Daneben bedarf es einer Standortbestimmung der Deliktshaftung in ihrem Verhältnis zur Vertragshaftung einerseits und zur verschuldensunabhängigen Gefährdungshaftung andererseits. Die Rolle des Strafrechts in seiner Verknüpfung mit dem zivilen Deliktsrecht durch § 823 Abs. 2 BGB ist gleichfalls zu klären.

Ebenso wichtig ist die Entwicklung tauglicher Kriterien, nach denen der Kreis der Repräsentanten im Einzelfall bestimmt werden kann. Bestandteil des Konzeptes muß eine Anwendung der Deliktsfähigkeit auch auf die Personenhandelsgesellschaften sein[616]. Schließlich muß eine Festlegung des Fahrlässigkeitsschuldvorwurfs auf eine objektive Sorgfaltspflichtverletzung erfolgen, wodurch die Gründe, die bisher ein Verschulden ausschlossen, an anderer Stelle angesetzt werden müssen.

III. Existierende Reformvorschläge

1. Referentenentwurf 1967

Der Unmut über die verfehlte Regelung der Haftung für Gehilfen in § 831 BGB wurde im Jahre 1967 im Referentenentwurf eines Gesetzes zur Änderung und Ergänzung schadensersatzrechtlicher Vorschriften gebündelt. Dieser setzt bei einer Neuregelung des § 831 BGB an und bettet diese in Ände-

[615] Siehe hierzu oben, unter C.II.5.a.

[616] Mit diesen Anforderungen werden gleichzeitig die Kriterien abgedeckt, die häufig als Hauptaufgaben der deliktsrechtlichen Haftungszurechnung im Unternehmensbereich genannt werden, nämlich die Orientierung am Unternehmensträger, die Formulierung und Abgrenzung der unternehmensbezogenen Pflichten und die Abgrenzung des Kreises der zurechnungsbegründenden Glieder des Unternehmens; vergleiche K. Schmidt, Karlsruher Forum 1993, 4 (8).

rungen und Ergänzungen anderer Haftungsregeln ein, insbesondere auch des Amtshaftungsanspruchs. Der Wortlaut des § 831 BGB sollte nach Vorstellung der Referenten[617] wie folgt aussehen:

> „§ 831:
>
> Wer einen anderen zu einer Verrichtung bestellt, ist, wenn der andere in Ausführung der Verrichtung durch eine vorsätzlich oder fahrlässig begangene unerlaubte Handlung einem Dritten einen Schaden zufügt, neben dem anderen zum Ersatz des Schadens verpflichtet[618].“

Ziel dieses Entwurfs ist es, „die vorhandenen Lücken in der Gefährdungshaftung zu schließen“[619], das Rechtsinstitut des allgemeinen Persönlichkeitsrechts in geschriebenes Recht umzusetzen[620], der Haftung für Verrichtungsgehilfen „eine neue, übersichtliche und den Anforderungen des heutigen sozialen Lebens gerecht werdende gesetzliche Regelung zu geben“[621] und durch gesetzliche Veränderungen den Richtern einen Spielraum für eine den Umständen des Einzelfalls gerecht werdende Bemessung des Schadensersatzes zu geben[622]. Von diesen vier Zielen soll hier nur die Neuregelung der Haftung für Verrichtungsgehilfen näher betrachtet werden.

Die vorgeschlagene Neufassung des § 831 BGB verlagert den Schwerpunkt der Vorwerfbarkeit vom Verschulden des Geschäftsherrn bei der Auswahl oder Überwachung des Gehilfen auf das Verschulden des Gehilfen bei Begehung der unerlaubten Handlung. Sie glaubt, damit ebenso wie die englische Gehilfenhaftung eine Repräsentantenhaftung auszulösen[623]. Im Unterschied zu jener beläßt der Entwurf es jedoch bei dem bisherigen Pflichtenadressaten im Deliktsrecht und trägt der zunehmenden Adressierung des Unternehmens-

---

[617]Folgende Personen erarbeiteten den Referentenentwurf: Dr. Baur, von Caemmerer, Dölle, Erman, Esser, Hauss, Larenz, Lorenz, Nipperdey, Reinhardt, Schmidt-Rimpler und Wussow.

[618]Referentenentwurf, I, S. 4..

[619]Referentenentwurf, II, S. 5.

[620]Referentenentwurf, II, S. 9.

[621]Referentenentwurf, II, S. 11.

[622]Referentenentwurf, II, S. 14.

[623]Referentenentwurf, II, S. 90 f., 106.

trägers selbst keine Rechnung[624]. Richten sich die deliktischen Tatbestände an den Geschäftsherrn, so ist eine Erfüllung aller Tatbestandselemente durch den Gehilfen als Voraussetzung für die Geschäftsherrnhaftung aus dem so modifizierten § 831 BGB von vorneherein häufig ausgeschlossen, insbesondere im Bereich der Verkehrsicherungspflichten, die im Recht der Unternehmenshaftung immer breiteren Raum einnehmen. Der Entwurf stellt statt dessen den Gehilfen als Pflichtenadressaten in den Vordergrund. Es fehlt an der Vorstellung vom Gehilfen als „Stellvertreter im Delikt", als wirklichen Repräsentanten. Der Entwurf greift also insofern zu kurz und kann sein Ziel einer „den Anforderungen des heutigen sozialen Lebens gerecht werdenden Regelung" nicht erreichen.

Dennoch verdient er einer näheren Betrachtung. Er stellt aus der Sicht der vorliegenden Arbeit einen Schritt in die richtige Richtung dar, einen Schritt in Richtung Repräsentantenhaftung und Deliktsfähigkeit juristischer Personen. Der Entwurf nimmt sich der Problematik des Verschuldenserfordernisses bei der Repräsentantenhaftung an, indem er auf das Verschulden des Verrichtungsgehilfen abstellt. Die Verfasser glauben damit, dem Verschuldensprinzip des deutschen Deliktsrechts Genüge zu tun[625]. Daß dem nicht so ist, zeigte *Baur* bereits im Zuge der durch die Erarbeitung des Entwurfs ausgelösten Diskussion 1962 überzeugend auf: Nach dem Vorschlag der Referenten kommt einem Verschulden des Geschäftsherrn, für den die Haftung angeordnet wird, keinerlei Bedeutung zu, und nur hierauf bezieht sich das Verschuldenserfordernis[626].

Gerade an dieser Ausrichtung des Referentenentwurfs am Verschulden des Gehilfen wird besonders stark Kritik geübt. Ihr Vorwurf ist, der entworfene § 831 würde genau dem § 278 BGB entsprechen und damit die Differenzierung zwischen Vertrags- und Deliktsrecht aufgeben[627]. Diese Kritik verkennt jedoch, daß die Neufassung der Gehilfenhaftung unter Verzicht auf ein Verschulden des Geschäftsherrn nicht gedacht ist, um § 278 BGB in sich aufgehen

---

[624]K. Schmidt, Karlsruher Forum 1993, 3 (6), kritisiert dies als eine Vermischung personalen Unrechts des deliktisch handelnden Gehilfen mit organisatiorischem Unrecht des Unternehmensträgers, auf den es ankommen muß.

[625]Referentenentwurf, II, S. 8, 111.

[626]Baur, Zur dogmatischen Einordnung der Haftung für „Verrichtungsgehilfen", Karlsruher Forum 1962, 14 (15).

[627]E. Schmidt, AcP 170 (1970), 502 f.

zu lassen[628]. Indem der Anwendungsbereich des § 278 BGB durch das Deliktsrecht weder verkleinert, noch aber durch Umgehungsversuche vergrößert wird, behält die Vorschrift ihren Sinn[629]. § 831 nach dem Entwurf von 1967 zieht im Gegensatz zu § 278 BGB nicht die sonstigen Folgen einer vertraglichen Pflichtverletzung nach sich.

Von Interesse ist neben dem Verzicht auf den Entlastungsbeweis und der Anknüpfung an das Verschulden des Gehilfen die Weite des Ansatzes. Nach dem Referentenentwurf soll die Gehilfenhaftung nicht nur für juristische Personen oder Großbetriebe gelten. Eine Beschränkung auf diese durch eine Ausnahmeregelung für Privathaushalte und Kleinbetriebe etwa, wird ausdrücklich von den Verfassern abgelehnt. Im Schrifttum wird eine solche Beschränkung teilweise gefordert. Eine vollständige Beseitigung der Entlastungsmöglichkeit habe für Haushalte und Kleinunternehmen „ihren guten Sinn“, da sie erfahrungsgemäß von den ihnen zu Gebote stehenden Versicherungsmöglichkeiten nur selten Gebrauch machten[630]. Dies überzeugt jedoch nicht. Denn es gibt keinen Grund, warum derjenige, der sich die Einzahlung in die Versicherung spart, durch die Beibehaltung des Entlastungsbeweises in § 831 BGB bevorzugt werden soll. Im englischen Recht besteht eine solche Beschränkung der Gehilfenhaftung nicht. Die Gegner der Beschränkung auf Großbetriebe sind auch in Deutschland in der Mehrheit. So argumentiert *von Caemmerer* überzeugend[631]:

> „Der Großbetrieb ist, auch wenn die Zahl deliktischer Schädigungen Dritter bei der Größe der Belegschaft absolut größer ist, deshalb nicht typisch „gefährlicher“ als der kleinere Betrieb. Die Häufigkeit von Haftungsfällen muß im Verhältnis zu Betriebsgröße und Mitarbeiterzahl gesehen werden. Auch die versicherungsmäßige Kalkulierbarkeit ist ohne Rücksicht auf die Betriebsgröße gegeben. Jeder Betrieb, ob Groß- oder Kleinbetrieb, muß das Risiko von Haftpflichtfällen seiner Betriebsangehörigen bei der Ausführung ihrer Arbeit tragen und als Betriebskosten einkalkulieren, es versichern und über die Preise seiner Lieferungen oder

---

[628] Referentenentwurf, II, S. 101.
[629] Siehe hierzu oben, unter B.II.6.b.
[630] So z.B. Larenz/Canaris, Schuldrecht, II/2, S. 484.
[631] Von Caemmerer, Reformprobleme der Haftung für Hilfspersonen, ZfRV 14 [1973], 241 (252).

sonstigen Leistungen auf seine Kunden abwälzen. Das geschieht heute praktisch bereits, da die Betriebshaftpflichtversicherung die Haftung des Geschäftsherrn ebenso deckt wie die persönliche Haftung des Arbeitnehmers... Ein Grund für eine haftpflichtrechtliche Differenzierung, die zugleich zu unbegründeter Wettbewerbsungleichheit führen würde, liegt danach nicht vor."

Diese Diskussion, die in Zusammenhang mit dem Referentenentwurf um die vollständige oder aber beschränkte Aufgabe des Entlastungsbeweises geführt wurde, kann auch heute noch bei der Erarbeitung eines neuen Konzeptes fruchtbar gemacht werden. In England steht im allgemeinen weder Groß- noch Kleinbetrieben oder Haushalten bei Gehilfenhaftung eine Entlastungsmöglichkeit zu. Im deutschen Recht besteht, wie sich aus den obigen Erwägungen ergibt, kein Grund, dies bei der Neustrukturierung anhand des englischen Modells zu modifizieren.

In die gleiche Richtung gehen Forderungen, eine im personalen Anwendungsbereich so weitgehende Haftung summenmäßig zu begrenzen, um die Wirtschaft vor ruinösen finanziellen Belastungen zu schützen. Gedacht wird dabei an Haftungshöchstgrenzen, wie sie bei Tatbeständen der Gefährdungshaftung üblich sind. Auch in diesem Punkt läßt sich die Diskussion um den Referentenentwurf fruchtbar machen. Bereits 1962 wurde geklärt, daß Haftungshöchstgrenzen nicht notwendig sind, da die Betriebshaftpflichtversicherungen regelmäßig „Verrichtungsklauseln" beinhalten, durch die das Verschulden der Verrichtungsgehilfen und deren daraus entstehende Haftung mitgedeckt wird[632]. Dies zeigt, daß das von Verrichtungsgehilfen ausgehende Risiko durchaus kalkulierbar und versicherbar ist, auch ohne daß entsprechende Haftungshöchstgrenzen festgelegt würden.

Mit der Änderung des Wortlauts von § 831 wollen die Bonner Referenten auf § 831 Abs. 2 BGB vollständig verzichten. Grund hierfür ist seine Sinnlosigkeit in einem Haftungssystem, das nicht mehr auf das Auswahl- oder Überwachungsverschulden abstellt. Ein Bedürfnis für eine Änderung des Absatzes 2, ähnlich der des bisherigen Absatz 1, besteht denn auch nicht. Eine Haftung in Gestalt einer unbedingten Einstandspflicht für den Beauftragten für die unerlaubten Handlungen des Gehilfen hätte keine eigenständige Bedeutung. § 831 Abs. 2 BGB hat die Funktion, eine Lücke zu schließen, die

[632]Vergleiche Weitnauer, Karlsruher Forum 1962, 3 (6).

bei Beauftragung eines anderen mit der Auswahl und Überwachung entsteht. Eine solche Lücke kann nach einem Verzicht auf den Entlastungsbeweis nicht mehr entstehen, weil der Geschäftsherr unabhängig davon, von wem und wie diese ausgesucht wurden, für seine Gehilfen haftet[633]. Dieser Gedanke besitzt auch bei Anlehnung an das englische Modell und dem damit einhergehenden Verzicht auf eine generelle Exkulpationsmöglichkeit des Geschäftsherrn Gültigkeit.

Neben der Umstellung der Gehilfenhaftung in § 831 BGB spielt im Referentenentwurf die Modifizierung des § 840 BGB eine bedeutende Rolle. Der Entwurf sieht folgenden Wortlaut vor[634]:

> „§ 840:
>
> (1) Sind für einen Schaden auf Grund gesetzlicher Schadensersatzpflicht mehrere nebeneinander verantwortlich, so haften sie als Gesamtschuldner.
>
> (2) Wer neben einem anderen auf Grund gesetzlicher Schadensersatzpflicht zum Ersatz eines Schadens verpflichtet wäre, von dieser Ersatzpflicht aber durch Vertrag befreit ist, ist dem anderen zum Ausgleich in dem gleichen Umfang verpflichtet, in dem er ihm bei Bestehen eines Gesamtschuldverhältnisses zum Ausgleich verpflichtet wäre. Entsprechendes gilt, wenn die Befreiung von der Ersatzpflicht auf einer besonderen gesetzlichen Vorschrift beruht, soweit nicht etwas anderes bestimmt ist."

Die Referenten verfolgen damit das Ziel, die Konstellationen zu klären, in denen die normale Abwicklung eines Schadensfalles, an dem mehr als ein Schädiger beteiligt ist, nach den Grundsätzen des Gesamtschuldverhältnisses dadurch gestört ist, daß einer der sonst Haftenden beispielsweise durch Vertrag dem Geschädigten gegenüber von der Haftung befreit ist[635]. Im Gegensatz zu anderen Teilen des Referentenentwurfs ist diese Neuregelung wenig Kritik ausgesetzt. Dem Bedürfnis nach einer klaren, verständlichen und einheitlichen Lösung des sogenannten gestörten Gesamtschuldnerausgleichs

---

[633] Referentenentwurf, II, S. 112.
[634] Referentenentwurf, I, S. 6.
[635] Referentenentwurf, II, S. 137.

sollte durchaus mit einer solchen Regelung nachgekommen werden. Bei Anerkennung der Deliktsfähigkeit juristischer Personen könnte der im Entwurf vorgeschlagene Wortlaut problematisch sein. Der Referentenentwurf selbst geht nicht so weit, juristische Personen als Pflichtenadressaten und unmittelbar für ihre Repräsentanten haftende Rechtssubjekte anzuerkennen. Der vorgeschlagene § 840 Abs. 2 zieht den Verdacht auf sich, Haftungsfreistellungen in Arbeitsverträgen ihres Sinnes zu entleeren. Relevant ist dies nur in den Fällen, in denen ein Deliktstatbestand verwirklicht wurde, der sich neben der juristischen Person auch an ihren Repräsentanten als Pflichtenadressaten wendet. In diesen Fällen würde er dazu führen, daß im Außenverhältnis allein der Arbeitgeber juristische Person haften würde, im Innenverhältnis allerdings der Arbeitnehmer dem Arbeitgeber zum Ausgleich verpflichtet wäre. Tatsächlich dürfte sich jedoch die gleiche Situation ergeben, die bereits heute im Bereich der deliktischen Haftung von Arbeitnehmern gilt[636]: Grundsätzlich kann der Arbeitgeber seinen Arbeitnehmer im Innenverhältnis zum Ausgleich heranziehen, meistens jedoch wird auch dies vertraglich ausgeschlossen sein[637]. Da mit der Umsetzung der Deliktsfähigkeit von Vereinen nach englischem Vorbilde keineswegs die Abschaffung jeder denkbaren Eigenhaftung eines Arbeitnehmers einhergeht, bleibt auch danach die Möglichkeit für eine Klärung des gestörten Gesamtschuldnerausgleichs bestehen, wie sie im Referentenentwurf vorgeschlagen wurde.

2. Abstellen auf Erwerbsgeschäfte

Kritiker des Bonner Referentenentwurfs sehen insbesondere die mangelnde Trennung von Erwerbsgeschäften und anderen Tätigkeiten als inakzeptabel an. So formuliert *Bydlinski* als Reformvorschlag des § 831 BGB folgenden Wortlaut[638]:

> „§ 831:
>
> Wer einen anderen zu einer Verrichtung bei einem gefährlichen Betrieb oder sonst zu einer gefährlichen Verrichtung bestellt, haf-

[636] Daß der Referentenentwurf vertragliche Haftungsbefreiungen und Frestellungsklauseln im Innenverhältnis weiterhin zulassen wollte, ergibt sich bereits aus der Begründung des Entwurfs (Referentenentwurf, II, S. 137).

[637] Siehe hierzu oben, unter C.II.4.a.

[638] Bydlinski, (österr.) Zeitschrift für Verkehrsrecht 1980, 254 (365).

> tet für den einem Dritten daraus entstehenden Schaden, wenn den Gehilfen ein Verschulden trifft.
>
> Ebenso haftet für das Verschulden seines Gehilfen, wer diesen in seinem auf Umsatz von Gütern oder Leistungen gerichteten Unternehmen bestellt hat, wenn und soweit der Schaden nach Art und Umfang des Unternehmens voraussehbar und durch die Bestellung von Gehilfen im Unternehmen begünstigt war.
>
> Fehlt es am Verschulden des Gehilfen nur wegen seiner persönlichen Eigenschaften, so bleibt es bei der Haftung des Geschäftsherrn.“

Diese sehr differenzierte Regelung soll eine unbedingte Einstandspflicht kleiner Familienunternehmen ebenso wie eine Haftung für Auszubildende oder Hausgehilfen von der Haftungsverschärfung ausschließen. Sie leidet jedoch im Gegenzug an anderen Mängeln. Zum einen ist eine Differenzierung zwischen Unternehmen und anderen Geschäftsherrn bereits aus den oben genannten Gründen nicht wünschenswert[639]. Zum anderen enthält der vorgeschlagene § 831 eine Anhäufung unbestimmter Rechtsbegriffe, für deren Auslegung die unterschiedlichsten Grundlagen in Betracht kommen. Dies sind etwa die von *Bydlinski* verwendeten Begriffe des gefährlichen Betriebs und der Voraussehbarkeit des Schadens nach Art und Umfang des Unternehmens. Zudem erscheint auch das Bedürfnis widersprüchlich, an einem Verschulden zumindest einer der beiden Beteiligten, Geschäftsherr oder Gehilfe festzuhalten, dieses jedoch im dritten Absatz aufzugeben und auf ein Verschulden ganz zu verzichten. Abgesehen von diesen Bedenken kommt der Entwurf *Bydlinskis* der Deliktsfähigkeit juristischer Personen nicht näher als als der Bonner Referentenentwurf.

3. Analogie zu § 31 BGB

Parallel zum Referentenentwurf 1967 versuchen Teile des Schrifttums die Problematik der Haftung juristischer Personen durch eine analoge Anwendung von § 31 BGB auf alle leitenden Angestellten zu lösen[640]. Es handelt sich

[639] Siehe hierzu oben, unter D.III.1.

[640] Vor allem Steindorff, AcP 170 (1970), 93 ff.

dabei um einen Erklärungsversuch für die Umgehung des § 831 BGB, für die die Rechtsprechung mit ihrer „erweiternden Auslegung“ keinen befriedigenden Lösungsweg beschritten hatte. Von einer Analogie im technischen Sinne kann jedoch eigentlich nicht gesprochen werden. Den Verfassern geht es vielmehr darum, die verschiedenen ökonomischen und soziologischen Gründe für eine Haftung ohne Entlastungsmöglichkeit für alle Gehilfen zu begründen. Hierin stimmen sie mit den Bonner Referenten überein. Im Gegensatz zu diesen glauben sie, ihre Ziele schon *de lege lata* mit Hilfe eine „Analogie“ erreichen zu können. Hierzu sollen betrieblich-innerorganisatorische statt juristischer Kriterien dienen[641]. Diese Erwägungen liegen jedoch nur neben anderen dem § 31 BGB zugrunde[642], so daß eine „Analogie“, die sich allein auf die genannten Überlegungen stützt, abzulehnen ist[643].

Selbst wenn man die Bedenken gegen die Grundlagen dieser „Analogiebildung“ beiseite läßt, ist durch die Theorie der analogen Anwendung von § 31 BGB auf andere Arbeitnehmer mit Organisations- oder Planungsverantwortung nicht viel gewonnen. Sie entspricht im Ergebnis der bisherigen Rechtsprechung zu § 31 BGB, die den Anwendungsbereich auf alle leitenden Angestellten „ausdehnte“. Einen Fortschritt vom geltenden Recht in Richtung Deliktsfähigkeit juristischer Personen nach englischem Vorbild bedeutet die unterschiedliche theoretische Herleitung nicht.

4. Verschuldensunabhängige Haftung

Ein weiterer Reformvorschlag wird in der Literatur von *von Bar* unterbreitet[644]. Er stützt sich auf die Schaffung einer verschuldensunabhängigen Gefährdungshaftung juristischer Personen. Hierunter ist eine verhaltenslose Zustandshaftung für die Verletzung von Verkehrspflichten zu verstehen.

Seine Grundlage hat dieser Vorschlag in der Feststellung, daß häufig nur noch formal von einem Verschuldenserfordernis gesprochen werden kann, „weil eine nach Schadenseintritt den Schaden vermeidende Pflicht immer gefunden werden kann und weil für das Verschulden nur die objektivierte innere Sorgfalt bleibt“. Motiviert wird die Entwicklung zu einem Sonder-

[641]Steindorff, a.a.O., S. 120 ff.

[642]Siehe oben, unter B.II.4.

[643]Ausführlich Martinek, Repräsentantenhaftung, S. 192 f.

[644]Chr. von Bar, Verkehrspflichten, S. 261.

regime verschuldensunabhängiger Gefährdungshaftung juristischer Personen hin von einer vertieften Beschäftigung mit der Haftung juristischer Personen aus Verkehrspflichtverletzungen. Hieraus entsteht die dem Konzept *von Bars* zugrundeliegende Überzeugung, daß die juristische Person zwar Zugriffssubjekt von Anspruchsgrundlagen der Gefährdungshaftung sein könne, eines eigenen Verhaltens und damit eines eigenen Verschuldens aber unfähig sei[645]. Die Folgerungen sind weitreichend. Auf ein Verschulden müsse man gänzlich verzichten und sich von der Anknüpfung an § 31 BGB lösen[646].

Dieser Reformvorschlag hat mit dem Referentenentwurf 1967 wenig gemeinsam. Schon das Ziel ist ein anderes: Während der Referentenentwurf eine Klärung der Haftung für Verrichtungsgehilfen anstrebt, will *von Bar* die Haftung juristischer Personen aus Verkehrspflichtverletzungen auf eine eigene, von §§ 31, 831 BGB unabhängige Grundlage stellen. Um dies zu erreichen, bedarf es einer Entwicklung außerhalb des Gesetzes, die als Pendant zur Entfernung der Haftungstatbestände der Verkehrspflichten vom Gesetzeswortlaut gerechtfertigt wird. Der Vorschlag, ein Sonderregime von Gefährdungshaftung nur für juristische Personen zu schaffen, deckt schon nach der Intention lediglich einen Teilbereich der Deliktshaftung juristischer Personen, nämlich ihre Haftung aus Verkehrspflichtverletzungen, und ist damit auf einer anderen Ebene als die Neuregelung der Deliktshaftung juristischer Personen nach englischem Vorbild angesiedelt. Interessant ist dieses Konzept dennoch im Hinblick auf das Ziel der vorliegenden Arbeit wegen der konstruktiven Schwierigkeiten, auf die der Entwurf *von Bars* trifft. Ähnlich wie bei der Übertragung der Deliktsfähigkeit juristischer Personen nach englischem Vorbild muß auch bei dem Vorschlag einer verschuldensunabhängigen Haftung aus Verkehrspflichtverletzungen die Frage nach dem „richtigen" Pflichtenadressaten beantwortet werden. *Von Bar* stellt auf die Person ab, die bei natürlicher Betrachtung des jeweiligen Deliktstatbestandes als Adressat erkennbar ist. Haftet etwa der Eigentümer, so ist er selbst Adressat der deliktsrechtlich sanktionierten Verhaltenspflicht, unabhängig davon, ob er natürliche oder juristische Person ist[647]. Er kommt also zu der gleichen Antwort, zu der auch die Übertragung des englischen Modells führt[648]. Die juristische Person kann dann eine Zustandshaftung treffen, weil entscheidend

[645] Vergleiche Chr. von Bar, FS für Z. Kitagawa, S. 288 f.
[646] So Chr. von Bar, FS für Z. Kitagawa, S. 290.
[647] Chr. von Bar, ebenda.
[648] Siehe hierzu oben, unter C.II.3.b.

die Gesichtspunkte der eigenverantwortlichen Gefahrübernahme und der Gefahrbeherrschung sind[649].

Klammert man den begrenzten Anwendungsbereich der entworfenen Gefährdungshaftung aus, so stößt dennoch das Ergebnis dieses Haftungsregimes auf Bedenken. Seine Konsequenz ist letztlich die Aufgabe des Grundsatzes der Gleichbehandlung juristischer und natürlicher Personen. Die juristische Person wird dafür haftbar gemacht, daß sie eben nicht „ohne fremde Hilfe", also ohne das Zutun natürlicher Personen, existieren kann. Denn Fundament der dargestellten Gefährdungshaftung kann es letztlich nur sein, daß sie aufgrund ihrer Organisation generell eine besondere Gefahr darstellt, der durch eine verschuldensunabhängige Haftung zu begegnen ist. Die Gefährdungshaftung als anerkanntes Instrument des Haftungsrechts spielt stets nur dort eine Rolle, wo der Gesetzgeber glaubt, ein erhöhtes Gefahrenpotential müsse zum Nutzen der Gesellschaft hingenommen werden, was durch ein entsprechend strenges Haftungsregime zu kompensieren sei[650]. Wo aber sollte dieses erhöhte Gefahrenpotential bei einer juristischen Person angesiedelt werden, wenn nicht bei der ihr gesetzlich vorgeschriebenen Struktur und Wesen?

Der damit vollzogene vollständige Bruch mit dem Verschuldensprinzip, die Ausdehnung der Gefährdungshaftung ohne Einflußnahme des Gesetzgebers und die Schwierigkeiten bei der Frage der Gleichbehandlung anderer Unternehmensträger, wie Personenhandelsgesellschaften und Einzelkaufleute, sind weitere Probleme, die der Entwurf eines haftungsrechtlichen Sonderregimes für juristische Personen aufwerfen. Für die Erarbeitung der Deliktsfähigkeit juristischer Personen im deutschen Recht ist er daher nur begrenzt nutzbar.

5. Ergänzung des § 831 BGB

Sehr viel zurückhaltender klingt die Stimme der Befürworter des jetzigen § 831 BGB, die sich zumeist in den Reihen der Verfechter des strengen Verschuldenserfordernisses finden[651]. So fordert *Kupisch*, den bestehenden § 831 BGB weitgehend zu belassen, zusätzlich aber noch das Verschulden des Gehil-

[649]Vergleiche Chr. von Bar, FS für Z. Kitagawa, S. 292.

[650]Vergleiche hierzu die Ausführungen zur Gefährdungshaftung unter B.II.3.

[651]E.Schmidt, AcP 170 (1970), 502; Deutsch, Allgemeines Haftungsrecht; Kupisch, JuS 1984, 250.

fen selbst einzufügen[652]. Ziel dieses Vorschlags ist es, die Differenz zwischen Erfüllungs- und Verrichtungsgehilfen zugunsten des Geschädigten zu minimieren. Der Verzicht auf ein Verschulden des Gehilfen wird als ungerecht empfunden: Wo ein nicht sorgfältig ausgewählter Gehilfe einen Schaden verursacht, der völlig unabhängig von der fehlerhaften Auswahl ist, soll der Geschäftsherr nicht haften. Das Ergebnis könne gerechterweise kein anderes sein, wo nicht der Geschäftsherr, sondern der Gehilfe gehandelt habe[653].

Diese Auffassung mißversteht jedoch das Abstellen auf das Auswahl- und Überwachungsverschulden des Geschäftsherrn in der geltenden Fassung des § 831 BGB. Gefordert wird eben nicht eine Kausalität der fehlerhaften Auswahl und Überwachung. Sie ist der alleinige Haftungsgrund, die unerlaubte Handlung des Gehilfen dagegen nur der tatsächliche Auslöser der Haftung[654]. Dritte sollen vor schlecht ausgewählten oder überwachten Verrichtungsgehilfen generell geschützt werden, weil von ihnen wahrscheinlich eine höhere Gefahr ausgeht. Dies konnte der geltende § 831 BGB nur durchsetzen, wenn Geschäftsherren eben generell für unerlaubte Handlungen solcher Verrichtungsgehilfen einzustehen haben, unabhängig von deren jeweiligen Verschulden, und sich damit auch für sie das Risiko einer Haftung erhöht.

Der Gedanke einer Verdoppelung des Verschuldenserfordernisses ist deshalb abzulehnen[655]. Eine Verdoppelung des Verschuldenserfordernisses kann nicht in Betracht kommen. Eine dahingehende Forderung kann daher auch der Einführung der Deliktsfähigkeit ins deutsche Recht nicht im Wege stehen.

6. Unbeschränkte Arbeitnehmeraußenhaftung

Brüggemeier[656] setzt im Gegensatz zu den übrigen Reformvorschlägen beim Problem der Arbeitnehmerhaftung an und schlägt eine Arbeitnehmeraußenhaftung vor. Diese soll unabhängig von der Qualifizierung als Organ oder Gehilfe und unabhängig von der Haftung des Geschäftsherrn nach § 31 BGB oder § 831 BGB ausgestaltet sein. Als Grund hierfür werden das Scha-

[652] Kupisch, a.a.O., S. 253.
[653] Kupisch, a.a.O., S. 253.
[654] Vergleiche etwa Staudinger-Belling/Eberl-Borges § 831; Rn. 3:
[655] So auch Referentenentwurf, II, S. 104.
[656] Brüggemeier, AcP 191 (1991), 33 (56 f.), der damit von seiner früher vertretenen Ansicht (Brüggemeier, Deliktsrecht, passim, insbes. Rz. 118-136) Abstand nimmt.

densausgleichsinteresse des Geschädigten, das aus dem Gleichbehandlungsgrundsatz fließende Differenzierungsverbot der Arbeitnehmer in ihrer Aussenhaftung und präventive Überlegungen genannt. Diese rechtlich uneingeschränkte deliktische Außenhaftung der Arbeitnehmer soll dadurch sozial abgefedert werden, daß der arbeitsvertragliche Freistellungsanspruch von der Rechtsprechung auf alle Fälle von Arbeitnehmeraußenhaftung erstreckt wird. Auf diesem Umweg kommt *Brüggemeier* dann doch zu einer alleinigen Haftung des Arbeitgebers, was angesichts der zugrundegelegten Motive des Schadensausgleichsinteresses des Geschädigten und des Präventionsgedankens seltsam anmutet.

Brüggemeier argumentiert, daß auf diesem Weg die Probleme, für wen eine Gesellschaft nach § 31 BGB zu haften habe, und inwieweit dies auf Personenverbände und Einzelunternehmen übertragbar sei, umgangen werden können. Wäre dies wahr, so gäbe es für eine Orientierung am englischen Modell gar keinen Bedarf. Doch so einfach, wie die vorgestellte Theorie klingt, so bedenklich erscheint sie bei näherer Betrachtung. Der deutsche Gesetzgeber hat eine Haftung des Geschäftsherrn nach § 831 BGB und die der juristischen Person nach § 31 BGB nicht ohne Grund eingeführt. Die diesen Vorschriften zugrundeliegenden rechtspolitischen Erwägungen und ihr Zusammenspiel mit anderen Vorschriften und Rechtsinstituten würden bei Verwirklichung der Theorie von der Arbeitnehmeraußenhaftung unberücksichtigt bleiben, ohne daß der Gesetzgeber oder die Rechtsprechung sich näher mit ihnen auseinanderzusetzen haben würden. Die reine Arbeitnehmeraußenhaftung als Grundmodell aller Fälle der Schadenszufügung durch einen Arbeitnehmer innerhalb seines Tätigkeitsbereichs ist dogmatisch nicht zu begründen. Aber auch rechtspolitisch kommt sie zu fragwürdigen Ergebnissen. Gerade durch die technische Weiterentwicklung in der Wirtschaft wird eine Haftung des Arbeitnehmers schon aufgrund seiner minderen finanziellen Leistungsfähigkeit nicht als ausreichend zum Schutz des Geschädigten angesehen. Würde man Geschädigte nun generell auf eine Klage gegen den Arbeitnehmer verweisen, so müßte sich zwangsläufig die Höhe des Schadensersatzes nach unten verändern, was angesichts der letztendlich den Arbeitgeber treffenden Haftung diesen mehr als den Geschädigten freuen dürfte. Die Überlegung, daß der Arbeitgeber durch seine Größe und finanziellen Ressourcen den Arbeitgeber erst in die Position bringt, den Schaden zu verursachen, bleibt außerdem unberücksichtigt.

Dies zeigt, daß die Kombination der Arbeitnehmeraußenhaftung mit der generellen Haftungsfreistellung durch den Arbeitgeber im Innenverhältnis keine sinnvolle Alternative zur Orientierung am englischen Recht ist. Lediglich einzelne Überlegungen *Brüggemeiers* gehen in die Richtung der Deliktsfähigkeit juristischer Personen und sind damit in diesem Zusammenhang erwähnenswert. So behandelt er zum Beispiel das Problem, daß ausschließlich der Organisationsträger Adressat einer deliktischen Verhaltenspflicht ist und es daher, sollte man das bisherige System in seinen Grundzügen beibehalten, eines zusammengesetzten Delikts aus Adressierung des Pflichtenträgers und pflichtwidrigem Verhalten der natürlichen Person bedarf[657]. Dieses Problem bewältigt *Brüggemeier* dadurch, daß er eine Übertragung der jeweiligen Verhaltenspflicht vom Arbeitgeber auf den Mitarbeiter im Arbeits- beziehungsweise Dienstvertrag annimmt[658], wobei er unbeantwortet läßt, wie dies geschehen soll und was mit den Verkehrspflichten geschieht, die ein großer Bereich jener an den Organisationsträger gerichteten Verhaltenspflichten ausmachen und anerkanntermaßen eben nicht auf einen anderen übertragen werden können[659].

Zu folgen ist *Brüggemeier* in seiner Auffassung, daß eine Differenzierung nach leitenden Angestellten und sonstigen Arbeitnehmern bei der Frage der Eigenhaftung nach den wirtschaftlichen Gegebenheiten und der Abflachung der Hierarchien innerhalb von Unternehmen abzulehnen ist[660]. Dies entspricht der hier vertretenen Auffassung, daß die Haftung juristischer Personen von der Eigenhaftung ihrer Organe losgelöst und sie selbst als Pflichtenadressaten und generell für das Verhalten ihrer Repräsentaten haftendes Rechtssubjekt anzuerkennen sind[661].

Dagegen ist seine These, daß bei Vertretung eines objektiven Fahrlässigkeitsbegriffs der Lehre vom Verhaltensunrecht gefolgt werden muß, nicht überzeugend. Sie wird aus einer Betrachtung der Entwicklung von der kausalen Handlungslehre zur heutigen Trennung von unmittelbaren und mittelbaren Rechtsgutsverletzungen hergeleitet. Rekonstruiert wird diese Wandlung des Deliktsrechts auf dogmatischer Ebene in vier Stufen. Auf der ersten Stufe stehen der kausale Handlungsbegriff und die Lehre vom Erfolgsunrecht

[657]Brüggemeier, AcP 191 (1991), S. 33 (39).
[658]Siehe Brüggemeier, a.a.O., S. 40.
[659]Vergleiche hierzu von Bar, Verkehrspflichten, S. 261 f.
[660]Brüggemeier, a.a.O., S. 58.
[661]Siehe hierzu oben, unter C.II.3.b.

im Rahmen von § 823 Abs. 1 BGB, deren Anwendung bei Prüfung einer Verkehrspflichtverletzung auf Schwierigkeiten stößt. Auf der zweiten Ebene findet sich die finale Handlungslehre *Welzels*[662] und *Nipperdeys*[663], sowie der das Bereicherungsrecht heranziehende Ansatz *von Caemmerers*[664]. Die dritte Stufe gibt die heute herrschende Meinung wieder, die zwischen unmittelbaren Rechtsgutsverletzungen und Erfolgsunrecht einerseits und mittelbaren Rechtsgutsverletzungen und Verhaltensunrecht andererseits unterscheidet und von *Larenz*[665], *Stoll*[666] und *Deutsch*[667] entwickelt wurde. Die letzte Entwicklungsstufe folgt aus der Lehre von der objektiven Fahrlässigkeit, wie sie *E. Schmidt*[668] und *Brüggemeier* selbst vertreten. Sie will die Trennung zwischen unmittelbaren und mittelbaren Rechtsgutsverletzungen aufheben und auf das gesamte Deliktsrecht die Lehre vom Verhaltensunrecht anwenden. Dies sei beim Abstellen auf den objektiven Fahrlässigkeitsbegriff unvermeidbar[669].

Um diese These zu beurteilen, muß die Lehre von der objektiven Fahrlässigkeit herangezogen werden. Sie schlägt vor, die Feststellung einer Verletzung der in § 823 Abs. 1 BGB genannten Rechte und Rechtsgüter stets davon abhängig zu machen, ob dem Schädiger dem Geschädigten gegenüber eine dahingehende Verhaltenspflicht oblag, welches Ausmaß diese hatte und welche Schwere ihrer Verletzung zukommt. Das gesamte Deliktsrecht soll also umgestellt und die Haftung wegen Verkehrspflichtverletzungen zur einzigen Haftungsbegründung werden[670]. Folgt man dieser Ansicht, so ist die objektive Fahrlässigkeit nichts anderes als das Kriterium, nach dem sich die Tatbestandserfüllung unter Heranziehung der einschlägigen Verkehrspflicht richtet. Konsequent ist es daher tatsächlich, allein der Lehre vom Verhaltensunrecht zu folgen.

Dieser Theorie ist jedoch nicht zu folgen. Der Wortlaut des § 823 Abs. 1 BGB und der übrigen gesetzlich bestimmten deliktischen Anspruchsgrundla-

---

662 Welzel, Das neue Bild des Strafrechtssystems.
663 Nipperdey, NJW 1957, 1777.
664 Von Caemmerer, Karlsruher Forum 1961, 19.
665 Larenz, FS für H. Dölle, S. 169.
666 Stoll, AcP 162 (1963), 203.
667 Deutsch, Fahrlässigkeit und erforderliche Sorgfalt, S. 93 ff.
668 E. Schmidt AcP 170 (1970), 502 (520 ff.).
669 Siehe zur Herleitung Brüggemeier, AcP 191, 33 (45).
670 Brüggemeier, a.a.O., S. 49 f.

gen gibt nichts für eine Bestimmung der Verletzung je nach Vorliegen einer Verkehrspflicht her, sondern verurteilt die Verletzung des geschützten Rechtsguts gerade im Gegensatz zum Vertragsrecht nicht wegen persönlicher Beziehungen, sondern schon bei der Teilnahme am allgemeinen Rechtsverkehr. Die Theorie von der objektiven Fahrlässigkeit, wie sie *Brüggemeier* vertritt, würde zu einer Umwälzung der heute unter dem Stichwort Kausalität beziehungsweise Adäquanz diskutierten Probleme auf die Feststellung einer entsprechenden Verkehrspflicht und ihrer Verletzung im Einzelfall führen. Dabei würden die bisher auf die neben dem Gesetz entwickelten Verkehrspflichten beschränkten Probleme auf das gesamte Deliktsrecht übertragen, was nicht wünschenswert ist. Dieser Ansicht ist daher nicht zu folgen.

Vielmehr muß die Lehre von der objektiven Fahrlässigkeit von der in der vorliegenden Arbeit vertretenen Objektivierung des Fahrlässigkeitsbegriffs unterschieden werden. Diese Objektivierung soll nicht zu einer Ausdehnung der Verkehrspflichten führen, sondern die Verwendung des Verschuldensbegriffs im Zusammenhang mit juristischen Personen erleichtern. Sie stützt sich zwar ebenfalls auf die Entwicklung im Verständnis des deutschen Deliktsrechts, die den Fahrlässigkeitsschuldvorwurf bereits weitgehend objektiviert und das subjektive Fehlverhalten entweder vermutet, oder sogar ganz darauf verzichtet[671]. Im Gegensatz zu der von *Brüggemeier* vertretenen Auffassung ist diese Entwicklung jedoch auf der Tatbestandsebene zu berücksichtigen. Dies macht eine Entscheidung zwischen Verhaltens- und Erfolgunrecht entbehrlich, so daß der herrschenden Meinung und der Unterscheidung von unmittelbaren und mittelbaren Rechtsgutsverletzung auch nach Objektivierung des Fahrlässigkeitsbegriffs und Anerkennung der Deliktsfähigkeit juristischer Personen gefolgt werden kann.

Insgesamt paßt die uneingeschränkte Arbeitnehmeraußenhaftung zur primären Befriedigung der Ausgleichsansprüche des Geschädigten nicht in das in der vorliegenden Arbeit vertretene Modell der Repräsentantenhaftung. Seine Schwächen zeigen, daß es auf dem von *Brüggemeier* vorgeschlagenen Weg keine tragbare Alternative zur Deliktsfähigkeit juristischer Personen gibt.

[671]Siehe hierzu oben, unter C.III.1.

7. Deliktsfähigkeit im Bereich Verkehrspflichten

Ähnlich wie *von Bar* setzt *Kleindiek* bei den Verkehrspflichten, ihrer Entwicklung und den konstruktiven Schwierigkeiten der Haftung juristischer Personen aus der Verletzung von Verkehrspflichten an[672]. Im Gegensatz zu *von Bar* gelangt er jedoch nicht zu einer verhaltenslosen Zustandshaftung, sondern zu einer Deliktsfähigkeit juristischer Personen, soweit Verkehrspflichten betroffen sind. Sein Ziel ist es, die Haftung juristischer Personen aus Verkehrspflichten auf eine neue Basis zu stellen. Er erreicht dies durch die Deutung der richterlichen Entwicklung von Verkehrspflichten als Erfüllung eines Auftrags des Gesetzgebers[673]. Danach ist es ihm möglich, neben der Deliktshaftung juristischer Personen gemäß § 31 BGB einen zweiten Typ ihrer Deliktshaftung auszumachen: Die Verkehrspflichtfälle. Bei diesen sei bereits nach geltendem Recht die juristische Person Pflichtenträger. Die Pflicht der juristischen Person und das schuldhafte Verhalten des Organs würden dabei zu einem Delikt zusammengerechnet[674]. Daß dies bereits nach geltendem Recht möglich sei, glaubt *Kleindiek* aus § 31 BGB herauslesen zu können; die ganz herrschende Lehre, die § 31 BGB allein als Haftungsausdehnungsnorm versteht, bedarf nach seiner Auffassung der Korrektur[675].

Diese Theorie hat zwei Schwachpunkte: Zum einen ist dies die mangelnde Nachweisbarkeit eines Auftrags der Väter des Bürgerlichen Gesetzbuchs an die Richter, die Haftung aus Verkehrspflichten neben dem Gesetz zu entwickeln. Zum anderen überzeugt es nicht, § 31 BGB als eine Norm zu deuten, die nach dem Willen des Gesetzgebers nicht nur die Haftungsausdehnung einer bereits bestehenden Eigenhaftung eines Organs auf die juristische Person zuläßt, sondern daneben die juristische Person als eigentlichen Pflichtenträger anerkennt, der für Verkehrspflichten unabhängig von der Eigenhaftung der Organe verantwortlich sei[676].

Schon die als ganz herrschend dargestellte Deliktsfähigkeit im gemeinen Recht des neunzehnten Jahrhunderts, derer sich die Väter des Bürgerlichen Gesetzbuchs bewußt gewesen sein sollen, scheint zweifelhaft. Mit dieser Auffassung sind Aufsätze und Gerichtsentscheidungen des ausgehenden neunzehn-

[672]Kleindiek, Deliktshaftung und juristische Person, passim.
[673]Kleindiek, a.a.O., S. 114.
[674]Kleindiek, a.a.O., S. 183 ff.
[675]Kleindiek, a.a.O., S. 241.
[676]Vergleiche Martinek, AcP 198 (1998), 11 (16 f.).

ten Jahrhunderts nicht zu vereinbaren, in denen sich alles andere als eine klare, einheitliche Linie zur Deliktsfähigkeit juristischer Personen widerspiegelt. So stellt beispielsweise *Loening*, selbst an der Diskussion beteiligt, in seiner Monographie aus dem Jahre 1879 klar heraus[677]:

> „Ein neueres Gewohnheitsrecht, durch welches eine solche Haftbarkeit im gemeinen Recht eingeführt worden wäre, lässt sich nicht nachweisen. Die Verschiedenheit der in der Literatur und in der Praxis verteidigten Ansichten, wie das Schwanken in der Rechtsprechung selbst derjenigen Gerichtshöfe, welche zeitweise die Haftbarkeit juristischer Personen als zu Recht bestehend annahmen, zeigen klar, daß sich eine gemeinsame Rechtspraxis nicht gebildet hat, eine solche also auch in der Praxis nicht zum Ausdruck gelangen konnte."

Diese Zweifel gegen das *Kleindieksche* Modell verstärkt, daß schon beim Nachlesen der Aufsätze zur Frage der Deliktsfähigkeit juristischer Personen, die kurz nach Inkrafttreten des Bürgerlichen Gesetzbuchs veröffentlicht wurden, sein Argumentationsgang nicht haltbar erscheint. Die Zugrundelegung der von ihm geschilderten historischen Konzeption durch die Väter des Bürgerlichen Gesetzbuchs kann nicht eindeutig und selbstverständlich gewesen sein, da noch im Anschluß ans Inkrafttreten des Bürgerlichen Gesetzbuchs die Frage der Deliktsfähigkeit juristischer Personen weiterhin einen lebhaft diskutierten Streitgegenstand darstellte[678]. So begrüßten einige der Autoren den neu geschaffenen § 31 BGB als eine Anerkennung der Deliktsfähigkeit juristischer Personen durch den Gesetzgeber[679], während andere das genaue Gegenteil vermerkten. So schreibt *L. von Bar* im Jahre 1907[680]:

---

[677] Loening, Die Haftung des Staates aus rechtswidrigen Handlungen seiner Beamten, S. 84.

[678] Siehe hierzu den Aufsatz von Lenel, DJZ 1902, 9, und die Monographien von Krüger, Die Haftung der juristischen Personen aus unerlaubten Handlungen nach gemeinem Recht und dem bürgerlichen Gesetzbuche (1901), Hafter, Die Delikts- und Straffähigkeit der Personenverbände (1903) und L. von Bar, Gesetz und Schuld im Strafrecht (1907).

[679] Krüger, Die Haftung der juristischen Personen aus unerlaubten Handlungen nach gemeinem Recht und dem bürgerlichen Gesetzbuche, S. 28.

[680] L. von Bar, Gesetz und Schuld im Strafrecht, S. 143 f.

„Wenn also die moderne deutsche Rechtsprechung in umfangreicher Weise die Haftung für Schadensersatz bei juristischen Personen da angenommen hat, wo bei physischen Personen ein zurechenbares Unrecht, eine Deliktsobligation angenommen wird, so beweist dies für eine wirkliche Deliktsfähigkeit juristischer Personen nichts.“

und auf der folgenden Seite:

„In § 31 BGB ist eine Deliktsfähigkeit der Vereine nicht ausgesprochen.“

Unterstellt man dennoch die Korrektheit dieser Annahmen, so könnte diese Theorie durchaus nützlich für ein dem englischen Recht folgendes Konzept sein. Im Gegensatz zu allen anderen Reformvorschlägen versucht *Kleindieks* Modell auch, die Deliktsfähigkeit juristischer Personen zu begründen. Seine Überlegungen werfen allerdings die Frage auf, warum die Deliktsfähigkeit juristischer Personen auf ihre Haftung aus Verkehrspflichtverletzungen begrenzt bleiben muß. Bei *Kleindiek* liegt der Grund erkennbar darin, daß nur für die Verkehrspflichten ein Auftrag des Gesetzgebers an die Richter zur flexiblen Ausgestaltung hergeleitet wird und nur hier ein Bedürfnis für die Adressierung der juristischen Person als Pflichtenträger zu bestehen vorgegeben wird. Es überzeugt jedoch nicht, warum § 31 BGB neben der Haftungsausdehnung auch eine von der Eigenhaftung der Organwalter unabhängige Haftungsbegründung für juristische Personen beinhalten soll, die sich rein auf Verkehrspflichten beschränkt. Sofern sich überhaupt unter Zuhilfenahme der Organtheorie eine eigene Haftung des Vereins aus § 31 BGB ableiten läßt, gibt es doch in dieser Vorschrift keinen Hinweis auf eine Unterscheidung zwischen Verkehrspflichten und anderen Anspruchsgrundlagen.

Problematisch scheint vor dem Hintergrund der bisher angestellten Überlegungen zur Übertragbarkeit der Deliktsfähigkeit aus dem englischen ins deutsche Recht die Beschränkung der *Kleindiekschen* Haftung der juristischen Person aus Verkehrspflichtverletzung auf das Verschulden von Organwaltern. Dies erinnert an die, von *Kleindiek* selbst kritisierte, Lehre vom Organisationsmangel[681], in der bereits der Eintritt des Schadens in den allermeisten Fällen als Indiz für die mangelnde Organisation und damit für ein

[681] Kleindiek, a.a.O., S. 314 ff.

Verschulden eines Organs ausreicht. Durch die „normtext-autonome“ Entwicklung seines Modells, also unter Ausblendung des geltenden Rechts, und die Orientierung an der geschichtlichen Entwicklung setzt *Kleindiek* sich nur sehr abstrakt mit den konstruktiven Schwierigkeiten auseinander, auf die die Begründung einer Deliktsfähigkeit juristischer Personen stößt, so daß seine Erkenntnisse bei der konkreten Erstellung eines neuen Konzeptes nicht weiterhelfen können.

8. Ergebnis

Die verschiedenen Reformvorschläge sind für die Übertragung des englischen Modells der Deliktsfähigkeit juristischer Personen nur begrenzt von Nutzen. Ihnen ist die Erkenntnis zu verdanken, daß die generelle Abschaffung der Entlastungsmöglichkeit in § 831 BGB ohne Ausnahme für Privathaushalte und Kleinbetriebe, wie es das englische Recht vorsieht, möglich ist. Daneben geht aus ihnen hervor, daß Haftungshöchstgrenzen bei Einführung einer Repräsentantenhaftung nicht geboten sind. Auch die Tatsache, daß für eine Änderung des § 831 Abs. 2 BGB bei Anerkennung der Repräsenantenhaftung kein Bedürfnis besteht, wird in den Reformvorschlägen deutlich. Positiv fällt die Erkenntnis ins Gewicht, daß eine Übernahme der englischen Konzeption einer Neuregelung des Gesamtschuldnerausgleichs in § 840 BGB und damit einer Lösung des gestörten Gesamtschulnerausgleichs, etwa gemäß dem Referentenentwurf 1967, nicht im Wege stehen würde. Unverkennbar geht aus den oben vorgestellten Ideen die Bereitschaft hervor, juristische Personen überhaupt als Pflichtenträger anzuerkennen (*Chr. von Bar, Kleindiek*). Und schließlich ergibt sich, daß eine unbeschränkte Arbeitnehmeraußenhaftung in Verbindung mit einer vertraglichen Haftungsfreistellungspflicht des Arbeitgebers, also eine indirekte Haftung unabhängig von der Organisationsform, nicht möglich ist, um zum gewünschten Ergebnis zu kommen.

IV. Umsetzungsmöglichkeiten

1. De lege lata oder de lege ferenda

Um juristische Personen in Deutschland in Anlehnung an das englische Recht deliktsfähig zu machen, bedarf es einiger Änderungen im geltenden Recht. Die erste Frage ist, ob diese Änderungen *de lege lata* oder aber nur *de lege ferenda* möglich sind. Eine Antwort hierauf läßt sich nur ausgehend von Überlegungen zur Umsetzung *de lege lata* finden. Denn nur, wenn man ohne gesetzgeberische Maßnahmen nicht mehr weiterkommen kann, müssen solche Maßnahmen auch getroffen werden[682]. Zunächst soll daher dargestellt werden, wie sich durch entsprechende Auslegungen der gegebenen Normen des Bürgerlichen Gesetzbuchs eine Deliktsfähigkeit mit den im englischen Recht aufgefundenen Charakteristika ergeben kann. Anschließend müssen die Argumente zusammengetragen und untersucht werden, die für beziehungsweise gegen eine solche Auslegung sprechen.

2. Vorschlag einer reformierten Auslegung

a. Pflichtenadressat - § 31 BGB

Pflichtenadressat juristischer Verhaltenspflichten soll die juristische Person selbst sein. Die einzige Norm, die eine Aussage über das Verhältnis juristischer Personen zur Deliktshaftung trifft, ist § 31 BGB. Um festzustellen, ob sie sich mit einer Anerkennung der juristischen Person als Pflichtenadressat verträgt, muß auf ihren Wortlaut abgestellt werden. Denn Grenze jeder Auslegung muß der noch mögliche Wortsinn sein[683].

> „§ 31:
>
> Der Verein ist für den Schaden verantwortlich, den der Vorstand, ein Mitglied des Vorstands oder ein anderer verfassungsmäßig berufener Vertreter durch eine in Ausführung der ihm zustehen-

[682] Vergleiche Weitnauer, Karlsruher Forum 1962, 3.
[683] Siehe Larenz/Canaris, Methodenlehre, S. 245.

den Verrichtungen begangene, zum Schadensersatz verpflichtende Handlung einem Dritten zufügt."

Nach der Auslegung der herrschenden Lehre ist § 31 BGB lediglich eine haftungszurechnende und -ausdehnende Norm[684]. Dies schließt jedoch nicht aus, daß auch eine andere Auslegung möglich ist. Man kann § 31 BGB auch dahin verstehen, daß eine juristische Person als anerkanntes Rechtssubjekt Träger von Rechten und Pflichten ist und § 31 BGB lediglich die Modalitäten einer deliktischen Haftung regelt. Diese Interpretation ist nicht neu. Sie wird insbesondere von *K. Schmidt* und *Lieb* dogmatisch aus der Organtheorie hergeleitet[685]. Sie gehen dabei davon aus, daß der Gesetzgeber in § 31 BGB versteckt die Organtheorie *Otto von Gierkes* als dem Wesen der juristischen Person zugrundeliegendes Modell ins Bürgerliche Gesetzbuch eingeführt hätte[686]. *Schmidt* spricht hier von einem trojanischen Pferd, das mit der Organtheorie im Bauch im Bürgerlichen Gesetzbuchs plaziert wurde, und aus dem nach Inkrafttreten die Organtheorie bei der Gesetzesanwendung herausgeklettert sei[687]. Folgt man der Organtheorie, so ist § 31 BGB nur deklaratorischer Natur. In ihm ist danach die Repräsentationshaftung für Organverschulden als allgemeines Rechtsinstitut zum Ausdruck gekommen. Erkennt man die juristische Person so als handlungs- und deliktsfähiges Rechtssubjekt an und mißt § 31 BGB nur deklaratorische Bedeutung zu, dann ist die Annahme einer eigenen Deliktshaftung des Vereins ohne Eigenhaftung eines Organs konsequent.

Notwendig ist dieses organtheoretische Verständnis nicht. Auch unter Zugrundelegung rechtspolitischer Erwägungen, wie dem Nutzen-Lasten-Prinzip, der Haftung unabhängig von der Organisationsform des Unternehmensträgers, der Gleichstellung natürlicher und juristischer Personen etc., kann man zu dieser Interpretation gelangen[688]. Auf den Willen des Gesetzgebers kann nicht abgestellt werden, da dieser weder bestimmt der Organtheorie noch den übrigen, teilweise erst weitaus später entwickelten Begründungsmodellen fol-

[684]BGHZ 99, 298, 302; Jauernig-Jauernig § 31, Rn. 1; Erman-Westermann § 31, Rn. 1; Palandt-Heinrichs § 31, Rn. 1; Soergel-Hadding § 31, Rn. 1; Staudinger-Weick § 31, Rn. 4.

[685]Lieb JZ 1976, 526 (528); K. Schmidt, Gesellschaftsrecht, S. 283.

[686]So auch BGHZ 98, 151.

[687]Vergleiche K. Schmidt, Karlsruher Forum 1993, 55.

[688]So Kleindiek, Deliktshaftung und juristische Person, S. 204.

gen wollte[689]. Es wäre also verfehlt, eine der beiden Auslegungsmöglichkeiten dem historischen Gesetzgeber in den Mund zu legen. Bei der Orientierung an einem ausländischen Regelungsmodells kann dies auch gar nicht der Kern der Sache sein. Vielmehr zählt im Rahmen der hier vorliegenden Untersuchung zunächst lediglich, ob die zweite der genannten Auslegungen angesichts des Wortlauts und der Stellung der Norm im Gesetz möglich ist. Daneben ist dann zu berücksichtigen, inwieweit bei dieser Interpretation der Wille des historischen Gesetzgebers und der historische Zusammenhang beiseite gelassen werden können. Daß letzteres bei einer Neugestaltung der Deliktshaftung juristischer Personen vernachlässigt werden kann, wurde bereits oben nachgewiesen[690].

Der Wortlaut des § 31 BGB schließt ein modernes Verständnis von der juristischen Person als eigenständigem Rechtssubjekt, als Träger auch deliktischer Verhaltensrechte und -pflichten nicht aus. Wenn es heißt, daß der Verein für „begangene, zum Schadensersatz verpflichtende Handlungen" seiner Vertreter hafte, so schreibt dies nicht vor, daß die begangenen Handlungen den Vertreter zum Schadensersatz verpflichtet haben. Die Formulierung läßt ebensogut die Deutung zu, daß die Handlungen des Vertreters die juristische Person zum Schadensersatz verpflichten, weil alle Haftungsvoraussetzungen für den Pflichtenträger juristische Person mit der Handlung des Vertreters erfüllt wurden[691].

Neben der Funktion, die Frage des Pflichtenadressaten zu regeln, muß § 31 BGB aber noch eine weitere Aufgabe erfüllen. Er legt fest, für wessen Handlungen Vereine nach dieser Bestimmung haften. Die Rechtsprechung legt den Begriff „der Vorstand, ein Mitglied des Vorstandes oder ein anderer verfassungsmäßig berufener Vertreter" sehr weit aus, was letztlich nicht auf eine erweiternde Auslegung, sondern auf eine Analogie zu dem in §§ 31 BGB, § 3 HaftpflichtG, § 3 BinnenSchG, §§ 485, 510 HGB zutage tretenden Gedanken der Repräsentation zurückgeführt werden muß[692]. Das Ergebnis, die

[689]Siehe hierzu bereits oben, unter C.II.1.

[690]Siehe oben, unter C.I.3.

[691]Ob die Anerkennung der juristischen Person als Pflichtenträger auch zur Folge haben kann, daß sie Gehilfe einer anderen juristischen Person nach § 831 Abs. 1 BGB sein kann und so die Haftung an eine zweite juristische Person weitervermittelt, kann hier offenbleiben. Der Gedanke ist jedoch im Hinblick auf Zurechnungsprobleme im Konzernrecht von Interesse, siehe hierzu auch K. Schmidt, Karlsruher Forum 1993, 4 (12).

[692]Siehe Martinek, Repräsentantenhaftung, S. 225 ff.

Erfassung aller leitenden Angestellten, entspricht genau der Definition des Organs in der englischen Organhaftung[693]. Im Gegensatz zu den Voraussetzungen des § 831 Abs. 1 BGB („rechtswidrige“ anstelle von „zum Schadensersatz verpflichtende Handlung“) regelt § 31 BGB einen Sonderfall. Er bezieht sich allein auf das Handeln der Organe im deliktsrechtlichen Sinn und verlangt, daß nicht nur die Ebenen Tatbestand und Rechtswidrigkeit von seinem Handeln gedeckt sind, sondern auch, daß ein Verschulden vorliegt, wo die zum Schadensersatz verpflichtende Anspruchsgrundlage dies voraussetzt. § 31 BGB ist also insbesondere auf Fälle vorsätzlichen Fehlverhaltens eines Repräsentanten anwendbar. Daß der Verein sogar für ein vorsätzliches Fehlverhalten seines Organs haftbar gemacht wird, rechtfertigt sich letztlich ebenso wie in der Organhaftung des englischen Rechts mit dem Gedanken der gesteigerten Identifikation des Vereins mit seinen Organen.

Lord Denning würde sagen, daß sie der Kopf des Vereins sind und daß deshalb die Kenntnisse und der Wille dieses Kopfes dem Verein zugerechnet werden müssen[694]. Um diesem Gedanken zu folgen, muß man sich weder explizit der Organtheorie anschließen, noch vom Wortlaut des § 31 BGB Abstand nehmen. Mit der Interpretation des § 31 BGB als Regelung eines Sonderfalls der deliktischen Haftung juristischer Personen ist es jedoch nicht getan. Wenn § 31 BGB der Sonderfall ist, dann muß es auch einen Regelfall, ein Pendant zur englischen Gehilfenhaftung geben[695].

b. Aufgabe der Entlastungsmöglichkeit - § 831 BGB

Das Pendant zur englischen Gehilfenhaftung findet sich in § 831 Abs. 1 BGB. Auch hier sei der Wortlaut ins Gedächtnis gerufen.

> „§ 831 Abs. 1 BGB:
>
> Wer einen anderen zu einer Verrichtung bestellt, ist zum Ersatz des Schadens verpflichtet, den der andere in Ausführung der Ver-

[693] Siehe zum Organbegriff oben, unter C.II.5.a.

[694] vergleiche *H.L. Bolton (Engineering) Co. Ltd. v. T. Graham & Sons Ltd.* [1957] 1 Q.B. 159, 172; siehe oben, unter B.I.2.bb.

[695] Es gibt nur wenige Fälle, in denen das englische Recht Vorsatz des Handelnden zwingend voraussetzt. Dabei handelt es sich um die Anspruchsgrundlagen des gemeinen Rechts, deren Bedeutung insbesondere im Hinblick auf Delikte von Unternehmen stark geschrumpft ist, siehe hierzu Gordley, ZEuP I 1993, 498 (508 f.).

richtung einem Dritten widerrechtlich zufügt. Die Ersatzpflicht tritt nicht ein, wenn der Geschäftsherr bei der Auswahl der bestellten Person und, sofern er Vorrichtungen oder Gerätschaften zu beschaffen oder die Ausführung der Verrichtung zu leiten hat, bei der Beschaffung oder der Leitung die im Verkehr erforderliche Sorgfalt beobachtet oder wenn der Schaden auch bei Anwendung dieser Sorgfalt entstanden sein würde."

Auf den ersten Blick scheint eine Gleichsetzung der englischen Gehilfenhaftung mit § 831 BGB völlig verfehlt zu sein. Die englische Gehilfenhaftung ist Repräsentantenhaftung, ohne generelle Entlastungsmöglichkeit, ohne Verschuldenserfordernis, anwendbar auf alle Arten von Geschäftsherrn, natürliche und juristische Personen, Personenhandelsgesellschaften etc. Sie versteht den Begriff des Gehilfen als Arbeitnehmer, als jemanden, der über längere Zeit in die Organisation des Geschäftsherrn eingebunden ist, und umfaßt mit dieser Definition auch die leitenden Angestellten, die gegebenenfalls eine Haftung juristischer Personen durch das Instrument der Organhaftung auslösen können. Doch auf den zweiten Blick, diesmal unter dem Blickwinkel der vorstehenden Erörterungen, schließt es der Wortlaut des § 831 Abs. 1 BGB nicht aus, ihn in der Weise auszulegen, wie die englische Gehilfenhaftung heute konzipiert ist. Die oben vorgeschlagene Auslegung des § 31 BGB unterstellt kann der Verein unmittelbar der Geschäftsherr in § 831 Abs. 1 BGB sein; einer Zwischenschaltung der Organe bedarf es, abgesehen vom Entlastungsbeweis, nicht mehr. Tatsächlich ist die Exkulpationsmöglichkeit das größte Hindernis. Aus ihr geht hervor, daß § 831 BGB auf das, wenn auch vermutete, persönliche Auswahl- und Überwachungsverschulden des Geschäftsherrn abstellt. Ein solches ist allerdings bisher nicht ohne Hinzuziehung des § 31 BGB denkbar. Würde man aber auf den Entlastungsbeweis verzichten, dann spielte das Auswahl- oder Überwachungsverschulden keine Rolle mehr, § 831 Abs. 1 BGB würde zum Grundpfeiler der Repräsentantenhaftung. Doch wäre es übereilt, nun eine Änderung des Gesetzeswortlauts für unabdingbar zu halten.

Statt dessen kann die Schweizer Rechtsprechungspraxis herangezogen. Bei fast identischem Gesetzeswortlaut[696] gelingt es in der Schweiz, die Gehilfenhaftung praktisch zur Repräsentantenhaftung zu machen. Möglich wird

[696] Art. 55 OR.

dies durch eine sehr strenge Handhabung des Entlastungsbeweises. Die Sorgfaltsanforderungen werden so hoch angesetzt, daß sie nur in seltenen Ausnahmefällen erreicht werden und der Entlastungsbeweis gelingt[697]. Diese Methode ist der deutschen Rechtsprechung nicht fremd. So heißt es bereits heute in Deutschland, daß der Entlastungsbeweis „tot" sei[698], weil die Rechtsprechung die Sorgfaltsanforderungen immer höher schraubt, je höher die Gefahr aus der *ex post*-Perspektive war. Eine ähnliche Entwicklung hat beispielsweise § 7 Abs. 2 StVG hinter sich, in dem die Entlastungsmöglichkeit des Kraftfahrzeughalters für Schadensverursachung im Straßenverkehr geregelt ist.

Der Wortlaut des § 831 Abs. 1 BGB wird mit dieser Auslegung nicht überschritten. Die Abschaffung des Entlastungsbeweises *de lege lata* ist schon so weit fortgeschritten, daß sie ohnehin nicht mehr rückgängig gemacht werden kann und es nicht mehr des Gesetzgebers bedarf, um sie faktisch außer Kraft zu setzen. Damit wird nicht nur die Rückverlagerung des Haftungsschwerpunkts aus § 31 BGB und der Ausdehnung des Vertragsrechts zurück in die §§ 823 ff. BGB bewirkt. Auch hat die Auslegung gegenüber der Neufassung des Wortlauts den Vorteil, daß der Rechtsprechung ein gewisser Gestaltungsspielraum bei der Festsetzung der zur Entlastung notwendigen Sorgfalt verbleibt. Im englischen Recht besteht je nach Anspruchsgrundlage die Möglichkeit, sich durch Nachweis bestimmter Vorkehrungen zum Schutz Dritter zu entlasten oder zumindest die Höhe des Schadensersatzes zu minimieren. Die gleiche Möglichkeit sollte den deutschen Richtern bei der Rechtsanwendung verbleiben.

Um § 831 Abs. 1 BGB zur Grundlage einer deutschen Repräsentantenhaftung und damit zum gängigsten Mechanismus für die Haftbarmachung der nunmehr als Rechtssubjekt und Geschäftsherrn anerkannten juristischen Person zu machen, ist desweiteren die Defintion des Begriffs „Verrichtungsgehilfe" parallel zu der des Gehilfen in der englischen Gehilfenhaftung notwendig. Dies bereitet keine weiteren Probleme, ist doch die bereits bestehende Definition dem englischen Verständnis weitgehend gleich[699]. Ebenso wie in England ist in Deutschland eine feste Einbindung in das „Geschäft" des Bestellers erforderlich, eine einmalige Hilfeleistung reicht also nicht.

[697] Referentenentwurf, II, S. 87; Zweigert/Kötz, Einführung in die Rechtsvergleichung, S. 634 f.

[698] So Chr. von Bar, Verkehrspflichten, S. 263.

[699] Siehe hierzu den oben geführten Vergleich, unter B.II.2.c.

Was das im deutschen Recht postulierte Erfordernis der Weisungsgebundenheit angeht, so verbirgt sich dahinter nicht viel anderes als der Ausschluß selbständig tätiger Unternehmer, in England *independent contractors* genannt, die auch dort nicht unter den Gehilfenbegriff fallen. Allerdings darf man nicht so weit gehen, mit dem Begriff der Weisungsgebundenheit in das dem historischen Gesetzgeber vorschwebende Modell des vollkommen weisungsunterworfenenen Helfers abzutauchen. Dies würde weder dem heute der Regelung in § 831 Abs. 1 BGB offenstehenden Anwendungsbereich gerecht werden, noch die Möglichkeit geben, auch die mit § 31 BGB herausgestellten leitenden Angestellten als Verrichtungsgehilfen aufzufassen. Für diese kann durchaus eine Haftung der juristischen Person nach § 831 Abs. 1 BGB gegeben sein, wenn es nicht der besonderen Voraussetzungen wie Vorsatz oder sonstiger besonderer subjektiver Haftungsvoraussetzungen bedarf. Es ist denkbar und auch angesichts des Wortlauts und der Stellung der §§ 31, 831 Abs. 1 BGB vertretbar, das Organ im Deliktsrecht als Verrichtungsgehilfen zu betrachten, der im Gegensatz zu den übrigen Gehilfen über zusätzlichen Einfluß und Verantwortung in der Leitung der juristischen Person verfügt. Daß der Gehilfe gemäß § 831 Abs. 1 BGB bei Verrichtung der Tätigkeit gehandelt haben muß, wird ohnehin deckungsgleich zum gleichen Erfordernis in der englischen Deliktshaftung (*in the course of his employment*) ausgelegt.

c. Objektive Fahrlässigkeit - §§ 823 ff., 831 Abs. 1 BGB

Verzichtet man zugunsten der Repräsentantenhaftung auf die Entlastungsmöglichkeit des Geschäftsherrn in § 831 Abs. 1 BGB und sein vermutetes Verschulden, daß sich dahinter verbirgt, so stimmen die Voraussetzungen der deutschen noch nicht mit denen der englischen Gehilfenhaftung überein. Es fehlt an einem Merkmal, wodurch sich haftungsrechtlich relevante Schadensverursachungen von solchen unterscheiden, die keine Ausgleichspflicht auslösen. Der Grund hierfür liegt in der Strukturierung der deutschen Deliktstatbestände: Während die englischen Anspruchsgrundlagen historisch bedingt sehr detailliert die Tatbestandsvoraussetzungen vorgeben, unter denen eine Schadensersatzpflicht entsteht, begnügt sich das deutsche Deliktsrecht auf eine Ordnung nach Rechten und Rechtsgütern. Deren Verletzung ist zumindest bei unmittelbaren Schädigungen an sich bereits tatbestandsmäßig. Erst auf der Verschuldensebene werden haftungsrechtlich relevante Handlungen von jenen getrennt, bei denen der Geschehensablauf typischerweise nicht für den Schädiger vorhersehbar war[700]. Verzichtet man nun auf die Exkulpationsmöglichkeit und damit auf das Verschuldenserfordernis bei der Gehilfenhaftung nach § 831 Abs. 1 BGB, so fehlt es an einem geeigneten Kriterium, das die Aufgabe des Verschuldens übernehmen könnte. Ein völliger Verzicht auf die Auslese von zu Schadensersatz verpflichtendem Verhalten würde den Übergang zur Gefährdungshaftung bedeuten, also zu einer Haftung, bei der bereits für den Einsatz eines „Verrichtungsgehilfen als Gefahrenquelle" gehaftet würde. Dies entspricht nicht der Regelung im englischen Recht. Es bedarf eines Ersatzes für das aufgegebene, unmittelbare Verschuldenserfordernis.

Von den Bonner Referenten wurde das Problem erkannt und im Referentenentwurf 1967[701] durch ein Abstellen auf das Verschulden des Gehilfen gelöst. Auch diese Lösung entspricht nicht dem englischen Modell. Dieses scheidet bereits auf der Tatbestandsebene, die zur Rechtswidrigkeit allerdings nicht genau abgegrenzt ist, Verhalten aus, das nicht zu Schadensersatz verpflichtet. Das im allgemeinen entscheidende Kriterium ist das der Vorhersehbarkeit, womit die objektive Vorhersehbarkeit gemeint ist. Abgestellt wird auf den durchschnittlich sorgfältigen Menschen in der Lage des Schädigers. Konnte dieser die Schädigung voraussehen und verursachte er dennoch diese Schädigung, so steht zunächst seine Schadensersatzpflicht fest; eine Entlastung ist nur noch auf der Rechtswidrigkeitsebene anhand von Rechtfertigungsgründen möglich.

Die objektive Vorhersehbarkeit und die Schädigung in Anbetracht dieser Vorhersehbarkeit sind im deutschen Recht Bestandteile der Fahrlässigkeitsprüfung. Insofern überschneidet sich der deutsche Verschuldensbegriff mit dem englischen Deliktstatbestand. Bei einer Neuordnung der Gehilfenhaftung anhand des englischen Konzepts muß also Haftungsvoraussetzung des Geschäftsherrn sein, daß der Gehilfe die Schädigung voraussehen konnte und dennoch den Schaden verursachte. Damit erledigen sich gleich zwei Probleme. Zum einen wird dem deutschen Verschuldenserfordernis mittelbar Genüge getan, indem der objektivierte Fahrlässigkeitsbegriff als Verschuldenserfordernis zu den übrigen Voraussetzungen der Gehilfenhaftung hinzu-

[700] Dies bezieht sich vor allem auf unmittelbare Rechtsgutsverletzungen, bei denen der Lehre vom Erfolgsunrecht zu folgen ist. Bei mittelbaren Rechtsgutsverletzungen bedarf es nach der Lehre vom Verhaltensunrecht ohnehin einer Prüfung der objektiven Fahrlässigkeit auf der Rechtswidrigkeitsebene.

[701] Siehe hierzu oben, unter D.III.1.

tritt[702]. Zum anderen bedeutet die Aufnahme dieser Prüfung in den Tatbestand, daß es eines expliziten Verschuldenserfordernisses auf Seiten des Gehilfen im Wortlaut, wie es der Referentenentwurf 1967 vorschlug, nicht bedarf[703]. Denn § 831 Abs. 1 BGB stellt im Wortlaut auf ein Schaden verursachendes, widerrechtliches Verhalten des Verrichtungsgehilfen ab. Damit kann aufgrund der systematischen Stellung der Vorschrift nur ein deliktisch relevantes Verhalten gemeint sein; für ein anderes wollte auch der historische Gesetzgeber keine Schadensersatzpflicht begründen. Deliktisch relevantes Verhalten nun als objektiv vorhersehbar schädigendes Verhalten zu definieren, ist nicht nur wünschenswert, sondern auch vom Wortlaut gedeckt.

Ist vorsätzliches Fehlverhalten erforderlich, so führt der vorgeschlagene Weg nicht etwa zur Umgehung des Verschuldenserfordernisses. Denn für vorsätzliches Verhalten beziehungsweise solche Anspruchsgrundlagen, die auf die subjektive Kenntnis und den Willen des Handelnden selbst abstellen, haften juristische Personen ausschließlich nach § 31 BGB, der ein Verschulden des Organs fordert.

3. Vorteile

Das Konzept für eine Neuordnung der Deliktshaftung juristischer Personen hin zu ihrer Deliktsfähigkeit, verbunden mit der Anerkennung des Repräsentationsgedankens im deutschen Deliktsrecht, als Vorschlag einer Neuinterpretation durch die Rechtsprechung und das Schrifttum vorzustellen, hat einige Vorteile. Der wohl augenscheinlichste dürfte im finanziellen und zeitlichen Aufwand liegen. Eine Reform durch den Gesetzgeber bedürfte eines langwierigen und durch zahlreiche Gutachten, Anhörungen von Interessengruppen etc. verteuerten Verfahrens. Eine Auslegung der bestehenden Vorschriften wie oben vorgeschlagen kostet hingegen nichts als eine gewisse Überwindung, für das Schrifttum, sich vom vielbeschworenen Willen des historischen Gesetzgebers zu befreien, und für die Rechtsprechung, liebgewordene Denkmodelle wie die Lehre vom Organisationsmangel aufs Abstellgleis zu schieben. Dies erscheint nicht abwegiger als die Alternative einer gesetz-

---

[702] Siehe zur Geeignetheit des objektivierten Fahrlässigkeitsbegriffs, das deutsche Verschuldenserfordernis auszufüllen, oben, unter C.III.1.

[703] Für eine Verschiebung der Anforderung der objektiv begriffenen Sorgfalt in den Tatbestand auch Baur, AcP 160 (1960), 465 (468).

lichen Generalbereinigung der mißlichen Lage, die vielfach als „völlig irrealistisch“ bezeichnet wird[704]. Es erscheint daher methodisch vorzugswürdig, die Ziele, über die bereits weitgehende Einigkeit besteht, im Wege einer entsprechend effektiv konzipierten, reformierten Rechtsanwendung zu erreichen.

Ganz entscheidend für die Methode der Auslegung spricht schließlich, daß das Schadensersatzrecht wie kaum ein anderes Rechtsgebiet den jeweiligen wirtschaftlichen und sozialen Verhältnisses entsprechen muß[705]. Je nach Lage der Dinge stets den Gesetzeswortlaut umformulieren zu wollen, ginge daher zu weit. Vielmehr ist zu Bedenken, daß die Norm in der Zeit lebt und jede Anwendung der Norm durch die Rechtsprechung diese nicht unberührt läßt, sondern ihre konkrete Bedeutung fortdauernd weiter bestimmt[706]. In der Methodenlehre der Rechtswissenschaft ist deshalb anerkannt, daß die Dynamik der Rechtsordnung der Wissenschaft und Rechtsprechung den Vorbehalt der besseren Erkenntnis erlaubt. Dies ist Ausdruck der Offenheit der Rechtsordnung und kann als solches nicht kritisiert werden[707]. Diese Dynamik ginge aber verloren, wollte man sich auf Vermutungen über den Willen des historischen Gesetzgebers beschränken, der die veränderten wirtschaftlichen und sozialen Gegebenheiten nicht vorhersehen konnte. Erlaubt das unter solchen Voraussetzungen geschaffene Gesetz es aber, unter den vorhandenen Wortlaut, wenn auch anhand einer reformierten Auslegung, auch die veränderten Verhältnisse zu subsumieren und auf diesem Weg zu einem gerechten Ergebnis zu kommen, dann handelt es sich um ein gutes Gesetz, daß nicht unter dem Eindruck der in der Gegenwart geltenden tatsächlichen Rahmenbedingungen im Wortlaut geändert und damit möglicherweise einer erneut notwendigen Reform in der Interpretation in der Zukunft nicht mehr gewachsen sein wird.

Auch das Bundesverfassungsgericht hat sich ähnlich geäußert. Für die Bevorzugung der Reform durch Auslegung vor der Reform durch den Gesetzgeber sprechen eindrucksvoll die Worte der Verfassungsrichter[708]:

> „Einmal wächst mit dem „Altern der Kodifikationen“ (...), mit zunehmendem zeitlichen Abstand zwischen Gesetzesbefehl und rich-

[704]So z.B. Kupisch, JuS 1984, 250 (256).
[705]Referentenentwurf, II, S. 10.
[706]Vergleiche Canaris, FS für K. Larenz, 1983, S. 161 ff.
[707]Siehe Larenz/Canaris, Methodenlehre, S. 115 ff.
[708]BVerfGE 34, 269, 288 f.

> terlicher Einzelfallentscheidung notwendig die Freiheit der Richters zur schöpferischen Fortbildung des Rechts. Die Auslegung einer Gesetzesnorm kann nicht immer auf die Dauer bei dem ihr zu ihrer Entstehungszeit beigelegten Sinn stehen bleiben. Es ist zu berücksichtigen, welche vernünftige Funktion sie im Zeitpunkt der Anwendung haben kann. Die Norm steht ständig im Kontext der sozialen Verhältnisse und der gesellschaftlich-politischen Anschauungen, auf die sie wirken soll; ihr Inhalt kann und muß sich u.U. mit ihnen wandeln. Das gilt besonders, wenn sich zwischen Entstehung und Anwendung eines Gesetzes die Lebensverhältnisse und Rechtsanschauungen so tiefgreifend geändert haben wie in diesem Jahrhundert. Einem hiernach möglichen Konflikt der Norm mit den materiellen Gerechtigkeitsvorstellungen einer gewandelten Gesellschaft kann sich der Richter nicht mit dem Hinweis auf den unverändert gebliebenen Gesetzeswortlaut entziehen; er ist zur freien Handhabung der Rechtsnormen gezwungen, wenn er nicht seine Aufgabe, „Recht“ zu sprechen, verfehlen will. Zum anderen stoßen, wie die Erfahrung zeigt, gesetzgeberische Reformen gerade dann auf besondere Schwierigkeiten und Hemmnisse, wenn sie zu Änderungen eines der großen Gesetzgebungswerke führen sollen, die das Bild der Rechtsordnung im ganzen so prägen wie die Kodifikation des Privatrechts im BGB.“

Ein inhaltlicher Vorteil liegt darin, daß die Haftungsgestaltung innerhalb des Gesetzeswortlauts von §§ 31, 823, 831 BGB bleibt, und damit nicht in das hiervon zu unterscheidende Gebiet der Gefährdungshaftung rutscht, wie etwa die Idee der verhaltenslosen Zustandshaftung *von Bars*[709]. Ein Tatbestand der Gefährdungshaftung könnte anerkanntermaßen nur durch den Gesetzgeber selbst eingeführt werden[710]. Dieses Problem stellt sich bei einer Ausgestaltung *de lege lata* nach englischem Vorbild nicht.

---

[709] Siehe oben, unter D.III.4.

[710] Vergleiche Simitis, in: Mitteilung des 47. DJT, NJW 1968, 2045 (2048).

4. Gegenargumente

Die Möglichkeit einer Reform der Deliktshaftung juristischer Personen *de lege lata* ist nicht unumstritten. Nachdem die Vorteile eines solchen Vorgehens geschildert wurden, sollen auch die Gegenargumente untersucht werden.

a. § 31 BGB und die Organtheorie

Gegen das oben vorgeschlagene Konzept sprechen zunächst die Bedenken, ob man § 31 BGB als Beweis für die Zugrundelegung der Organtheorie als Erklärungsmodell für das Wesen aller Verbände sehen kann[711]. Es ist jedoch nicht zwingend, dies anzunehmen. Um zu einer Anerkennung der Deliktsfähigkeit von Vereinen und damit zu der Abkoppelung ihrer Haftung von der Eigenhaftung der Organe zu gelangen, reicht es aus, § 31 BGB im Sinne der Repräsentantenhaftung zu interpretieren, ohne dem Wortlaut der Norm zu widersprechen. Es wurde bereits in den siebziger Jahren nachgewiesen, in Deutschland durch *Martinek*[712] und in Österreich bei vergleichbarer gesetzlicher Ausgangslage durch *Ostheim*[713], daß die Repräsentantenhaftung als allgemeines Haftungsmodell juristischer Personen und anderer Personenvereinigungen und Sondervermögen *de lege lata* zugrundegelegt werden kann.

b. Gebot der Rechtswahrheit

Eine Reform *de lege lata* lehnten 1967 die Referenten des Bonner Referentenentwurfs ab. Im Referentenentwurf heißt es: „Da die Haftung für Verrichtungsgehilfen für die Rechtspraxis überragende Bedeutung besitzt, verlangt es schon das rechtsstaatliche Gebot der Rechtswahrheit, auch hier den geltenden Rechtszustand im Gesetz selbst ersichtlich zu machen[714].“ Dieser Einwand trifft auf den vorliegenden Entwurf nicht ganz zu, da dieser im Gegensatz zum geltenden Recht dem Gesetzeswortlaut entspricht und nicht wie jenes gesetzesübersteigernd (so etwas hinsichtlich der Lehre vom Organisationsmangel) beziehungsweise entgegen dem Gesetzeswortlaut (so die Pflicht

[711]Vergleiche Martinek, Repräsentantenhaftung, S. 31, 45.
[712]Martinek, Repräsentantenhaftung, 1978
[713]Ostheim, GS für F. Gschnitzer, S. 317 ff. m.w.N.
[714]Referentenentwurf, II, S. 10.

zur Organbestellung) gefaßt ist. Trotzdem soll diesem Vorwurf, der letztlich eine Verfassungswidrigkeit der eingeschlagenen Methode rügt, nachgegangen werden.

Das Gebot der Rechtswahrheit ist Ausfluß des verfassungsmäßig garantierten Rechtsstaatlichkeitsprinzips, Art. 20 Abs. 3 GG. Es sieht vor, daß die geltende Rechtslage, die Anwendung des Rechts, mit den Gesetzen übereinstimmen muß. Hieraus ergibt sich zunächst die Grenze jeder Auslegung: Der Wortlaut des Gesetzes. Dies bedeutet, daß das Gebot der Rechtswahrheit eine gesetzesimmanente Rechtsfortbildung außerhalb des Gesetzgebungsprozesses zuläßt[715]. Bei der Auslegung von § 31 BGB als Organhaftung nach englischem Verständnis, der Anerkennung des Vereins als Pflichtenträger und bei der des § 831 Abs. 1 BGB als gesetzlichen Anknüpfungspunkt für eine Gehilfenhaftung im Sinne der Repräsentantenhaftung handelt es sich um eine solche Rechtsfortbildung. Diese ist möglich unter der Voraussetzung, daß eine Gesetzeslücke im engeren Sinne vorliegt und die Möglichkeit besteht, diese Lücke gesetzeskonform auszufüllen. Von einer solchen Lücke im engeren Sinne kann gesprochen werden, wenn das Fehlen einer rechtlichen Regelung gemessen am Plan des Gesetzes selbst als behebungsbedürftige Unvollständigkeit erscheint[716]. Daß dies hinsichtlich der Haftung für Verrichtungsgehilfen und die Deliktshaftung juristischer Personen der Fall ist, wurde bereits oben dargelegt[717].

Als Möglichkeit, diese Unvollständigkeit nicht nur durch eine den Wortlaut nicht übersteigernde, sondern auch sonst mit dem Bürgerlichen Gesetzbuch nicht unvereinbare Rechtsfortbildung auszufüllen, besteht in der Entleihung des englischen Gedankenguts, daß sich nicht zuletzt mit Hilfe des deutschen Rechts entwickelt hat[718]. Denn der übergreifende Sinn der gesetzlichen Regelung besteht darin, die Deliktshaftung von Vereinen der der natürlichen Personen entsprechend zu gestalten[719] und ihnen nicht nur die Vorteile ihrer Organisation zugute kommen zu lassen, sondern auch die entsprechenden

[715]Larenz/Canaris, Methodenlehre, S. 245/246

[716]Vergleiche Larenz/Canaris, Methodenlehre, S. 246.

[717]Siehe hierzu oben, unter C.I.3.; so auch Martinek, Repräsentantenhaftung, S. 206 f.; Alternativkomm.-Ott § 31, Rn. 2; Staudinger-Weick § 31, Rn. 3; Soergel-Wolf § 831, Rn. 2; Staudinger-Belling/Eberl-Borges § 831, Rn. 127.

[718]Siehe oben, unter B.I.4.a.

[719]Z.B. Erman-Westermann § 31, Rn. 1.

Nachteile aufzubürden[720]. Da es notwendig ist, zum Erreichen dieses Ziels die bestehenden Regelungen anders als ursprünglich gedacht auszulegen, handelt es sich um eine teleologisch begründete Gesetzeskorrektur, die als Instrument zur Lückenfüllung und immanenten Rechtsfortbildung geeignet ist[721]. Der Vorwurf des Verstoßes gegen das Gebot der Rechtswahrheit und damit gegen das Rechtsstaatlichkeitsprinzip greift also nicht.

c. Voreingenommenheit

Steindorff stellt die These auf, die Rechtswissenschaft müsse sich methodische Unzulänglichkeit vorwerfen lassen, wenn sie ohne Prüfung der Höhe der für die Industrie entstehenden Kosten Lösungen entwickelt; dies würde zu voreingenommenen Urteilen führen[722]. Er vergleicht in Zusammenhang mit Fragen der Produkthaftung die Neuregelung beziehungsweise Erweiterung der Haftung von Unternehmen mit Regelungen zur Sozialversicherung oder der Lohnfortzahlung der Arbeitgeber, bei denen der Gesetzgeber die auf die Industrie zukommenden Belastungen abschätzt und diese im Gesetzgebungsprozeß berücksichtigt. Da Gerichte zu einer Abschätzung der Kosten nicht in der Lage seien, dürfte ihnen in solchen Punkten die Rechtsfortbildung nicht überlassen werden.

Diese Argumentation verkennt den Stellenwert rechtswissenschaftlicher Untersuchungen. Ermittelt der Gesetzgeber zur Abschätzung der Wirksamkeit wie der Folgen eines Gesetzes etwa entstehende Kosten, so wird dies unter anderem auf rechtswissenschaftliche Gutachten gestützt. So wurde zur Erarbeitung des Entwurfs eines Gesetzes zur Änderung und Ergänzung schadensersatzrechtlicher Vorschriften durch das Bundesjustizministerium eine Kommission beauftragt, die ausschließlich aus Rechtswissenschaftlern bestand. Im vorliegenden Fall erübrigt sich eine Schätzung der entstehenden Kosten, weil diese mit den in England durch die nun zu übertragende Regelung entstehenden korreliert und aufgrund der diesem Modell zugrundeliegenden Überlegungen aus dem Bereich der ökonomischen Analyse des Haftungsrechts auch erwünschte Kosten sind. Der von *Steindorff* vorgebrachte Ein-

---

[720] Etwa Soergel-Wolf § 31, Rn. 1; Staudinger-Weick § 31, Rn. 1; insbesondere aber Mugdan I, S. 409.

[721] Vergleiche Larenz/Canaris, Methodenlehre, S. 245.

[722] Steindorff, AcP 170 (1970), 93 (101).

wand gegen eine Änderung *de lege lata* kommt damit dem Vorwurf ruinöser Folgen einer Repräsentantenhaftung für die Industrie nahe, der bereits entkräftet wurde[723]. Wird aber wie hier schon in rechtswissenschaftlichen Untersuchungen die Kostenfrage berücksichtigt, so kann einer entsprechenden Rechtsprechung ebensowenig wie einer hierauf gestützten Gesetzgebung keine Voreingenommenheit vorgeworfen werden.

d. Objektivierung der Fahrlässigkeit

Ebenfalls von *Steindorff* stammen Bedenken gegen eine Objektivierung des Fahrlässigkeitsbegriffs *de lege lata*. So schreibt er: „Nur *de lege ferenda* stellt sich die Frage, ob etwa der Tatbestand grober Fahrlässigkeit von subjektiven Elementen befreit und auf die objektive Schwere eines Pflichtverstoßes ausgerichtet werden kann[724]". Dies stelle sich als eine Möglichkeit dar, eine Repräsentantenhaftung auch für grob fahrlässig verwirklichte Delikte anzuerkennen. Solange subjektive Elemente zur Haftungsbegründung nötig seien, wie dies vor allem für Vorsatz und grobe Fahrlässigkeit gilt, lasse sich eine Organhaftung nicht entbehren[725]. Tatsächlich spielt die Abstufung zwischen einfacher und grober Fahrlässigkeit im Deliktsrecht eine weitaus geringere Rolle als im Vertragsrecht. Dennoch bedarf es einer Bestimmung, wohin die grobe Fahrlässigkeit im vorgeschlagenen System gehört. Überwiegt bei ihr nach geltendem Recht die subjektive Seite, so spricht dies für eine Gleichstellung mit Vorsatz, für den eine Organqualität des Handelnden gefordert wird. Läßt sich dagegen auch hier eine Objektivierung wie beim einfachen Fahrlässigkeitsbegriff feststellen, so dürfte einer Objektivierung *de lege lata* entgegen der Ansicht *Steindorffs* zusammen mit der der einfachen Fahrlässigkeit nichts im Wege stehen.

Grobe Fahrlässigkeit liegt vor, wenn die verkehrserforderliche Sorgfalt in besonders schwerem Maße verletzt wird, schon einfachste, ganz naheliegende Überlegungen nicht angestellt werden und das nicht beachtet wird, was im gegebenen Fall jedem hätte einleuchten müssen[726]. Während beim Maßstab der einfachen Fahrlässigkeit auf die objektive Sicht abgestellt wird und die-

---

[723] Siehe oben, unter D.III.1.
[724] Steindorff, AcP 170 (1970), 93 (119).
[725] Steindorff, a.a.O., S. 118.
[726] Siehe z.B. BGHZ 10, 16; 89, 161; BGH NJW-RR 1994, 1471.

se zudem das Verschulden indiziert, sind bei der groben Fahrlässigkeit auch subjektive, in der Individualität des Handelnden begründete Umstände zu berücksichtigen[727], was bereits an sich für eine Gleichstellung mit dem Vorsatz im System der Deliktshaftung spricht. Dazu kommt noch, daß den Handelnden auch in subjektiver Hinsicht ein schweres Verschulden treffen muß[728]. Angesichts dieser Verlagerung des Schwerpunkts der Vorwerfbarkeit von der objektiven auf die subjektive Seite des Fahrlässigkeitsmaßstabs rückt der Begriff der groben Fahrlässigkeit dem des Vorsatzes sehr nahe. Es ist daher zu befürworten, daß der Vorwurf grober Fahrlässigkeit bei der Haftbarmachung juristischer Personen ebenso wie der des Vorsatzes nur gegenüber Organen erhoben werden kann. Selbstverständlich schließt dies eine Verurteilung für vorsätzlich oder grob fahrlässig verwirklichte Delikte anderer Gehilfen nicht aus; in jedem Vorsatz steckt auch ein Fahrlässigkeitselement, so daß juristische Personen hierfür insoweit haftbar gemacht werden können, als die Anspruchsgrundlage auch Fahrlässigkeit genügen läßt[729].

e. Haftungskonzentration auf Unternehmen

Ein weiterer Einwand gegen eine Reform des Haftungsrechts von Unternehmen *de lege lata* stammt von *Deutsch*[730]. Er meint, die Haftungskonzentration auf Unternehmen, Betreiber usw. bedürfe der gesetzlichen Anordnung. Er richtet dabei sein Augenmerk auf neuere Gesetze, die immer häufiger ein Unternehmen oder den Betreiber adressieren, so etwa § 1 UmweltHG oder § 32 GenTG. Der Begriff der Haftungskonzentration auf Unternehmen erscheint auch für das vorliegende Konzept passend. Auch hier soll der Unternehmensträger möglichst unabhängig von seiner Organisationsform haftbar gemacht werden, um eine Ungleichbehandlung je nach Rechtsform zu vermeiden. Die Deliktsfähigkeit juristischer Personen ist erst durch Adressierung der juristischen Person im Deliktsrecht möglich, so wie sie als Unternehmensträger auch Adressat der beispielhaft genannten Vorschriften sein kann. Dennoch unterscheiden sich beide erheblich voneinander. Die von *Deutsch* betrachteten Vorschriften gehören zu den Tatbeständen der Gefährdungshaftung.

---

[727] So erstmals BGHZ 10, 17.
[728] BGH NJW 1988, 1265; BGH NJW-RR 1989, 340.
[729] Zur Haftung bei Vorsatz siehe auch oben, unter C.III.4.b.
[730] Deutsch, Allgemeines Haftungsrecht, S. 345.

Sein Einwand, es bedürfe bei einer Haftungskonzentration *in diesem Sinne* des Gesetzgebers ist richtig. Die Gefährdungshaftung als Ausnahme zum Verschuldensprinzip ist von jeher allein durch gesetzliche Anordnung möglich, die mit einer Abschätzung des Risikos der vorgenommenen Handlung ebenso wie mit der typischen gesetzlichen Bestimmung einer Haftungshöchstgrenze einhergeht[731]. Im Unterschied hierzu stellt das erarbeitete Konzept in Anlehnung an das englische Recht nicht entscheidend auf die Gefährdungshaftung ab, sondern behält diese, wie in England und bisher in Deutschland auch, gesetzlich verankerten Sonderfällen vor. Das Modell der Repräsentantenhaftung und der Anerkennung der Deliktsfähigkeit juristischer Personen führt zwar gleichfalls zu einer Haftungskonzentration auf Unternehmen. Einer gesetzlichen Anordnung aus den Gesichtspunkten heraus, die den Überlegungen *Deutschs* zugrundeliegen, bedarf es jedoch nicht. Die Repräsentantenhaftung führt eher zu einer Haftungskonzentration auf Geschäftsherren, die in der Realität eben häufig Unternehmen sind. Diese hängt nicht von der Umwandlung in eine Verkehrspflichthaftung ab.

f. Unterschiede zur Methode Kleindieks

Kleindieks Vorgehen, das bereits oben kritisiert wurde[732], erscheint dem hier vorgeschlagenen Weg am ähnlichsten zu sein. Tatsächlich bestehen jedoch große Unterschiede in der Methode, obwohl auch in der vorliegenden Arbeit eine Orientierung an einem bereits vorliegenden Haftungskonzept vorgeschlagen wird.

Kleindiek erarbeitet aus historischen Quellen ein Modell der Deliktsfähigkeit juristischer Personen, daß neben der bestehenden Organ- und Gehilfenhaftung Geltung haben soll und sich weitgehend an der Entwicklung der Verkehrspflichten orientiert[733]. Nach seinen Angaben wollten die Gesetzgeber der Rechtsprechung die Möglichkeit offenlassen, neben den formulierten Haftungsgrundlagen noch eine weitere Haftungsart, nämlich die für Verkehrspflichtverletzungen zu schaffen[734]. Er geht daher davon aus, daß § 31 BGB die kumulative Einstandspflicht der juristischen Person für das Eigendelikt

---

[731] Vergleiche Fuchs, Deliktsrecht, S. 197.
[732] Vergleiche oben, unter D.III.7.
[733] Kleindiek, Deliktshaftung und juristische Person, S. 183 ff., insbesondere 191 ff.
[734] Kleindiek, a.a.O., S. 214 ff.

ihres Repräsentanten und die alleinige Haftung aus der Verletzung einer nur sie treffenden Verkehrspflicht beinhalte[735]. Diese quasi Verdoppelung des Aussagegehalts von § 31 BGB wird damit als bereits bei Erarbeitung des Bürgerlichen Gesetzbuchs vorliegende Rechtslage dargestellt, so daß es nach dieser Vorstellung geltendem Recht entsprach, wenn die Rechtsprechung in der Nachkriegszeit bei Verkehrspflichtverletzungen manchmal allein die juristische Person als Adressat der Pflicht nannte.

Daß dies nicht überzeugt, wurde bereits oben angesprochen[736]. An dieser Stelle interessiert lediglich der Unterschied, der zu der Übertragung der Deliktsfähigkeit juristischer Personen aus dem englischen Recht besteht. Inhaltlich unterscheidet diese sich zunächst darin, daß die Deliktsfähigkeit, wie sie sich unter Orientierung am englischen Recht ergibt, nicht neben das für ungenügend befundene System des deutschen Haftungsrechts treten, sondern dieses im Ganzen ersetzen soll. Die juristische Person soll deliktsfähig hinsichtlich aller unerlaubter Handlungen werden, nicht nur bezüglich der Verkehrspflichtverletzungen. Der Unterschied in der Methode besteht darin, daß das erarbeitete Konzept nicht als bereits geltendes Recht, sondern als Möglichkeit einer gesetzesimmanenten Rechtsfortbildung präsentiert wird. Dem historischen Gesetzgeber wird nicht die Absicht unterstellt, er habe bei Schaffung der entsprechenden Vorschriften das heute geltende englische Recht vor Augen gehabt. Statt dessen wurde eine übereinstimmende Grundintention beider Rechtssysteme gefunden, die in Deutschland ihren Ausdruck im Bürgerlichen Gesetzbuch gefunden hat. Nachdem sich die Wirtschaftsstruktur und der Industrialisierungsgrad Deutschlands dem Englands angenähert hat, ist es heute möglich und wünschenswert, der dort im Zuge der Industrialisierung entwickelten Idee der Deliktsfähigkeit von Vereinen im Wege einer gesetzesimmanenten Rechtsfortbildung in Deutschland zu folgen.

5. Ergebnis

Die zusammengestellten wichtigsten Argumente gegen die Übertragbarkeit der englischen Deliktsfähigkeit juristischer Personen *de lege lata* ins deutsche Recht vermögen nicht zu überzeugen. Nicht unmittelbar auf das im Vorhergehenden dargestellte abstellend, treffen die meisten Angriffe nicht. Einer

[735] Kleindiek, a.a.O., S. 241.
[736] Siehe oben, unter D.III.7.

Interpretation des § 31 BGB als Ausdruck der Organtheorie bedarf es nicht. Die angewandte Methode der gesetzesimmanenten Rechtsfortbildung ist anerkannt, ihr Ergebnis verstößt nicht gegen das grundgesetzlich geschützte Gebot der Rechtswahrheit. Die Berücksichtigung der Kostenfrage bedarf nicht eines Gesetzgebungsverfahrens, um zu gerechten Lösungen zu kommen. Auch ist die Objektivierung des Fahrlässigkeitsbegriffs nicht an eine Erweiterung der Verkehrspflichten gekoppelt. Die im Effekt zur Haftungskonzentration auf Unternehmen führende Repräsentantenhaftung unterscheidet sich von der sonst mit dem Gedanken der Unternehmenshaftung einhergehenden Gefährdungshaftung, so daß auch aus diesem Gesichtspunkt kein Erfordernis für ein Tätigwerden des Gesetzgebers zur Verwirklichung der Deliktsfähigkeit von Vereinen besteht. Es bedarf somit nicht eines Tätigwerdens des Gesetzgebers, um ein der englischen Deliktsfähigkeit entsprechendes Haftungsmodell juristischer Personen in Deutschland einzuführen.

V. Standortbestimmung

Die Darstellung der notwendigen Konsequenzen einer Übernahme *de lege lata* soll das neue Bild abrunden, das sich von der deutschen Deliktsfähigkeit von Vereinen ergibt. Neben den angestrebten Folgen würde eine Reform in der Auslegung und Anwendung der §§ 31, 831 BGB auch andere Folgen auslösen. Zunächst würde die Anwendung des Repräsenationsgedankens auf die Personenhandelsgesellschaften zu einer Deliktsfähigkeit auch der Personenhandelsgesellschaften führen. Da sie mit den Kapitalgesellschaften gleich zu stellen sind, wenn man sich am englischen Recht orientiert[737], gibt es auch für ihre Haftbarmachung zwei Instrumente: Die grundsätzlich ausreichende Gehilfenhaftung nach § 831 Abs. 1 BGB und die Organhaftung nach § 31 BGB, wo vom Tatbestand der Anspruchsgrundlage zwingend subjektive Elemente bei der handelnden Person selbst verlangt werden. Insoweit würde sich an der bisher geübten Praxis der Rechtsprechung, § 31 BGB auch auf die Personenhandelsgesellschaften anzuwenden, nichts ändern. Anders stellt sich die Situation für nichtrechtsfähige Personenvereinigungen und fremdverwaltete Sondervermögen dar. Entsprechend dem englischen Recht ist eine Anwendung der Organhaftung nach § 31 BGB, wie sie angesichts der Un-

[737]Siehe zu den Personenhandelsgesellschaften oben, unter C.II.7.a.

zulänglichkeiten des § 831 Abs. 1 BGB nach heutiger Interpretation vom Schrifttum größtenteils befürwortet wird, nicht mehr notwendig und wäre systemwidrig. Für sie reicht die im Verständnis reformierte Gehilfenhaftung nach § 831 Abs. 1 BGB aus, die alle Repräsentanten erfaßt. Gleiches gilt für natürliche Personen, auf die § 831 Abs. 1 BGB anwendbar bleibt.

Notwendige Folge dieser Umgestaltung ist auch die Aufgabe der Lehre vom Organisationsmangel in all ihren Erscheinungsformen, ebenso wie die der Erweiterung des Vertragsrechts durch Verschulden bei Vertragsverhandlungen, Vertrag mit Schutzwirkung zugunsten Dritter und andere Figuren. Konsequenz dieser Umgestaltung ist auch die Aufgabe der zwingenden Eigenhaftung der Organe. Die Anerkennung des Pflichtenträgers „Geschäftsherrn", unabhängig von seiner Rechts- und Organisationsform, schließt in den meisten Fällen eine Eigenhaftung des Repräsentanten aus.

Neben diesen bereits im Laufe der Entwicklung des Reformvorschlags angesprochenen Folgeerscheinungen, die durchweg als positiv zu charakterisieren sind, könnten sich aber auch zwingende Folgen in den benachbarten Gebieten des Vertrags- und Strafrechts ergeben, die gegebenenfalls an dieser Stelle aufzuspüren wären. Das Vertragsrecht wird mittelbar gleichfalls verändert. Sein Anwendungsbereich wird auf tatsächlich vorliegende Vertragsverhältnisse verkleinert. Die verschiedenen Ausgestaltungen von Vertrags- und Deliktsrecht, von Erfüllungs- und Verrichtungsgehilfen, treten verstärkt hervor und werden auf ihre ursprüngliche Bedeutung zurückgeführt. So können bisher im Hinblick auf das Deliktsrecht vorgenommene Korrekturen, beispielsweise bei der Verjährung, nicht mehr hingenommen werden, weil der Anwendungsbereich sich nicht mehr so stark überschneidet. An der bisher bestehenden Alternative, einen Anspruch gegebenenfalls aus Vertrags- und aus Deliktsrecht klageweise geltend zu machen, ändert sich nichts. Diese Alternativität entspricht der im englischen Recht und läßt dem Anspruchssteller gerade wegen der mit der Änderung stärker hervortretenden Unterschiede größeren Spielraum.

Das Strafrecht wird von der Gestaltung der Deliktsfähigkeit juristischer Personen im Zivilrecht ebenfalls berührt. Das Recht der unerlaubten Handlungen und das Strafrecht sind miteinander verwandt, wenn auch nicht in so engem Grade wie in England. Über die Möglichkeit, das englische System der Straffähigkeit juristischer Personen ins deutsche Recht zu übertragen, soll deshalb gar nicht erst spekuliert werden, hierzu müßte eine eigene Untersuchung durchgeführt werden. Aus der Anerkennung der zivilrechtlichen Deliktsfähigkeit ergibt sich eine Straffähigkeit von Vereinen nicht zwingend. Die Objektivierung des Fahrlässigkeitsbegriffs ist auf die in diese Richtung gehende Entwicklung im modernen Deliktsrecht gestützt und kann so jedenfalls nicht ins deutsche Strafrecht übertragen werden.

Kritischer Punkt ist die Überschneidung von Delikts- und Strafrecht in § 823 Abs. 2 BGB. Dieser bestimmt die Schadensersatzpflicht bei Verletzung eines Schutzgesetzes. Er überläßt dem Schutzgesetz die Frage nach dem erforderlichen Grad des Verschuldens, fordert jedoch in jedem Fall zumindest Fahrlässigkeit, § 823 Abs. 2 S. 2 BGB. Als Schutzgesetze werden auch verschiedene Straftatbestände verstanden, so etwa die der Körperverletzung und gefährlichen Körperverletzung, §§ 223, 224 StGB. Besonders wichtig ist angesichts des mangelnden Vermögensschutzes in § 823 Abs. 1 BGB der Betrugstatbestand, § 263 StGB. Die Frage ist nun, ob eine juristische Person auch aus § 823 Abs. 2 BGB nach dem vorliegenden Konzept haftbar gemacht werden kann. Theoretisch möglich wäre dies nur auf zwei Wegen, entweder über eine Anwendung des im Wortlaut gleich gebliebenen § 31 BGB bei Begehung der Straftat durch ein Organ oder aber durch Anerkennung der Deliktsfähigkeit der Vereine auch für § 823 Abs. 2 BGB. Ersteres scheidet schnell aus: Die vorgeschlagene Reform der Deliktshaftung juristischer Personen ist absolut, ein Rückgriff auf bisher geltendes Recht würde nicht nur zu Komplikationen, sondern auch im Hinblick auf Präventiv- wie Schutzgedanken zu schlechten Ergebnissen führen. Auch die zweite Möglichkeit scheidet aber aus. Sie würde eine Einführung der Straffähigkeit juristischer Personen übers Hintertürchen bedeuten. Denn der Verein müßte auch der in § 263 StGB angesprochene Pflichtenträger sein, der durch die Handlung seines Organs haftbar gemacht wird. Dies bedeutet, daß § 823 Abs. 2 BGB grundsätzlich nicht auf juristische Personen anwendbar ist. Dies scheint angesichts des in § 823 Abs. 1 BGB nicht berücksichtigten Vermögens und der Wahrscheinlichkeit eines aus einer GmbH heraus, zu deren Gunsten begangenen Betrugs nicht zu befriedigen. Hier hilft jedoch zum einen § 14 StGB, der eine persönliche strafrechtliche Verantwortlichkeit der Organe und damit auch eine Schadensersatzpflicht nach § 823 Abs. 2 BGB begünstigt. Zum anderen, und dies dürfte der bessere Weg sein, steht § 826 BGB zur Verfügung, der in Verbindung mit der neu entwickelten Organhaftung zur Haftbarmachung der juristischen Person in Betrugsfällen geeignet ist.

Die Orientierung am englischen Recht bei der Auslegung der deutschen Gesetze des deliktischen Haftungsrechts führt somit nicht zu unvorhergesehenen, negativen, zwingenden Konsequenzen im Vertrags- und Strafrecht. Die vorgeschlagene Auslegung fügt sich unproblematisch in das bestehende Gefüge ein und nimmt den dem zivilen Deliktsrecht und der Haftung juristischer Personen bisher zustehenden Platz ein.

VI. Gegenprobe

Bisher wurde die Deliktsfähigkeit juristischer Personeon im deutschen Recht nur theoretisch entwickelt. Um die Stimmigkeit des entworfenen Konzepts im Ganzen beurteilen zu können, bedarf es einer Gegenprobe. Hierzu sollen Sachverhalte herangezogen werden, deren Entscheidung in der Literatur zur Deliktshaftung juristischer Personen als problematisch empfunden wird. Gelingt es mit Hilfe des am englischen Recht orientierten Haftungssystems, in diesen Fällen zu besseren Entscheidungen und Begründungen und zu als gerecht empfundenen Ergebnissen zu gelangen, so ist es wert, dieses in der Praxis zu erproben.

1. „Das Baustoffurteil“[738]

Der Sachverhalt, der dem viel kritisierten Baustoffurteil des Bundesgerichtshofs zu Grunde liegt, wurde bereits oben geschildert[739]. Kritikpunkt war die Eigenhaftung des GmbH-Geschäftsführers aus Eigentumsverletzung durch abredewidrige Verarbeitung der gelieferten Baustoffe nach § 823 Abs. 1 BGB[740]. Dieses Urteil wurde gestützt auf das Argument, daß „über die Organstellung hinaus eine mit der Zuständigkeit für die Organisation und Leitung und der daraus erwachsenden, persönlichen Einflußnahme auf die Gefahrenabwehr beziehungsweise -steuerung verbundene persönliche Verantwortung des Organs den betroffenen Außenstehenden gegenüber zum Tragen“ komme[741].

---

[738]BGHZ 109, 297.

[739]Siehe hierzu oben, unter C.II.4.b.

[740]Vergleiche Chr. von Bar, FS für Z. Kitagawa, S. 279 (280) m.w.N.

[741]BGHZ 109, 297, 303

Unter Zugrundelegung des oben entwickelten Modells würde die Lösung wie folgt aussehen:

Eine Haftung des GmbH-Geschäftsführers nach § 823 Abs. 1 BGB wegen abredewidriger Verarbeitung setzt zunächst voraus, daß ihn eine gegenüber der Baustoffgroßhandlung bestehende Pflicht traf, eine solche Verarbeitung zu verhindern. Grundsätzlich schützt § 823 Abs. 1 BGB vor jeglicher Eigentumsbeeinträchtigung. Da der Schwerpunkt der Vorwerfbarkeit hier jedoch auf dem Unterlassen geeigneter Kontrollmaßnahmen zur Verhinderung des Einbaus durch die Arbeitnehmer liegt, bedarf es einer Begründung für die Pflicht des Geschäftsführers, einzugreifen. Diese könnte sich aus dem vereinbarten verlängerten Eigentumsvorbehalt ergeben. Hierzu wäre Voraussetzung, daß der Eigentumsvorbehalt mit dem Geschäftsführer vereinbart worden wäre. Er ist jedoch mit der GmbH als der Baustoffgroßhandlung gegenüberstehendem Rechtssubjekt vereinbart worden. Den GmbH-Geschäftsführer traf daher keine Pflicht zur Verhinderung des Einbaus gegenüber der Baustoffgroßhandlung. Dies schließt eine Haftung der GmbH selbst nicht aus. Diese haftet gemäß §§ 831 Abs. 1, 823 Abs. 1 BGB. Die GmbH traf auch deliktsrechtlich die Pflicht, einen Einbau der gelieferten Materialien nicht nur zu verhindern, sondern bereits zu unterlassen und damit eine Eigentumsverletzung nach § 823 Abs. 1 BGB zu begehen. Ihre Arbeitnehmer haben das Material in einem größeren Bauvorhaben verarbeitet. Daß es sich um unter verlängertem Eigentumsvorbehalt gelieferte Baustoffe handeln konnte, war angesichts dieser üblichen Praxis objektiv für alle Mitarbeiter vorhersehbar.

Die Handlung ihrer Verrichtungsgehilfen wird der GmbH nach § 831 Abs. 1 BGB zugerechnet. Sie haftet bereits wegen Eigentumsverletzung durch den Einbau nach §§ 831 Abs. 1, 823 Abs. 1 BGB. Ist die GmbH nun insolvent, so kann dies nicht zu einer Eigenhaftung der Geschäftsführer führen. Hierfür gibt es keine Grundlage. Wer mit einer juristischen Person kontrahiert und ihr sein Eigentum überläßt, muß sich auch bei ihrer Insolvenz an sie halten. Die Hinzuziehung von „Ersatzschuldnern“ in Form von natürlichen Personen aus dem Betrieb der GmbH würde zu einem größeren Schutz gegenüber demjenigen führen, der sein Eigentum einem Einzelkaufmann überläßt. Dies erscheint widersprüchlich angesichts der Tatsache, daß auch dieser nicht nur sein gesamtes Privatvermögen in das Unternehmen gesteckt haben und ebenso wie die GmbH in Insolvenz fallen kann. Dieses Ergebnis ist somit der

Entscheidung des Bundesgerichtshofs und seiner zweifelhaften Begründung durch Garantiepflichten des GmbH-Geschäftsführers vorzuziehen.

2. „Die Wachmannentscheidung"[742]

Im Zusammenhang mit dem Baustoffurteil wird zumeist auch die Wachmannentscheidung genannt, die zum Baustoffurteil in unüberbrückbarem Gegensatz steht. Der Sachverhalt war folgender:

Die Firma Ha. Spediteur GmbH & Co. lagerte am 27. August 1982 Pelzwaren, die sie für die K. AG zu befördern hatte, vorübergehend in ihrem Lagerhaus ein. Die Firma Ha. hatte ein Bewachugsunternehmen mit der Bewachung ihres Lagerhauses beauftragt. Ein bei diesem Unternehmen angestellter Wachmann nahm den Wachdienst vom Abend des 27. August 1982 bis zum Mittag des folgenden Tages wahr. Während dieses Zeitraums brachen unbekannte Täter in den Lagerraum ein und stahlen einen Teil der Pelzwaren. Daraufhin wurde der Wachmann von der Versicherung der K. AG aus übergegangenem Recht in Anspruch genommen.

Der Bundesgerichtshof entschied, daß der Wachmann nicht nach § 823 Abs. 1 BGB zur Zahlung von Schadensersatz an die Versicherung verpflichtet sei. Als Begründung führte der Bundesgerichtshof an, daß der Wachmann zum Verlust der entwedeten Pelzwaren nur insofern beigetragen habe, als er Bewachungspflichten schuldhaft verletzt und deshalb den Diebstahl nicht verhindert habe. Sein Ursachenbeitrag bestehe mithin in einem Unterlassen. Eine Rechtspflicht des Wachmanns, den Diebstahl zu verhindern, habe der K. AG gegenüber aber nicht bestanden. Allerdings nennt der Bundesgerichtshof als Grundlage einer Haftung des Bewachungsunternehmens nur den zwischen der Firma Ha. und dem Bewachungsunternehmen geschlossenen Bewachungsvertrag „nach den Grundsätzen entweder über den Vertrag mit Schutzwirkung zugunsten Dritter oder der Drittschadensliquidation (...) von Ansprüchen aus pVV"[743]. Die Wachmannentscheidung wurde im Gegensatz zum Baustoffurteil positiv aufgenommen[744]. Im Schrifttum wurde dabei der Frage, wonach das Bewachungsunternehmen hafte, bislang keine Aufmerksamkeit

[742]BGH ZIP 1987, 1260.
[743]BGH ZIP 1987, 1260, 1261.
[744]Vergleiche Denck, BB 1989, 1192 (1193); Brüggemeier AcP 191 (1991), 33 (35 f.).

geschenkt. Daß das Bewachungsunternehmen nur aus Vertrag, gegebenenfalls mit Hilfe der fiktiven Schutzwirkung zugunsten Dritter auf Schadensersatz haften soll, erscheint merkwürdig. Neben den vertraglichen Ansprüchen müßte doch auch ein deliktischer Anspruch gegen das Bewachungsunternehmen selbst gegeben sein. Nach dem oben entwickelten Konzept würde sich folgende Lösung ergeben:

Der Wachmann haftet nicht aus § 823 Abs. 1 BGB. Ebenso wie der Bundesgerichtshof kommt man auch hier zu dem Ergebnis, daß die Voraussetzung einer bei Unterlassung erforderlichen Rechtspflicht zum Verhindern des Diebstahls gegenüber der K. AG dem Wachmann nicht oblag. Ein Anspruch der Firma Ha. gegen den Wachmann scheidet deshalb aus. Sie hat jedoch einen Anspruch gegen das Bewachungsunternehmen aus §§ 831 Abs. 1, 823 Abs. 1 BGB. Die Pflicht, das im Lagerhaus gelagerte Gut zu bewachen, bestand im vertraglichen Bereich zwar nur gegenüber der Firma Ha. Die deliktsrechtliche Pflicht, das Eigentum der Beklagten auch nicht durch Unterlassen zu verletzen ergibt sich jedoch aus dem dem Diebstahl vorangegangenen Tun des Unternehmens. Indem die Ha. das Eigentum der K. AG überwachte, übernahm sie die Gewähr für den Schutz vor Diebstählen. Dies läßt sich verdeutlichen, wenn man bedenkt, daß die K. AG wohl selbst die Bewachung übernommen hätte, wenn nicht bereits die ihr bekannte Bewachung durch das Bewachungsunternehmen vorgenommen worden wäre. Der Wachmann war Verrichtungsgehilfe des Bewachungsunternehmens. Durch sein Unterlassen, den Diebstahl zu verhindern, wurde das Eigentum der K. AG verletzt. Daß dieses Unterlassen zum Eigentumsverlust führen konnte, war auch objektiv vorhersehbar. Das Bewachungsunternehmen haftet daher der K. AG gemäß §§ 831 Abs. 1, 823 Abs. 1 BGB auf Schadensersatz. Das Modell der Repräsentantenhaftung führt also auch in dieser Konstellation zu der gleichen, befriedigenden Lösung wie im Baustoffurteil. Im Gegensatz zum Urteil des Bundesgerichtshofs ergibt sich hier auch kein Gegensatz.

3. „Der Verlagsfall“[745]

Beispielhaft für die vom Bundesgerichtshof zur Begründung einer Schadensersatzpflicht herangezogene Pflicht, einen Angestellten zum verfassungsmäßigen Vertreter zu berufen, kann der Verlagsfall dienen. In einer Zeitschrift war ein

[745] BGHZ 24, 200, 212.

Artikel mit ehrverletzenden und geschäftsschädigenden Aussagen erschienen. Der Zeitungsverlag sollte hierfür gemäß § 31 BGB haftbar gemacht werden. Daß der Artikel erscheinen konnte, wurde der mangelhaften Kontrolle des zu veröffentlichenden Materials durch den Leiter der Rechtsabteilung zugeschrieben. Dieser war weder Geschäftsführer, noch sonst verfassungsmäßig zur Vertretung der Gesellschaft berufen. Der Bundesgerichtshof stützte die Verurteilung des Verlages zur Zahlung von Schadensersatz dennoch auf §§ 31, 823 Abs. 1 BGB mit der Begründung, daß er es versäumt habe, für den besonders verantwortungsvollen, einer selbständigen Leitung bedürfenden Tätigkeitsbereich einen besonderen Vertreter nach § 30 BGB zu bestellen. Diese Argumentation, die stetiger Rechtsprechung entspricht und Folge der Lehre vom Organisationsmangel ist, wird im Schrifttum durchgängig kritisiert[746].

Folgt man dem Modell der Deliktsfähigkeit juristischer Personen, so kann man auf diese zweifelhafte Begründung verzichten. Der Verlag haftet auch hier aus §§ 31, 823 Abs. 1 BGB. Da es sich um eine Verletzung des allgemeinen Persönlichkeitsrechts durch rufschädigende, ehrverletzende Äußerungen handelt, ist insoweit ein besonderes Wissen erforderlich. Der Tatbestand ist vom subjektiven Kenntnisstand und Willen des Handelnden geprägt, so daß der Verlag nur dann haftet, wenn es sich beim Leiter der Rechtsabteilung um ein Organ im Sinne der Organhaftung nach englischem Vorbild handelt. Der Organbegriff wird untechnisch verstanden und als Sammelbegriff aller leitenden Angestellten verstanden, also all derjenigen, mit deren Wissen und Wollen sich das Wissen und Wollen des Verlages identifizieren läßt. Hierzu gehört auch der Leiter der Rechtsabteilung. Der Verlag haftet demnach aus §§ 31, 823 Abs. 1 BGB. Eine Postulation der Pflicht, den Leiter der Rechtsabteilung zum besonderen Vertreter nach § 30 BGB zu bestellen, ist nicht notwendig. Obwohl man so zu dem gleichen Ergebnis gelangt, erscheint diese Begründung der des Bundesgerichtshofs vorzugswürdig.

4. „Die Baumsturzentscheidung“[747]

Ein weiteres Beispiel für die Lehre vom Organisationsverschulden ist die Baumsturzentscheidung. Dabei ging es um folgenden Sachverhalt:

---

[746] Siehe hierzu bereits oben, unter B.II.7.d.

[747] BGH NJW 1965, 815.

Ein am Rande einer Bundesstraße stehender Baum war vom Wind umgerissen worden. Dabei war er auf einen die Straße passierenden Pkw gestürzt, dessen Insassen erheblich verletzt wurden. Der 50 Jahre alte Baum war zwar grün belaubt, aber infolge einer über dem Baumstamm und dem Wurzelstock verbreiteten starken Pilzinfektion erheblich vermorscht, was an Verletzungen der Baumrinde und des Stammfuß zu erkennen war. Diese Schäden waren durch die Rinde sowie durch Straßenkehricht, Gras und Unkraut verdeckt und deshalb im Zuge der laufenden Kontrollen durch Straßenwärter unerkannt geblieben.

Der Bundesgerichtshof entschied, daß das Land als Träger der Straßenverkehrssicherungspflicht aus §§ 823 Abs. 1, 89, 31 BGB hafte. Das Land hafte aus eigenem Organisationsverschulden, weil es die Straßenwärter nicht genügend angewiesen und zu Spezialuntersuchungen bei Verdacht von Baumschäden veranlaßt habe. An dieser, neben der im Verlagsfall angewandten Variante, gängigen Argumentation zur Haftbarmachung juristischer Personen stört, daß sie den Schwerpunkt der Vorwerfbarkeit auf die interne Organisation, einen nur mittelbaren Verursachungsbeitrag verlegt, statt diesen beim unmittelbaren Verursachungsbeitrag der Fahrlässigkeit bei der Kontrolle der Bäume am Straßenrand zu belassen[748].

Die Lösung bei Anerkennung der Deliktsfähigkeit der juristischen Person des öffentlichen Rechts, also des Landes, sieht anders aus. Danach haftet das Land den verletzten Personen auf Schadensersatz aus §§ 831, 823 Abs. 1 BGB. Träger der Straßenverkehrssicherungspflicht ist das Land. Dieses hat also die Pflicht, die Bäume sorgfältig zu kontrollieren und damit Gesundheitsschäden und Körperverletzungen zu vermeiden. Die Straßenwärter sind Verrichtungsgehilfen des Landes. Von einem sorgfältigen Straßenwärter kann man erwarten, daß er sich von einer grünen Baumkrone nicht täuschen läßt, sondern auch den Wurzelansatz und den Stamm eines Baumes überprüft. Es ist objektiv vorhersehbar, daß bei ungenügender Kontrolle Bäume umstürzen und dabei Körperverletzungen hervorrufen können. Das Land haftet daher aus §§ 831, 823 Abs. 1 BGB auf Schadensersatz. Diese Prüfung hat den Vorteil, daß sie das Fehlverhalten bei der Kontrolle der Bäume in den Vordergrund stellt. Daß dies auch eine Verbesserung der internen Organisation erfordern kann, wird nicht ausgeschlossen. Sie sollte sich bereits als Konse-

[748]Siehe zu dieser Kritik an der Lehre vom Organisationsmangel bereits oben, unter B.II.7.e.

quenz aus der Haftung des Landes ergeben. Auch in diesem Fall erscheint die unterschiedliche Begründung bei gleichem Ergebnis vorzugswürdig. Das Beispiel läßt sich ebensogut auf die Haftung einer juristischen Person des Privatrechts übertragen, wie sie etwa in der Gefahrguttransportentscheidung des Bundesgerichtshofs zur Sprache kam[749].

Im Ergebnis kann festgehalten werden, daß sich das am Vorbild des englischen Haftungsmodells juristischer Personen entworfene Konzept einer Deliktsfähigkeit juristischer Personen auch bewährt, wenn es auf Fallkonstellationen angewendet wird, die in der Praxis häufig sind und bisher zu zumindest in der Begründung unbefriedigenden Lösungen gelangten.

[749]Vergleiche BGH BB 1996, 926.

E. Ergebnis

Die Ergebnisse der vorliegenden Arbeit werden hier zum Abschluß zusammengefaßt:

- Das englische Recht erkennt die Deliktsfähigkeit juristischer Personen an. Es erreicht dies über die Behandlung der juristischen Person als Pflichtenträger und Adressaten der deliktsrechtlichen Anspruchsgrundlagen, gekoppelt mit einer als Repräsentantenhaftung verstandenen Gehilfenhaftung und einer ergänzend angewandten Organ- oder Identifikationshaftung. Dies führt zu effizienten, praktikablen und gerechten Entscheidungen. Dagegen ist die Deliktshaftung juristischer Personen im deutschen Recht unbefriedigend gelöst und dringend reformbedürftig. Als Reformvorlage bietet sich aufgrund der teilweise gemeinsamen Quellen wie auch der vergleichbaren Aufgabe des Deliktsrechts im Rechtssystem das englische Modell an.

- Die Motivation für die Deliktshaftung juristischer Personen und für das Deliktsrecht überhaupt ist in beiden Ländern gleich. Beide streben eine ausgewogene Balance von Güterschutz und Handlungsfreiheit an. Der Präventionsgedanke tritt daneben immer stärker in Erscheinung. Die ökonomischen Auswirkungen der Gestaltung des Deliktsrechts juristischer Personen werden in England und Deutschland in gleichem Maße in Betracht gezogen. Die ökonomischen Analyse des Haftungsrechts ist berechtigterweise nicht als alleinige Grundlage rechtspolitischer Erwägungen anerkannt.

- Durch die historische Entwicklung wurde die unterschiedliche Ausgestaltung der Deliktshaftung juristischer Personen begünstigt. Die zeitlich versetzte Entwicklung hat dazu geführt, daß es in Deutschland erst nach Erarbeitung des Bürgerlichen Gesetzbuchs zu einer vergleichbaren Wirtschaftsstruktur und damit einer entsprechenden Bedeutung juristischer Personen als Organisationsform kam. Die aus dem Wirtschaftsverständnis der Väter des Bürgerlichen Gesetzbuchs stammenden Wertungen können einer Anpassung an die Realität durch die Übertragung des englischen Modells nicht entgegenstehen.

- Die Unterschiede in der Anzahl und Struktur und in den Aufgaben der Organe ist bei der Übertragung der Deliktsfähigkeit ins deutsche Recht nicht relevant, da Deutschland wie England den Organbegriff im Deliktsrecht untechnisch verstehen und weitgehend unabhängig vom gesellschaftsrechtlichen Verständnis als Sammelbegriff für alle leitenden Angestellten auffassen.

- Die juristische Person kann auch im deutschen Recht zum Pflichtenadressaten deliktsrechtlich relevanter Verhaltenspflichten werden. Der Gedanke ist dem deutschen Recht nicht fremd, wie §§ 1, 25 Abs. 1, 26 GWB und § 30 OWiG zeigen. Er entspricht der Tendenz, den Unternehmensträger unabhängig von seiner Organisationsform zur Verantwortung zu ziehen und läßt sich auch aus präventiven Überlegungen heraus befürworten.

- Der Rückgriff auf die Angestellten der juristischen Person und ihre Organe läuft in beiden Ländern bereits weitgehend parallel und stellt sich einer Übertragung deshalb nicht entgegen. Die Eigenhaftung der Organe läßt sich im deutschen Recht nur mit konstruktiven Schwierigkeiten rechtfertigen, rechtspolitische Bedenken gegen einen Verzicht bestehen nicht.

- Die englische Gehilfenhaftung und der ihr zugrundeliegende Gedanke der Repräsentantenhaftung sind ins deutsche Recht übertragbar, da mit § 31 BGB eine analogiefähige Vorschirft existiert, die diesen Gedanken mit der angeordneten Sonderorganhaftung berücksichtigt.

- Bei der Übertragung der Deliktsfähigkeit ins deutsche Recht muß diese dahingehend modifiziert werden, daß sie nicht wie in England auf den Bereich des Staatshaftungsrechts anwendbar ist. Dank der engen Kontrolle des Staates durch das deutsche Verfassungs- und Verwaltungsrecht ist diese Einschränkung leicht tragbar.

- Das Verschuldensprinzip kann in Folge der zunehmenden Objektivierung des Verschuldensbegriffs in der deutschen Rechtsprechung beibehalten werden. Es beinhaltet in dieser Form nicht mehr Elemente, als auch in den Anspruchsgrundlagen des englischen Rechts enthalten sind. Das traditionelle Verständnis eines individuellen Vorwurfs subjektiven Fehlverhaltens bleibt dabei den Anspruchsgrundlagen vorbehalten, die Vorsatz fordern oder gegen eine Verletzung von Persönlichkeitsrechten schützen. In diesen Fällen ist wie in England entsprechend auf die Organhaftung abzustellen.

- Die generelle Entlastungsmöglichkeit, die § 831 BGB für die Gehilfenhaftung vorsieht, hat in der Gehilfenhaftung nach englischem Vorbild keinen Platz mehr. Die Übertragung scheitert nicht an ihr, da sie im deutschen Recht ohnehin bereits ausgehöhlt und mit den verschiedensten Methoden von der Rechtsprechung unterlaufen wurde.

- Die deutsche Unterscheidung zwischen Erfüllungs- und Verrichtungsgehilfen muß beibehalten werden. Diese Modifikation der englischen Vorgabe, die den Gehilfenbegriff im Vertrags- und Deliktsrecht gleich definiert, ist mit den hier zum Ausdruck kommenden Wertungen des deutschen Gesetzgebers zu rechtfertigen, die nicht vernachlässigt werden können.

- Dem deutschen wie dem englischen Recht ist eine Generalklausel im Deliktsrecht fremd. Die bestehende Systematik der deliktischen Anspruchsgrundlagen kann beibehalten werden. Auf speziell auf juristische Personen zugeschnittene „Sonderanspruchsgrundlagen“ ist im deutschen Recht aus den gleichen Gründen wie in England zu verzichten.

- Die Deliktsfähigkeit juristischer Personen ist *de lege lata* ins deutsche Recht übertragbar. Sie kann als ausschließlich anwendbares Haftungsmodell durch eine gesetzesimmanente Rechtsfortbildung geschaffen werden. Danach ist § 831 Abs. 1 BGB als Sitz einer allgemeinen Repräsentantenhaftung ohne generelle Entlastungsmöglichkeit für natürliche wie juristische Personen zu verstehen, während § 31 BGB eine reformierte Organhaftung juristischer Personen regelt.

- Die Anerkennung der Deliktsfähigkeit ist wie die bisherige Anwendung von § 31 BGB auf die Personenhandelsgesellschaften übertragbar.

Natürliche Personen, alle anderen Personenvereinigungen und fremdverwaltete Sondervermögen unterliegen der Repräsentantenhaftung, die in § 831 Abs. 1 BGB anzusiedeln ist. Die Gesellschafter der Gesellschaft bürgerlichen Rechts haften auch untereinander für Delikte ihrer Mitgesellschafter nach § 831 Abs. 1 BGB.

- Die Übernahme des englischen Modells läßt die verwandten Gebiete des Vertrags- und Strafrechts weitestgehend unberührt und führt das Vertragsrecht auf seinen ursprünglichen Anwendungsbereich zurück.

Literaturverzeichnis

Heinz W. Adams, Dirk Johannsen *Das "gerichtsfeste" Produktionsunternehmen*, BB 1996, 1017

James Angresano *Comparative Economics*, 2nd edition, 1996

Christian von Bar *Entwicklungen und Entwicklungstendenzen im Recht der Verkehrs(sicherungs)pflichten*, JuS 1988, 169

Christian von Bar *Verkehrspflichten*, 1980

Christian von Bar *Zur Struktur der Deliktshaftung von juristischen Personen, ihren Organen und ihren Verrichtungsgehilfen* in Hans G. Leser, Tamotsu Isomura: Festschrift für Zentaro Kitagawa, 1992, S. 279

Ludwig von Bar *Gesetz und Schuld im Strafrecht, Band II*, 1907

Andrew Bartlett *Attribution of Contributory Negligence: Agents, Company Directors and Fraudsters*, 1998 L.Q.R. 460

Peter Bassenge, Uwe Diederichsen, Wolfgang Edenhofer, Helmut Heinrichs, Andreas Heldrich, Hans Putzo, Heinz Thomas *Palandt BGB Kommentar*, 53. Auflage 1994

Fritz Baur *Zur dogmatischen Einordnung der Haftung für „Verrichtungsgehilfen"*, Karlsruher Forum 1962, 14

John Birds, A.J. Boyle *Boyle & Birds´ Company Law*, 3rd edition 1995

Andreas Blaschczok *Gefährdungshaftung und Risikozuweisung*, 1993

Ian Brown *Corporate Criminal Liability and Consumer Protection*, 1993 L.M.C.L.Q. 158

Gert Brüggemeier *Deliktsrecht*, 1986

Gert Brüggemeier *Organisationshaftung*, AcP 191 (1991), 33

Bundesministerium der Justiz *Referentenentwurf eines Gesetzes zur Änderung und Ergänzung schadensersatzrechtlicher Vorschriften, Band I: Wortlaut, Band II: Begründung*, 1967

Reiner Burger *Ein „TÜV" für Gesetze*, Frankfurter Allgemeine Zeitung, 21.08.1999, S. 6

Franz Bydlinski *Zur Haftung für Verrichtungsgehilfen*, (österr.) Zeitschrift für Verkehrsrecht 1980, 354

Ernst von Caemmerer *Die absoluten Rechte in § 823 Abs. 1 BGB*, Karlsruher Forum 1961, 19

Ernst von Caemmerer *Objektive Haftung, Zurechnungsfähigkeit und „Organhaftung"* in Kurt Ballerstedt, F.A.Mann: Festschrift für Werner Flume I, 1978, S. 359

Ernst von Caemmerer *Reformprobleme der Haftung für Hilfspersonen*, ZfRV 14 [1973], 241

Claus-Wilhelm Canaris *Schutzgesetze* in Gotthard Paulus: Festschrift für Karl Larenz zum 70. Geburtstag, 1983, S. 161

Peter Cane *Justice and Justifications for Tort Liability*, 1982, 2 OxJLegSt. 30

Stephen Chapman *Liability for the Negligence of an Independent Contractor*, 1934, 50 L.Q.R. 71

C.M.V. Clarkson *Kicking Corporate Bodies and Damning Their Souls*, 1996 M.L.R. 557

John Frederic Clerk *Clerk & Lindsell on Torts*, 17th edition 1995

R.H. Coase *The Problem of Social Cost*, 1960, 3 J.L. & Econ. 1

Helmut Coing *Die Vertretungsordnung juristischer Personen und deren Haftung gemäß § 31 BGB* in Marcus Lutter, Walter Stimpel, Herbert Wiedemann: Festschrift für Robert Fischer 1979, S. 65

Reinhard Damm, Dieter Hart, Helmut Kohl, Claus Ott *Alternativkommentar zum BGB, Band I*, 1987

Paul L. Davies *Gower's Principles of Modern Company Law*, 6th edition 1997

Hennrich Demuth, Tilmann Schneider *Die besondere Bedeutung des Gesetzes über Ordnungswidrigkeiten für Betrieb und Unternehmen*, BB 1970, 642

Johannes Denck *Über Grenzfälle der Außenhaftung des Arbeitnehmers*, BB 1989, 1192

Erwin Deutsch *Allgemeines Haftungsrecht*, 2. Auflage 1996

Erwin Deutsch *Fahrlässigkeit und erforderliche Sorgfalt*, 2. Auflage 1995

Hermann Dilcher, Norbert Habermann, Peter Rawert, Günter Weick *J. von Staudingers Kommentar zum BGB, 1. Buch*, 13. Auflage 1995

Horst Eidenmüller *Rechtsanwendung, Gesetzgebung und ökonomische Analyse*, AcP 197 (1997), 80

Karl Engisch *Referat* in Verhandlungen des 40. DJT II, Teil E 1953, S. E7

John H. Farrar, Nigel E. Furey, Brenda M. Hannigan *Company Law*, 3rd edition 1991

David Feldman, Frank Meisel *Corporate and Commercial Law: Modern Developments*, 1996

Karl-Heinz Fezer *Aspekte einer Rechtskritik an der economic analysis of law und am property rights approach*, JuS 1986, 817

Karl-Heinz Fezer *Nochmals: Kritik an der ökonomischen Analyse des Rechts*, JZ 1988, 223

Wolfram Fischer/Jan A. van Houtte *Handbuch der Europäischen Wirtschafts- und Sozialgeschichte, Band V*, 1985

B. Fisse, J. Braithwaite *Corporations, Responsibility and Corporate Society*, 1993

B. Fisse, J. Braithwaite *The Allocation of Responsibility for Corporate Crime: Individualism, Collectivism and Accountability*, 1988, 11 S.L.R. 468

John G. Fleming *The Law of Torts*, 9th edition 1998

Roderick Floud, Donald McCloskey *The Economic History of Britain Since 1700, Vol. II: 1860-1939*, 2nd edition 1994

Werner Flume *Allgemeiner Teil des Bürgerlichen Rechts, Band I, 2. Teil: Die juristische Person*, 1983

H.A.J. Ford *Ford's Principles of Corporations Law*, 8th edition 1997

G.H.L. Fridman *Fridman on Torts*, 1st edition 1990

Maximilian Fuchs *Deliktsrecht*, 2. Auflage 1997

Otto von Gierke *Die Genossenschaftstheorie und die deutsche Rechtsprechung*, 1887

James Gobert *Corporate Criminality: four models of fault*, 1994 L.S. 393

James Gordley *Common law und civil law: eine überholte Unterscheidung*, ZEuP I 1993, 498

Friedrich Graf von Westphalen *Rechtsvergleichende Anmerkungen zur Produzentenhaftung*, RIW 1969, 388

Ross B. Grantham *Corporate Knowledge: Identification or Attribution* in: Charles E.F. Rickett, Ross B. Grantham *Corporate Personality in the 20th Century*, 1998, S. 67

Barbara Grunewald *Die Haftung von Organmitgliedern nach Deliktsrecht*, ZHR 1993, 451

Ernst Hafter *Die Delikts- und Straffähigkeit der Personenverbände*, 1903

Halsbury's Laws of England, Vol. 9 (2), 35, 4th edition, Reissue, 1998

D.R. Harris *Accident Compensation in New Zealand: A Comprehensive Insurance System*, 1974, 37 M.L.R. 361

David Howarth *Textbook on Torts*, 1995

Anja Hucke, Henning Schröder *Umwelthaftung von Konzernen*, DB 1998, 2205

Götz Hueck *Gesellschaftsrecht*, 19. Auflage 1991

Paddy Ireland *The Triumph of the Company Legal Form 1856-1914* in John Adams: Essays for Clive Schmitthoff, 1983, S. 29

Horst Heinrich Jakobs *Über die Notwendigkeit einer Reform der Geschäftsherrenhaftung*, VersR 1969, 1061

Othmar Jauernig *BGB Kommentar*, 8. Auflage 1997

Rudolf von Jhering *Der Zweck im Recht*, 1877

Detlef Kleindiek *Deliktshaftung und juristische Person*, 1997

Alvin V. Klevorick *Legal Theory and the Economic Analysis of Torts and Crimes*, 1985, 85 Col.L.Rev. 905

Gottfried Krüger *Die Haftung der juristischen Personen aus unerlaubten Handlungen nach gemeinem Recht und dem bürgerlichen Gesetzbuche*, 1901

Berthold Kupisch *Die Haftung für Verrichtungsgehilfen*, JuS 1984, 250

William M. Landes, Richard A. Posner *The Positive Economic Theory of Tort Law*, 1981, 15 Geo.L.Rev. 851

Karl Larenz, Claus-Wilhelm Canaris *Methodenlehre der Rechtswissenschaft*, 3. Auflage 1995

Karl Larenz *Rechtswidrigkeit und Handlungsbegriff im Zivilrecht* in Ernst von Caemmerer, Arthur Nikisch, Konrad Zweigert: Festschrift für Hans Dölle, Band I, 1963, S. 169

Karl Larenz, Claus-Wilhelm Canaris *Schuldrecht, Bd. I, II/2*, 3. Auflage 1994

Law Commission *Draft Criminal Code*, Law Commission Report Nr. 177

Lehmann *Umwelthaftungsrecht: Ein Beitrag zur Internalisierung von negativen externen Effekten* in Lorenz Schulz: Ökologie und Recht, 1991, S. 81

Otto Lenel *Zur Deliktshaftung der juristischen Personen*, DJZ 1902, 9

Manfred Lieb *Anmerkung*, JZ 1976, 526

Walter F. Lindacher *Grundfälle zur Haftung bei Personengesellschaften*, JuS 1982, 16

Edgar Loening *Die Haftung des Staates aus rechtswidrigen Handlungen seiner Beamten*, 1879

Marcus Lutter *Zur persönlichen Haftung des Geschäftsführers aus deliktischen Schäden im Unternehmen*, ZHR 1993, 464

Alec Marsh *New Negligence Claim over Fatal Train Crash*, Metro vom 20.09.1999, S. 12

Norman S. Marsh *The Pearson Report on Civil Liability and Compensation for Death or Personal Injury*, 1979, 95 L.Q.R. 513

Michael Martinek *Repräsentantenhaftung*, Dissertation Berlin 1979

Michael Martinek *Rezension*, AcP 198 (1998), 11

Viktor Mataja *Das Recht des Schadensersatzes vom Standpunkt der Nationalökonomie*, 1888

Hartmut Maurer *Allgemeines Verwaltungsrecht*, 11. Auflage 1999

Stephen W. Mayson, Derek French, Christopher L. Ryan *Mayson, French, Ryan on Company Law*, 16th edition 1999

Ewan McKendrick *Vicarious Liability and Independent Contractors: A reexamination*, 1990, 53 M.L.R. 770

Benno Mugdan *Die gesamten Materialien zum Bürgerlichen Gesetzbuch für das Deutsche Reich, Band II: Recht der Schuldverhältnisse*, 1899

H.C. Nipperdey *Rechtswidrigkeit, Sozialadäquanz, Fahrlässigkeit, Schuld im Zivilrecht*, NJW 1957, 1777

Manfred Nitschke *Die Anwendbarkeit des in § 31 BGB enthaltenen Rechtsgedankens auf alle Unternehmensträger*, NJW 1969, 1737

Rolf Ostheim *Organisation, Organschaft und Machthaberschaft im Deliktsrecht juristischer Personen* in Christoph Faistenberger, Heinrich Mayrhofer: Gedenkschrift für Franz Gschnitzer, 1969, S. 317

Claus Ott, Hans-Bernd Schäfer *Die ökonomische Analyse des Rechts - Irrweg oder Chance wissenschaftlicher Rechtserkenntnis*, JZ 1988, 213

Hugo Ott, Hermann Schäfer *Wirtschafts-PLOETZ*, 2. Auflage 1984

Geoffrey W.R. Palmer *Accident Compensation in New Zealand: The First Two Years*, 1977, 21 Am.J.Comp.L. 1

Pollock *Holmes-Pollock Letters, 1872-1932* in Mark De Wolfe Howe: Holmes-Pollock-Letters, 1961, S. 234

Sir Karl Popper *The Poverty of Historicism*, 1957

Richard A. Posner *The Economic Approach to Law*, 1975, 53 Texas L.Rev. 757

Harold Potter *An Historical Introduction to English Law and Its Institutions*, 2nd edition 1943

Thomas Raiser *Das Unternehmen als Organisation*, 1969

Harry Rajak *Sourcebook of Company Law*, 2nd edition 1995

Andreas Ransiek *Zur deliktischen Eigenhaftung des GmbH-Geschäftsführers aus strafrechtlicher Sicht*, ZGR 1992, 203

Kurt Rebmann, Franz Jürgen Säcker *Münchener Kommentar zum BGB, Band I*, 3. Auflage 1993

Klaus Reuber *Die haftungsrechtliche Gleichbehandlung von Unternehmensträgern*, 1988

Reinhard Richardi *Die Wissensvertretung*, AcP 169 (1969), 385

Gerhard Ring *Arbeitsrecht*, 1. Auflage 1998

William Vaughan Horton Rogers *Winfield and Jolowicz on Tort*, 14th edition 1994

Friedrich Carl von Savigny *System des heutigen Römischen Rechts, Band II*, 1840

Eike Schmidt *Zur Dogmatik des § 278 BGB*, AcP 170 (1970), 502

Karsten Schmidt *Gesellschaftsrecht*, 3. Auflage 1997

Karsten Schmidt *Haftung und Zurechnung im Unternehmensbereich*, Karlsruher Forum 1993, 4

Karsten Schmidt *Zur Verantwortung von Gesellschaften und Verbänden im Kartell-Ordnungswidrigkeitenrecht*, wistra 1990, 131

Karsten Schmidt *Zustandshaftung im Konkurs einer Handelsgesellschaft* in Peter Selmer, Ingo von Münch: Gedenkschrift für Wolfgang Martens, 1987, S. 699

Leonard Sedgwick Sealy *The Corporate Ego and Agency Untwined*, 1995 C.L.J. 507

Wolfgang Sellert *Zur Anwendung der §§ 831, 31 BGB auf die Gesellschaft des bürgerlichen Rechts*, AcP 175 (1975), 77

Steven Shavell *Economic Analysis of Accident Law*, 1987

Karl Siegert *Haftung für fremde Schuld im Steuer- und Wirtschaftsstrafrecht*, NJW 1953, 527

Spicos Simitis in: *Mitteilung des 47. DJT in Nürnberg*, NJW 1968, 2045

Gary Slapper *Cost of Corporate Crime*, The Times, 22.09.1999

K.M. Stanton *The Modern Law of Torts*, 1994

Ernst Steindorff *Repräsentanten- und Gehilfenversagen und Qualitätsregelungen in der Industrie*, AcP 170 (1970), 93

Hans Stoll *Unrechtstypen bei Verletzung absoluter Rechte*, AcP 162 (1963), 203

Christopher D. Stone *Where the Law Ends - The Social Control of Corporate Behaviour*, Reissue 1991

Heinrich Sudhoff, Martin Sudhoff *Der Gesellschaftsvertrag der GmbH*, 8. Auflage 1992

G.R. Sullivan *The Attribution of Culpability to Limited Companies*, 1996 C.L.J. 515

Jochen Taupitz *Ökonomische Analyse und Haftungsrecht - Eine Zwischenbilanz*, AcP 196 (1996), 114

James Thorne, Keith Walmsley *Butterworths Company Law Guide*, 3rd edition 1995

Hermann Weitnauer *Grundsätze der Haftung*, Karlsruher Forum 1962, 3

Hans Welzel *Das neue Bild des Strafrechtssystems*, 4. Auflage 1961

Harm Peter Westermann, Klaus Küchenhoff *Erman BGB Handkommentar, Band I*, 8. Auflage 1989

Franz Wieacker *Zur Theorie der juristischen Person des Privatrechts*, in Ernst Forsthoff: Festschrift für Ernst Rudolf Huber, 1973, S. 339

Manfred Wolf *Soergel BGB Kommentar, Band I*, 12. Auflage 1987

Karen Yeung *When Does a Company Acquire Knowledge?*, 1997 C.F.I.L.R. 67

Philip G. Zimbardo, Richard J. Gerrig *Psychologie*, 7. Auflage 1999

Wolfgang Zöllner, Georg Loritz *Arbeitsrecht*, 5. Auflage 1998

Konrad Zweigert, Hein Kötz *Einführung in die Rechtsvergleichung*, 3. Auflage 1996

Entscheidungsregister

Alphacell Ltd. v. Woodward [1972] A.C. 824

Banbury v. Bank of Montreal [1918] A.C. 626

Boulton v. Arlesden (1697) 3 Salk. 289

British Racing Drivers' Club Ltd. v. Hextall, Eskine & Co. [1996] 3 All E.R. 667

Bull v. Devon Area Health Authority [1993] 4 Med. L.R. 116

Cambridge Water Co. Ltd. v. Eastern Counties Leather plc. [1994] 1 All E.R. 53

Campbell v. Paddington Corp. [1911] 1 K.B. 869

Cassidy v. Ministry of Health [1951] 2 K.B. 343

Chuter v. Freeth & Pocock Ltd. [1911] 2 K.B. 832

Citizens' Life Assurance Co. v. Brown [1904] A.C. 423

Director General of Fair Trading v. Pioneer Concrete (UK) Ltd., Re Supply of Ready Mixed Concrete (No. 2) [1995] 1 All E.R. 135

Director of Public Prosecutions v. Kent and Sussex Contractors Ltd. [1944] 1 K.B. 146

Donoghue v. Stevenson [1932] A.C. 562

Eastern Counties Railway Co. v. Broom 6 Exch. 314

Edwards v. Midland Railway (1880) 6 Q.B.D. 287

El Ajou v. Dollar Land Holdings plc. [1994] 1 B.C.L.C. 464

Entwells Pty Ltd. v. National and General Insurance Co. Ltd. (1995) 130 A.L.R. 1

C. Evans & Sons Ltd. v. Spritebrand [1985] 2 All E.R. 415

Glasgow Corp. v. Lorimer [1911] A.C. 209

Glasgow Corp. v. Muir [1943] A.C. 448

Group Josi Re v. Walbrook Insurance [1996] 1 W.L.R. 1152

Hall (Inspector of Taxes) v. Hitchen [1973] 1 All E.R. 368

H.L. Bolton Engineering Company Ltd. v. T.J. Graham [1957] 1 Q.B. 159

Hirst v.West Riding Union Banking Co. [1901] 2 K.B. 560

Lady Gwendolen, The [1965] 2 All E.R. 283 C.A.

Leakey v. National Trust [1980] Q.B. 485

Lennard's Carrying Co. Ltd. v. Asiatic Petroleum Co. Ltd. [1915] A.C. 705

Limpus v. London General Omnibus Co. (1862) 1 H. & C. 526

Lister v. Romford Ice and Cold Storage Co. Ltd. [1957] A.C. 555

Lloyd v. Grace, Smith & Co. [1912] A.C. 716

Meridian Global Funds Management Asia Ltd. v. Securities Commission [1995] 2 A.C. 500

Middleton v. Fowler (1698) 1 Salk. 282

Midland Bank v. Hett, Stubbs & Kemp [1979] Ch. 384

Moore v. Bresler [1944] 2 All E.R. 515

National Rivers Authority v. Wright Engineering Co. Ltd. [1994] 4 All E.R. 281

National Rivers Authority v. Yorkshire Water Services Ltd. [1994] 4 All E.R. 274

Pharmaceutical Society v. London and Provincial Supply Association (1880) 5 App. Cas. 857

Poulton v. London and South Western Railway Co. (1867) L.R. 2 Q.B. 534

R v. I.C.R. Haulage [1944] K.B. 551

Racz v. Home Office [1994] 2 A.C. 45

Rainham Chemical Works v. Belvedere Guano [1921] 2 A.C. 465

Reedie v. London & North Western Railway (1849) 4 Ex. 244

Rylands v. Fletcher [1861-73] All E.R. 1, (1868) L.R. 3 H.L. 330

Salomon v. Salomon & Co. Ltd. [1895] 2 Ch. 323, [1897] A.C. 22

Scott v. London & St. Katherine Docks Co. (1865) 3 H. & C. 596

Sherras v. De Rutzen [1895] 1 Q.B. 918

Southern v. How (1618) Cro. Jac. 408

Taylor Woodrow Property Management Ltd. v. The National Rivers Authority [1994] Env. L.R. D20

Tesco Supermarkets Ltd. v. Nattrass [1972] A.C. 153, [1971] 2 All E.R. 127

Tuberville v. Stamp (1697) 1 Ld. Raym. 264

United States v. Bank of New England 821 F2nd 844, 484 U.S. 943 (1987)

W.B. Anderson & Sons Ltd. v. Rhodes (Liverpool) Ltd. [1967] 2 All E.R. 850

Wilsher v. Essex Area Health Authority [1987] Q.B. 730

Yarborough v. Bank of England (1812) 16 East 6

BVerfGE 20, 323 („*nulla poena sine culpa*"-Entscheidung)

BVerfGE 34, 269

RGZ 51, 199

RGZ 53, 53

RGZ 53, 227

RGZ 53, 276

RGZ 57, 38

RGZ 57, 93

RGZ 57, 289

RGZ 66, 363

RGZ 76, 35

RGZ 78, 107

RGZ 78, 347

RGZ 79, 101

RGZ 89, 136

RGZ 91, 1

RGZ 94, 19

RGZ 104, 288

RGZ 110, 145

RGZ 113, 293

RGZ 123, 2828

RGZ 147, 353

RGZ 151, 386

RGZ 155, 257

RGZ 157, 228

RGZ 162, 129

RGZ 163, 21

RG JW 1931, 1689

RG JW 1938, 1651

BGHZ 4, 1

BGHZ 8, 239

BGHZ 10, 16

BGHZ 10, 91

BGHZ 19, 151

BGHZ 20, 149

BGHZ 24, 21

BGHZ 24, 200 („Verlagsfall“)

BGHZ 27, 278

BGHZ 31, 358

BGHZ 45, 311

BGHZ 49, 19

BGHZ 49, 350

BGHZ 51, 91

BGHZ 88, 70

BGHZ 89, 161

BGHZ 93, 23

BGHZ 98, 129

BGHZ 99, 298

BGHZ 109, 297 („Baustoff“-Urteil)

BGHZ 109, 327

BGH BB 1959, 57

BGH BB 1996, 926 („Gefahrguttransportentscheidung“)

BGH DB 1994, 428

BGH JZ 1975, 278

BGH JZ 1991, 785

BGH LM § 1004 BGB Nr. 44

BGH MDR 1961, 222

BGH NJW 1952, 537

BGH NJW 1954, 145

BGH NJW 1965, 197

BGH NJW 1965, 815 („Baumsturzentscheidung")

BGH NJW 1968, 1185

BGH NJW 1972, 334

BGH NJW 1973, 456

BGH NJW 1977, 2259

BGH NJW 1980, 115

BGH NJW 1980, 2810

BGH NJW 1982, 1145

BGH NJW 1986, 2757

BGH NJW 1986, 2939

BGH NJW 1996, 1536

BGH NJW-RR 1989, 340

BGH NJW-RR 1989, 638

BGH NJW-RR 1990, 48

BGH NJW-RR 1994, 1471

BGH VersR 1955, 214

BGH VersR 1962, 168

BGH VersR 1965, 241

BGH VersR 1966, 1074

BGH WM 1959, 81

BGH ZIP 1987, 1260 („Wachmannentscheidung")

BGH ZIP 1988, 1554

BAG BB 1994, 2203

BAG DB 1993,939

BFH DB 1977, 2212

OLG München HRR 39, Nr. 365

PrOVGE 18, 187

OGH JBl. 1965, 469

BGE 110 II 456

Saarbrücker Studien zum Privat- und Wirtschaftsrecht

Herausgeber:
Johann Paul Bauer, Michael Martinek und Helmut Rüßmann

Band 1 Susanne Jaschinski: Die Haftung von Schwestergesellschaften im GmbH-Unterordnungskonzern. Ein Beitrag zum Konzernverfassungsrecht. 1997.

Band 2 Roman Sascha Ahnert: Die *actio individualis*. Ein Beitrag zur verfassungsrechtlichen Fundierung der Aktionärsklage bei sogenannten Aktien-Interessenverbänden. 1997.

Band 3 Torsten Peters: Der Cateringvertrag. Rechtstatsachen, Rechtsnatur und Rechtsprobleme eines modernen Dienstleistungsvertrags. 1998.

Band 4 Michael Meissner: Persönlichkeitsschutz juristischer Personen im deutschen und US-amerikanischen Recht. Eine rechtsvergleichende Untersuchung des allgemeinen Persönlichkeitsrechts juristischer Personen. 1998.

Band 5 Thomas Tegen: Joint Venture-Vertrag und Projektträgergesellschaft im amerikanischen und deutschen Recht. 1998.

Band 6 Gerhard Wolter: Treuhandrecht im Umbruch? Ein Blick nach Frankreich, Luxemburg, in die Schweiz und in den Libanon sowie auf das Haager Trust-Übereinkommen. 1999.

Band 7 Thomas Dehlfing: Das Recht der irreführenden Werbung in Deutschland, Großbritannien und Frankreich. 1999.

Band 8 Hanno Dornseifer: Börsentermingeschäfte und Börsentermingeschäftsfähigkeit. Zur börsengesetzlichen Behandlung von finanzwirtschaftlichen Festgeschäften, Options- und Optionsscheingeschäften. 1999.

Band 9 Patrick Lenz: Absatzförderung durch *zinssubventionierte* Darlehen. Eine wettbewerbs- und kartellrechtliche Studie zur Zulässigkeit von Niedrigzins-Kreditangeboten unter besonderer Berücksichtigung des Automobilmarktes. 1999.

Band 10 Mansur Pour Rafsendjani: Der Goodwill-Ausgleichsanspruch des Franchisenehmers. Ein Vergleich des deutschen, französischen und US-amerikanischen Franchiserechts. 1999.

Band 11 Jörg Hartmann: Juristische und ökonomische Regelungsprobleme des Insiderhandels. Eine rechtsvergleichende Darstellung USA – Deutschland. 1999.

Band 12 David Altmeier: Rückstellungsbilanzierung in Deutschland und Frankreich. Eine vergleichende Untersuchung der französischen Rückstellungsbilanzierung aus der Perspektive des deutschen Bilanzrechts. 1999.

Band 13 Barbara Günther: Aktivische Bilanzierungshilfen im deutschen und französischen Bilanzrecht. 1999.

Band 14 Bernhard Glasow: Vertikale Preisbindung, Wettbewerbstheorie und Wettbewerbsrecht in den USA, Deutschland und Europa. Bestandsaufnahmen, Kritik und Zukunftsperspektiven. 2000.

Band 15 Dorota Nowak-James: Der Börsenzugang für Anleger in Deutschland und Polen. Eine rechtsvergleichende Untersuchung zum deutschen Finanzkommissionsgeschäft und zum polnischen Brokerauftragsvertrag. 2000.

Band 16 Mathias Queck: Der Nießbrauch am Anteil einer offenen Handelsgesellschaft. Eine Form der (un-)mittelbaren Unternehmensbeteiligung. 2000.

Band 17 Ina Roth: Umweltbezogene Unternehmenskommunikation im deutschen und europäischen Wettbewerbsrecht. 2000.

Band 18 Jörg Preiss: Die Anwendung des markenrechtlichen Erschöpfungsgrundsatzes auf Dienstleistungsmarken. 2000.

Band 19 Kevin M. McDonald: Der Begriff der Dienstleistung im europäischen Binnemarkt und WTO-System (GATS). 2001.

Band 20 Carolin Opgenhoff: Die europäische Fusionskontrolle zwischen Wettbewerbsrecht und Industriepolitik. 2001.

Band 21 Susanne Schäfer: Die Deliktsfähigkeit juristischer Personen. Eine rechtsvergleichende Untersuchung zur Übertragbarkeit des englischen Modells. 2001.

Band 22 Kay Diedrich: Die Interventionswirkung – Ausprägung eines einheitlichen Konzepts zivilprozessualer Bindungswirkung. 2001.

Band 23 Michael Fröhlich: Zentrale Institutionen des deutschen Urheberrechts und des französischen Droit d'auteur auf dem Prüfstand der elektronischen Netzwerke. 2001.

Peter Lang · Europäischer Verlag der Wissenschaften

Robert Jofer

Strafverfolgung im Internet

Phänomenologie und Bekämpfung kriminellen Verhaltens in internationalen Computernetzen

Frankfurt/M., Berlin, Bern, New York, Paris, Wien, 1999. 252 S.
Europäische Hochschulschriften: Reihe 2, Rechtswissenschaft. Bd. 2555
ISBN 3-631-34335-3 · br. DM 84.–*

Das Internet hat Straftätern neue Betätigungsfelder eröffnet, mit denen sich Justiz und Gesetzgeber zunehmend auseinandersetzen müssen. Nach der Darstellung der bisher aufgetretenen Kriminalitätsphänomene und der zugehörigen Erkenntnisquellen widmet sich ein zweiter Schwerpunkt materiell-rechtlichen Fragestellungen. Unter anderem werden die Anwendbarkeit deutschen Strafrechts und die Strafbarkeit des Providers – unter Berücksichtigung des neuen TDG – intensiv erörtert. Im dritten Teil werden die technischen und prozessualen Probleme der Strafverfolgung in Computernetzen sowie die Möglichkeiten und Grenzen der Strafverfolgung untersucht. Schwierigkeiten bereitet die Internationalität des Mißbrauchs und der Auslandsbezug von Ermittlungen. Der staatliche Zugriff auf Mailboxen ist mit dem vorhandenen rechtlichen Instrumentarium kaum zu rechtfertigen. Verschlüsselungsverbote werden ausführlich behandelt.

Aus dem Inhalt: Erscheinungsformen des Verbrechens im Internet · Strafbarkeit von Providern und Nutzern · Technische und strafprozessuale Probleme der Strafverfolgung im Internet · Überwachung von Mailboxen · Das Kryptographieproblem

Frankfurt/M Berlin Bern Bruxelles New York Oxford Wien
Auslieferung: Verlag Peter Lang AG
Jupiterstr. 15, CH-3000 Bern 15
Telefax (004131) 9402131
*inklusive Mehrwertsteuer
Preisänderungen vorbehalten

FSC
www.fsc.org
MIX
Papier | Fördert gute Waldnutzung
FSC® C083411

Kolibri 360 GmbH
Ferdinand-Jühlke-Straße 7
99095 Erfurt, Deutschland
produktsicherheit@kolibri360.de

Druck:
CPI Druckdienstleistungen GmbH
im Auftrag der
Kolibri 360 GmbH
Ferdinand-Jühlke-Str. 7
99095 Erfurt